三省堂テミス

商法総則・商行為法

柴田和史【著】
Shibata Kazufumi

Sanseido Themis

三省堂

はしがき

本書は、商法のなかの第一編商法総則（1条から31条まで）および第二編商行為（501条から617条まで）を説明する。多くの大学の法学部や経済学部、経営学部では、たいてい商法Ⅰ・商法Ⅱというような名称の講義が用意されており、商法Ⅱでは会社法が講義され、商法Ⅰでは本書で説明している商法総則と商行為が講義されることが多い。したがって、大学1年生とか2年生が、本書で勉強されることになると思われる。そこで、本書は、フレッシュな学生達が理解しやすいように、重苦しい記述を避けて、できる限り簡明な記述を心がけた。最近の学生はカタカナ文語体の文章が苦手であることに鑑みて、大審院判決等や古い文献のカタカナ書きの文章は、元の意味を壊さないように注意しながら、機械的にひらがな書きに書き換えてある。句読点も、適宜、補った。また、採用した論点は、学生や司法試験受験生が興味を抱きやすいものを厳選した。本書を読まれて、1人でも多くの方が、商法総則や商行為のなかのいずれかの制度に関心をもち親しみを覚えて戴けたら望外の幸せである。この分野には、実際的にも、なかなかおもしろい制度が存在する。

著者が研究生活に入ったとき以来、半世紀近くにわたり、近藤光男神戸大学名誉教授から常々温かいご指導を賜ってきたが、とくに本書の執筆にあたっては御高著を勉強させて戴いた。ここに感謝の意を表させて戴きたい。

末筆になるが、大変に厳しい出版状況のなかで、本書の出版を快諾して戴いた三省堂に心からのお礼を申し上げる。また、執筆の遅い著者を寛大な気持ちでお待ちして戴いた三省堂の黒田也靖氏に心からの感謝を申し上げる。最後に、原稿の完成に多大の協力をして戴いた笹久保徹法政大学大学院法務研究科教授に心からの感謝を申し上げる。

2023年10月

法政大学大学院法務研究科教授　柴田和史

目　　次

装丁＝志岐デザイン事務所
組版＝エディット

凡　例

1　判例

判例の表記は模範六法に従った。

判例集の略称は以下の通り。

民録	大審院民事判決録
大審院判決全集	
民集	大審院民事判例集・最高裁判所民事判例集
刑集	大審院刑事判例集・最高裁判所刑事判例集
裁判集民	最高裁判所裁判集民事
高民集	高等裁判所民事判例集
下民集	下級裁判所民事裁判例集
判時	判例時報
判タ	判例タイムズ
労判	労働判例
法学	法學（東北大学）
法律新聞	法律新聞
法律新報	法律新報
金融法務	金融法務事情
金融商事	金融・商事判例
商事判例集	小町谷操三＝伊沢孝平編『商事判例集　臺本（上）改訂版』（岩波書店、1952年）

2　法令名

条番号に特に法令名を付していないものは商法を表す。

法令名は、原則正式名称を記載したが、略称を使用したものもある。

主なものは以下の通り。

会社	会社法
会社更生	会社更生法
金融商取	金融商品取引法
商	商法
商法施規	商法施行規則

証取	証券取引法
職安	職業安定法
独禁	私的独占の禁止及び公正取引の確保に関する法律
破産	破産法
非訟	非訟事件手続法
不正競争	不正競争防止法
民	民法
民執	民事執行法
立木	立木ニ関スル法律

3　文献・雑誌等

以下のように略示した。これ以外のものはフルで表記してある。

石井＝鴻	石井照久＝鴻常夫『商行為法』(勁草書房、1978年)
石井＝鴻・総則	石井照久＝鴻常夫『商法総則（商法Ⅰ)〔第3版〕』(勁草書房、1975年)
石井＝鴻・会社法上	石井照久＝鴻常夫『会社法　上巻〔第2版〕』(勁草書房、1972年)
江頭	江頭憲治郎『商取引法〔第9版〕』(弘文堂、2022年)
大隅	大隅健一郎『商行為法』(青林書院新社、1967年〔第7刷〕)
大隅・総則	大隅健一郎『商法総則〔新版〕』(有斐閣、1978年)
大隅＝今井・会社法論上	大隅健一郎＝今井宏『会社法論　上巻〔第三版〕』(有斐閣、1991年)
鴻	鴻常夫『商法総則〔新訂第5版〕』(弘文堂、1999年)
大森	大森忠夫『新版商法総則講義』(有信堂、1964年)
川島	川島武宜『民法総則』(有斐閣、1965年)
近藤	近藤光男『商法総則・商行為法〔第9版〕』(有斐閣、2023年)
四宮＝能見	四宮和夫＝能見善久『民法総則〔第9版〕』(弘文堂、2018年)
柴田〔第3版〕	柴田和史『会社法詳解〔第3版〕』(商事法務、2021年)
鈴木	鈴木竹雄『新版商行為法・保険法・海商法（全訂第2版)』(弘文堂、1993年)

鈴木＝田村	鈴木竹雄＝田村醇之輔補改訂『商法〔第８版〕』（勁草書房、1996年）
竹田	竹田省『商法総則・商行為法』（新青出版、合冊復刻版、1997年）〔初出・商法総則（弘文堂、1932年）〕
田中耕	田中耕太郎『改正商法総則概論』（有斐閣、1938年）
田中誠	田中誠二『新版　商行為法〔再全訂版〕』（千倉書房、1970年（再全訂22版）、引用は24版（1973年）から）
田中誠・総則	田中誠二『全訂　商法総則詳論』（勁草書房、1976年）
田中誠・総論	田中誠二『商法総論　新版〔全訂版〕』（千倉書房、1961年〔15版〕）
西原	西原寛一『商行為法〔第３版〕』（有斐閣、1973年）
西原・総則	西原寛一『商法総則・商行為法〔改訂〕（商法講義Ⅰ）』（岩波書店、1958年）
服部	服部栄三『商法総則〔第３版〕』（青林書院、1983年）
平出	平出慶道『商行為法』（青林書院新社、1980年）
松波	松波仁一郎『改正日本商行為法』152頁（有斐閣、1913年）
松本	松本烝治『商法総論』（中央大学、1923年）〔訂正12版：1929年〕
松本・商行為	松本烝治『商行為法』（中央大学、1918年）
弥永	弥永真生『リーガルマインド　商法総則・商行為法〔第３版〕』（有斐閣、2019年）
我妻	我妻栄『新訂民法総則（民法講義Ⅰ）』（岩波書店、1965年）

第１編

商法総論

第1節　商法の意義

商法とはなにか。

第1に、技術的に述べると、商法とは、商行為および商人に関する規制を定めた法律、ということになる。

すなわち、最初に、商行為とは何かを定義し、その要件を充たす商行為について特別な効果を規定し、同時に、商人とは何かを定義し、その要件を充たす商人の行為について特別な効果を規定するのが商法ということになる。

第2に、私人間の関係を全般的にかつ基本的に規律する民法に対して、商法には民法と異なるなんらかの共通な特殊性があるという考えがある。

典型的には、民法の法律行為に対し、商行為と呼ばれるものは商的色彩を帯びているという考え方や、商法は、単に日常生活をしている人ではなく、人が創り出した企業を規律する法律であるという考え方である。

例を挙げて説明しよう。りんご1個の売買契約を考える場合、民法においては、買主は単純にりんごを食べたいという動機で対価を支払って1個のりんごを求め、売主はその1個のりんごを自らが食べることを断念して譲ってもよいか否かを考え、つぎに提示された対価額を考慮に加えて譲ってもよいか否かを考えるという状況が想定される。これに対し、商法においては、買主は金銭を支払ってりんごを購入し、その後、自分で食べるのではなく、他人にいくらで売ることができるかを考え、その差額が利益となり、さらに、その利益の実現可能性がどのくらいかを考えて売買を行う。つまり、民法で想定される単純素朴な牧歌的な売買に、営利追求という商的色彩がふりかけられると、その瞬間、当該法律行為は商法が扱う対象である商行為に変化するのである。これが商的色彩論である[*1]。

これとは別に、個人企業や会社法上の会社は、基本的に、常に、営利追求を

---

*1　田中耕太郎「商法学の任務」『商法学一般理論』9頁～63頁、特に43頁以下（春秋社、1954年。初出は、法学協会雑誌42巻3号・5号（1924年））、田中耕太郎「方法としての商的色彩」『商法学一般理論』65頁～100頁（春秋社、1954年。初出は、竹田先生古稀記念『商法の諸問題』有斐閣、1951年）。

目的として存在し活動すると考えられる。このように営利追求のために存在する法主体を、企業という概念で一括し、営業を行う個人や会社法上の会社を企業として把握する考え方が、商法企業法論である[*2]。当然のことであるが、同学説の徹底化を図る学者もいれば、特に否定するまでもないとして同説に与する学者もいる。学説史においては、商的色彩論を克服すべく商法企業法論が台頭したのであるが、著者は、後者の考え方にあまり賛同してはいない。

著者が密かに抱く問題点を簡単に述べれば、現在、実質的意義の商法の中で最も重要でありかつ膨大な条文を占めている株式会社の規定の中に、商法企業法論とは整合しないものが数多く存在すると思われるからである。

たとえば、商法企業法論では、可能な限り企業の永続化を当然の前提とする立場が多い。しかし、株式会社法の原理においては、どれほど利益を産出し続けている株式会社であっても、そして、事業遂行を担っている取締役達がどれほど事業継続を求めたとしても、株主総会において解散の決議が成立すれば、会社は解散せざるをえないことになる。このように考えるとき、明らかに、会社法原理と商法企業法論とは矛盾が生じているといえる。

また、株式会社における株主の行動原理についても問題が生じる。かつての鈴木竹雄・松田二郎論争[*3]で明らかになったように、現在、株主は株主総会において自己の個人的利益を追求する意図で議決権を行使してよいと考えられている。そうだとすると、ときには、株主の議決権行使の結果、無能な取締役が選任されることもありうるし、当該会社の重要な事業が譲渡されることもありうる。また、株主が多額の金銭配当を求める結果、当該株式会社にとって長期経営上必要な研究開発費が不足することもありうるし、極端な場合を考えれば、資金繰りに失敗して倒産を招く事態に至ることも考えられる。このような現象は、あきらかに、株主がその個人的利益を追求した結果、企業の破綻壊滅を招

---

*2　西原寛一『日本商法論』16頁以下（日本評論社、1943年）。

*3　松田二郎『株式会社の基礎理論（株式関係を中心として）』48頁以下（岩波書店、1942年）、鈴木竹雄「共益権の本質」『商法研究Ⅲ』1頁～36頁、15頁以下（有斐閣、1971年。初出は法学協会雑誌62巻3号1頁（1944年））、松田二郎「社員権否認論に反対する新説に就いて」『株式会社法研究』93頁～150頁、特に106頁（弘文堂、1966年。初出は、法学協会雑誌62巻11・12号（1944年））。

くことである。このとき、株主を企業ないし企業者と考える学説は存在しない。つまり、企業である株式会社は、結局のところ、企業でない株主によって支配され、コントロールされているのである。このように考えるとき、株式会社法の原理は、商法企業法論という考え方では収まらないといえるのではないかと考える。

ここでは簡単に述べるにとどめるが、著者は、このように考えるので、商法企業法論に対しては懐疑的な立場を採る[*4]。

第３に、それでは、商法とはなにかが改めて問われることになる。

民法は、法律上、対等な立場、対等な力関係にある２人ないし複数人の間において発生する利害の対立を、それぞれの側の諸事情を仔細に考慮して、類型的に妥当と思われる標準的解決策を提示するものといえよう。いうまでもなく、この類型化は、ローマ法以来、2000年の歳月を経た人類の英知の結晶である。これに対し、約500年ほど前にイタリアの諸都市で生まれた商法は、民法上の当事者の一方または全員について、「営利追求性」を加味して考慮することが求められ、その結果、営利追求性を前提として修正された新たな類型に標準的な解決策を提示するものといえるのではないだろうか。

このように考えるとき、「正当な競争によって他者を出し抜くことは、営利追求の常として許されるが、その限界を超えることは許されない」という原理が必然的に生成される。会社法における情報開示の原則[*5]などはここから導かれることになろう。

---

*4　商法企業法論は、商法上の会社について一人会社が認められていない時代に、個人（＝自然人）が行う営業を限りなく法人たる会社に類似したものとして扱いたいとする試みだったといえる。しかし、個人が複数の営業を有するときに、結局は、法律上、個々の営業の責任財産が当該個人の全財産になることを否定できず、この点に限界があったと思われる。

*5　自由放任的な経済政策の元で大繁栄を誇ったことの必然の結果として、1929年にアメリカにおいて大恐慌が発生したが、その反省により、1933年に、株式会社についての正確な情報開示を求めるアメリカ連邦証券取引法が成立したことは、企業に対する新しい考え方が要請されるようになったことを示す象徴的な出来事と思われる。

第2節　商法の特色と傾向

商法学者は、個人企業を担う者および会社の経営に携わる者達の要請を、可能な限り、実現するように立法を行い、商法や会社法などを解釈すべきであるという考え方がある。さすがに、どのような要請であっても、このようにいえるとは思われないから、一応、「合理的な要請」としておく。

このような考え方は、ある時代においては、限りなく正当であったといえる。それは、社会全体に封建制度のルールが張り巡らされている時代、および、封建制度がなんらかの形で打破された直後の時代である。典型的には、1789年のフランス革命の後の時代であり、わが国でいえば、1867年の明治維新の後の時代である。また、この亜種としては、戦時統制経済のルールが張り巡らされていた全体主義（または国家主義）が打破された直後の時代、すなわち、1945年の敗戦後の時代である。

そのような時代においては、民法および商法のルールは、個人企業を担う者および会社の経営に携わる者達の才気煥発な考えや自由闊達な行動を妨げないように存在することが望ましい。そのような時代にあっては、経済活動の活気あふれる発展は、社会の繁栄をもたらし、おおむね多くの人々の幸福の増進に貢献することにつながることになる。したがって、そのような時代においては、商法学者は、個人企業を担う者および会社の経営に携わる者達の合理的な要請をすくい上げ、立法および法解釈の場において、可能な限り、そのような要請が実現できるように力を注げばよかったと思われる。

しかし、高度経済成長およびその後のバブル経済を経験した結果、上記の者達が営利追求に狂奔する[*6]結果、過剰な物質主義や金銭至上主義が横行し、深刻な環境破壊をもたらし、人々の精神的な安寧や幸福を喪失させることになった。

アダム・スミスが生きていた時代は、基本的に、個人の商人どうしが営利を

---

*6　当時、日本人はエコノミック・アニマル（Economic Animal）と批判的に呼ばれたことを思い起こしてほしい。

追求して競争が行われるという時代であった。そこでは、国家による規制がない状態で、個人商人が自由に活動することは、結果として、社会全体に幸福をもたらすと考えられたが、その後、株式会社が台頭し、株式会社が広範な市場を支配し、国家を上まわるほどの巨額な富を蓄積し、会社が会社を支配しコントロールするような時代になった現代においては、自由放任を手放しで礼賛することはできなくなっている。

ここでも、「正当な競争によって他者を出し抜くことは、営利追求の常として許されるが、その限界を超えることは許されない」という原理が商法・会社法などにおける内在的原理として、歴史必然的に要請され、特に、その限界を超えた者に対して、実質的意義の商法は厳しい制裁を用意しなければならない[*7]と考える。

つまり、50年以上昔のわが国においては、商法は、個人企業を担う者および会社の経営に携わる者達を背後から支え、ときにはその前に立ちふさがる障害物を取り除くといった後見人的役割が期待されていたといえるが、現在においては、そのような役割に加えて、許される行為の限界を超えてまで利益を追求しようとする者を厳しく規制する役割が、社会から強く要請されてきていると考える[*8]。

第３節　商法の歴史[*9]

1. ヨーロッパにおける歴史

運送契約、仲立契約、両替（銀行）契約などの原始的形態に関する法律規定は紀元前から存在したといわれる。しかし、その後の中世のヨーロッパにおいては農業的社会が基本であったため、商業的取引は社会の中心を占めることは

---

*7　金融商品取引法におけるインサイダー取引の禁止は典型的な例といえる。

*8　たしかに、適切な競争の確保という目的は、すでに不正競争防止法や独占禁止法によって図られている。しかし、このような外在的な規制では飽き足らず、21世紀の現代においては、さらに１歩を進めて、商法における内在的な規制が求められてきていると考えるものである。

*9　本節は、おおむね大隅・総則２頁以下、田中誠・総則32頁以下に依拠する。

なく、大きく発展することもなく、したがって、それらを規制対象とする商法もほとんど発展しなかった。

その後、イタリアを中心とした地中海貿易の爆発的な発展に伴って、さまざまな形態の商業取引が続々と開発され実行された。そのような取引を行う当事者間で形成された慣習的なルールが徐々に洗練されて、商法という法律が形成されたと考えられている。

商法の近代的立法の嚆矢《こうし》と言えるものは、フランスで1673年に制定された商事勅令、および、1681年に制定された海事勅令だといわれる。商事勅令は、一般人に適用されるものではなく、商人と認められた者についてのみ適用される法律であった。1794年にプロイセンでプロイセン普通国法の中に商法的規定が設けられたが、これも、ギルド等によって商人という身分を認められた者についてのみ適用される法律であった。

1789年のフランス革命後、ナポレオンが編纂した1807年の商法典が誕生する。フランス革命は階級的身分の打破を目指したことから、商法が「商人」という身分を有する者についてのみ適用されることを否定するため、新しく「商行為」をその対象とする法律として立法された。このとき制定されたフランス商法典は、その後、様々な修正を受け、現在に至っている。

1840年代において、現在のドイツと呼ばれる領域においては、約100個の領邦および都市国家が存在していたが、統一国家は存在しなかった。いくつもの領邦および都市国家をまたいで取引を行う商人にとって、それぞれの地域において異なる法律によって規制を受けることは非常な困難を伴い大変な苦痛となった。そこで、商人達は、このような多数の領邦および都市国家のいずれにおいても共通の法律が適用されることを望むことになった。これを承けて、1847年に普通ドイツ手形条例が作成され、1861年に普通ドイツ商法典が作成された。各領邦および各都市国家はこれらを採用するという形式をとって、実定法とした。1871年に、ドイツにおいてドイツ帝国が成立し、前者は、ドイツ手形条例、後者は普通ドイツ帝国商法となる。普通ドイツ帝国商法は、通常、ドイツ旧商法と呼ばれる。その後、1897年、ドイツ商法典が制定された。その後、1937年、株式会社関係の部分が株式法として立法され、1965年に新しい株式法が制定された。

2. わが国における歴史

1867年に明治維新を実現し、明治政府は、治外法権の撤廃と関税自主権の獲得を目的として、国家の近代化を画策した。その一環として、基本法典の制定整備が急がされ、ロェスラーの起草により1890年にいわゆる旧商法典（明治23年法律32号）が成立した。しかしながら、旧民法典に関して勃発した法典論争の煽りを受けて旧商法も施行が延期された。しかし、1894年に日清戦争を引き起こすほどに急速に発展していたわが国の産業社会は、商法の施行延期を待っていることができず、1893年には、旧商法の中の会社、手形、破産の編が施行されるに至った。その後、1899年、現在の商法典（明治32年法律48号）が成立し施行された。

商法典は、その後、大きな改正修正を何度も受けた。大きな改正としては、ジュネーブ統一条約の国内法化のために、1932年に手形法、1933年に小切手法が制定され、商法典の中の第四編手形が削除された。2005年に、株式会社を含む会社関係を内容とする会社法が成立し、商法典の中の会社関係の規定が削除された。また、2008年に、保険法が制定され、保険の章が削除された。規模としては小さいが、最近の改正としては、平成30年に、商行為法の中の有価証券に関する条文やいくつかの重要な条文が民法に移された。同時に、商行為の中の条文の整理、および、条文番号の変更が行われた。

第2編

商法総則

第１章　商法通則（１条ないし３条）

第１節　商法の趣旨（１条１項）

商法１条１項は「商人の営業、商行為その他商事については、他の法律に特別の定めがあるものを除くほか、この法律の定めるところによる。」と規定する。

商法は、商人の行う営業的な行為、ならびに、商人または非商人の行う商行為を規制する法典である。商法１条１項には、「商人」、「営業」、「商行為」という重要な概念が登場する。このうち、商人については本編第２章で、営業については本編第８章で、商行為については第３編で詳しく説明する。

なお、商法の中に、「商事」という文言について触れる規定はない。多くの場合、広く民事的な問題の中で、民法ではなく商法が適用されるものについて「商事」という言葉が使われる[*1]。したがって、「その他商事については、この法律の定めるところによる」という文章は、商法が適用されるべき問題については商法の定めるところによる、ということになり、同義反復にすぎない。しかしながら、「その他商事」という文言は、新しい問題が生じたときの受け皿としての意義をもつものと解される。

「他の法律に特別の定めがあるものを除くほか」とあるが、民法に商法と異なる定めが存在しても、一般法と特別法の関係により、基本的には商法の規定が優越的に適用されることになる。したがって、一般法と特別法という関係においては、「他の法律」は商法を一般法とする場合における特別法を意味すること

---

*1　大隅・総則79頁。

になろう。

また、商法と同格の法律であれば新法は旧法を破るの原則に従うことになるから、「他の法律」は新法と考えられるべき法律を意味することになろう。

第２節　商法の法源（１条２項）

商法の法源としては、以下に述べる形式的意義の商法のほかに、商慣習法、商慣習、民法、その他の特別法、条約、条理などが考えられる。

1. 商法

最狭義の形式的意義の商法とは何かといえば、商法（明治32年法律48号）ということになる。しかし、明治32年に制定された上記の商法の中に収められていた法分野の多くが、その後、独立した法律として制定され、上記の商法の中から削除されている。すなわち、手形法（昭和７年法律20号）、小切手法（昭和８年法律57号）、会社法（平成17年法律86号）、保険法（平成20年法律56号）、などである。現在では、特に断りがない限り、一般的には、明治32年に制定された商法の中に収められていた法分野を含んだものとして「商法」といわれることが多い。したがって、標準的な言い方としての形式的意義の商法は、商法、手形法、小切手法、会社法、保険法ということになる。

2. 民法

最狭義の形式的意義の民法としては、民法（明治29年法律89号）を意味することになる。しかし、商法と同様に、明治29年に制定された上記の民法の中に収められていた法分野については、その後、独立した法律として制定され、上記の民法から削除された法分野がある。たとえば、そのような法分野として、法人がある。すなわち、法人の法分野は、民法からは大部分が削除されており、その代わりに、一般社団法人及び一般財団法人に関する法律（平成18年法律48号）が制定されている。同法は、民法ではなくその他の特別法に含ませてもよいが、前述した商法の考え方との整合性を考えたとき、標準的な言い方としての形式的意義の民法に含ませるのがよいのではないかと考える。

3. 商事特別法および特別法の商事規定

商事特別法および商事規定を含む各種特別法は非常に多数存在する。ここでは、代表的なものを挙げる。社債等登録法（昭和17年法律11号）、担保付社債信託法（明治38年法律52号）、不正競争防止法（昭和9年法律14号）、私的独占の禁止及び公正取引の確保に関する法律（昭和22年法律54号）、銀行法（昭和2年法律21号）、金融商品取引法（昭和23年法律25号）、商品先物取引法（昭和25年法律239号）、鉄道営業法（明治33年法律65号）、海上運送法（昭和24年法律187号）、倉庫業法（昭和31年法律121号）などがある。

4. 条約

条約の中に商事に関する規定が定められることがあるが、その場合でもその条約が締結国において実施されるために国内法の制定が必要とされる場合は、当該国内法が法源となる。前述した、手形法や小切手法がその例である[*2]。

ここで、法源としての条約というのは、国内法の制約を必要とせずに、条約そのものの中に法源となる商事規定がある場合をいう。例として、「船舶衝突ニ付テノ規定ノ統一ニ関スル条約」（大正3年条約1号）、「海難ニ於ケル救援救助ニ付テノ規定ノ統一ニ関スル条約」（大正3年条約2号）、「国際航空運送についてのある規則の統一に関する条約」（昭和28年条約17号）などがある[*3]。

5. 商慣習法ないし慣習

(ア)　最初に、「慣習」、「事実たる慣習」、「商慣習」、および、「慣習法」、「商慣習法」について説明する必要がある。

慣習と慣習法との相違を明確にするために、一般的には、民法92条所定の慣習を「事実たる慣習」と呼び、法の適用に関する通則法3条（＝旧法例2条）所定の慣習を「慣習法」と呼ぶ[*4]。商法1条2項所定の商慣習は、「商事に関する慣習法」と解されており[*5]、名称の整合性を考えれば、「商慣習法」と呼ぶべきことになる。

---

*2　大隅・総則75頁、田中誠・総則145頁、鴻59頁。
*3　大隅・総則75頁、田中誠・総則146頁、鴻59頁。
*4　我妻252頁、川島24頁、四宮＝能見217頁。

(イ)　民法92条は、「法令中の公の秩序に関しない規定と異なる慣習がある場合において、法律行為の当事者がその慣習による意思を有しているものと認められるときは、その慣習に従う。」と規定する。

すなわち、同条は、①法令中の「公の秩序に関しない規定」と異った事実たる慣習が客観的に存在する場合であって、かつ、②法律行為（多くの場合は契約）の当事者がこの事実たる慣習に従うという意思を有していると認めるべき場合には、その法律行為の内容は「その慣習に従う」ものと解すると規定する。なお、条文中の「公の秩序に関しない規定」とは任意規定を意味し、公の秩序に関する規定とは強行規定を意味する[*6]。したがって、民法の任意規定が存在したとしても、当事者が事実たる慣習に従う意思を有していると認められるときは、事実たる慣習が民法の任意規定に優越することになる[*7]。

そもそも、法律行為（多くの場合は契約）は、第1次的には当事者の意思表示によってその内容が確定するものである。当事者の意思表示が不明瞭であって認定できない場合において、事実たる慣習が存在するときに、そして、当事者がこの事実たる慣習に従うという意思を有していると認めるべき場合に、法律行為（多くの場合は契約）の内容を事実たる慣習によって補充することになる。当事者の意思表示が不明瞭であって認定できない場合において、事実たる慣習も存在しないときは、法律行為（多くの場合は契約）の内容は民法の任意規定などによって補充し解釈されることになる。このように、事実たる慣習は、民法92条により、当事者の意思表示の中に織り込まれることによって法源性が認められることになる[*8]。

(ウ)　法の適用に関する通則法3条（＝旧法例2条）は、「公の秩序又は善良の風俗に反しない慣習は、法令の規定により認められたもの又は法令に規定されていない事項に関するものに限り、法律と同一の効力を有する。」と規定する。

---

*5　商法企業法論に従う者は次のように述べる。すなわち、大隅・総則75頁「商慣習法とは、企業関係に関する慣習法をいう。」、田中誠・総則146頁「商慣習法とは企業に固有な慣習法をいう。」。

*6　我妻251頁、川島23頁、四宮＝能見216頁。

*7　我妻251頁、川島24頁、四宮＝能見216頁。

*8　我妻251頁、川島23頁、大隅・総則75頁、四宮＝能見217頁。

同条所定の「慣習」は「慣習法」を意味する[*9]。

「慣習法」と「事実たる慣習」との差異は、法的確信があるか否かにある[*10]。事実たる慣習が慣習法であるというためには、法的確信を客観的なものとして確定させる必要があり、それは国会が立法により承認するか、裁判所が裁判によって承認する必要がある[*11]。

法の適用に関する通則法３条（＝旧法例２条）は、「法令の規定により認められたもの」、または、「法令に規定されていない事項に関するもの」に限り、慣習法は法律と同一の効力を有すると定める。したがって、一般的に慣習法には成文法（たとえば、民法・商法）の規定に対する変更的効力は認められず、成文法が規定していない事項についてのいわば補充的効力が認められるにすぎない。

(エ)　商法１条２項は、「商事に関し、この法律に定めがない事項については商慣習に従い、商慣習がないときは、民法の定めるところによる。」と規定する。上記の「商慣習」は「商事に関する慣習法」と解されており、「商慣習法」と呼ぶべきことになる。

商法１条２項は、法の適用に関する通則法３条（＝旧法令２条）に対する例外として、商慣習法（＝商事に関する慣習法）に、民法および民事法令の諸規定に対する優越的効力・変更的効力を認めている[*12]。注意すべきは、商法１条２項は、商慣習法に、商法の任意規定に対する変更的効力を認めていないことである[*13]。したがって、商慣習法は、商法の強行規定および任意規定に劣後する。

なお、商法の強行規定が実効性を失ったときは、その強行規定に反する法律行為が行われても問題は生じないはずであるから、そこでは商慣習法が法源とされても問題は生じない。したがって、商慣習法は、実効性を失った商法の強行規定に対する変更的効力を有するといえる[*14]。

***9**　我妻252頁、川島22頁、四宮＝能見217頁。

***10**　我妻252頁、大隅・総則75頁、四宮＝能見217頁。

***11**　田中誠・総則146頁。

***12**　田中誠・総則146頁、大隅・総則76頁、鴻73頁。本文の立場は、商慣習法は民法の強行規定および任意規定に優先すると解する立場であるが、川島は、商法１条２項の解釈として、商慣習法は民法の任意規定のみに優先すると解する（川島22頁）。

***13**　通説という（田中誠・総則146頁）。しかし、田中誠は、商慣習法について、商法の任意規定に対する優越的効力・変更的効力を認める（田中誠・総則146頁）。

(オ)　事実として存在する慣習が、法の適用に関する通則法3条（＝旧法例2条）によって慣習法と認められるのであれば、法律と同一の効力を有することになり、商法1条2項により商慣習法と認められれば、商慣習法は民法より優越した効力を有することになる。

6. 条理

19世紀後半から20世紀初頭にかけて法実証主義が隆盛だった時代には、商法的な問題ないしは商事的な問題を規律する法源として条理を用いることについては否定する立場が有力であったが、その後、自然法思想の復権がなされるにつれ条理を法源の1つとして認める立場が有力になってきた[*15]。

条理を法源として認めるための実定法上の根拠は明治8年太政官布告第103号裁判事務心得3条「民事ノ裁判ニ成文ノ法律ナキモノハ習慣ニ依リ、習慣ナキモノハ条理ヲ推考シテ裁判スベシ」だといわれる[*16]。さらに、スイス民法1条2項「この法律に規定のないときは、裁判官は慣習法に従い、慣習法もまた存在しない場合には、自己が立法者ならば法規として設定したるべきところに従って裁判すべきである」という考え方は普遍的な法理論の理解を示すものであり、補強的根拠として認められると考える[*17]。

なお、商法または民法などの実定法の強行法規が存在するときはそのような強行法規が明白かつ合理的に欠陥を有する場合、または、すでに強行法規がその実効性および重要性を喪失している場合に初めて条理を法源とすることが認められる[*18]。

---

*14　田中誠・総則147頁、大隅・総則84頁、西原・総則242頁。
*15　田中誠・総則150頁。
*16　川島25頁。
*17　スイス民法1条2項の意義については、石田穣「法律行為の解釈方法 ―再構成―（一）～（三・完）」法学協会雑誌92巻12号1頁が詳しい。
*18　田中誠・総則151頁。

第3節　法源の優先順位

(ア)　第2節において、商法的な問題ないしは商事的な問題を規律するさまざまな法源を説明した。これらの法源の相互間には、その効力について優先劣後の関係がある。以下に、各法源の効力の優先順位を説明する。

(イ)　第1優先順位は条約である。憲法は、原則として、自然人および法人を含む私人間の紛争に直接に介入することがない。したがって、わが国において、自然人および法人の商法的問題ないしは商事的問題の解決のために適用される法源として、最優位の効力が認められるものは、第2節4.で述べた条約となる。

(ウ)　第2優先順位は商法である。ここには、形式的意義の商法、商事特別法、および、さまざまな法律の中の商事規定が含まれる。これらの中で、個々の規定の衝突や重なり合い（競合）が生じたときは、「新法は旧法に優先する」とか、「特別法は一般法に優先する」といった法律解釈の一般的な解釈原理が適用される。

(エ)　第3優先順位は、商慣習法である。このことは、商法1条2項が定めている[*19]。

(オ)　第4優先順位は、民法である。ここには、形式的意義の民法、民事特別法、および、さまざまな法律の中の民事規定が含まれる。これらの中で、個々の規定の衝突や重なり合いが生じたときは、「新法は旧法に優先する」とか、「特別法は一般法に優先する」といった法律解釈の一般的な解釈原理が適用される。

(カ)　第5優先順位は、条理である。なお、一般的条理と商的条理を区別する学説があるが、著者は、条理をさらに分類する必要はないと考える。

第4節　法源の解釈原理

第2節においてさまざまな法源を説明し、第3節において法源適用の優先順位を説明した。

---

*19　大隅・総則81頁。

しかし、最も重要なことは、商法的な問題ないしは商事的な問題は、基本的に自然人および法人を含む私人間の問題であるということである。それは、根本原理として私的自治の原則が支配する領域である。したがって、最初に考慮しなければならないことは、当事者の意思および意思表示の内容の確認および確定である。なお、当事者の意思および意思表示の内容は、第１優先順位の条約から第４優先順位の民法に至るまでの法源の強行規定に抵触しない限りにおいて尊重される。

信義誠実の原則（民１条２項）、権利濫用の禁止（民１条３項）、および、公序良俗違反の無効（民90条）は、すべての法源を適用する際に、優越的に適用されるものである[*20]。

第５節　商法の適用範囲

第１款　商法が適用される場合

第１に、一定の法律行為が商行為であるとされるとき、商法の中の商行為に適用すると定められた規定が商行為に適用されることになる。このとき、この商行為は絶対的商行為、営業的商行為、および、附属的商行為のいずれであっても問題ない。

第２に、商行為のうち基本的商行為（すなわち絶対的商行為および営業的商行為）は、自然人および法人の中の一部の者を商人と確定する作用がある。商法の中の商人に適用すると定められた規定は、このようにして確定された商人に適用される。なお、擬制商人にも適用される（４条２項）。

第３に、商人が営業のために行う行為は附属的商行為とされ、商法の中の商行為に適用すると定められた規定が、このような附属的商行為に適用される。

以上のように、わが国においては、商法の規定が適用されるか否かの問題は、商行為という概念と商人という概念によって決定される。

---

*20　田中誠・総則153頁。

第2款　公法人と商法（2条）

(ア)　商法2条は、「公法人が行う商行為については、法令に別段の定めがある場合を除き、この法律の定めるところによる。」と規定する。したがって、公法人が行った法律行為が絶対的商行為または営業的商行為にあたると認められるときは、法令に別段の定めがない限り、その行為（すなわち商行為）には商法の規定が適用される。

公法人が基本的商行為（＝絶対的商行為および営業的商行為）を営業として行えば、商人として認められるから、商人である公法人が営業のために行う行為は附属的商行為となる（503条1項）。また、商人である公法人が行う行為は、営業のために行うとの推定が働く（503条2項）。

(イ)　公法人の営業としての行為が商行為として認められるためには、公法人の行う行為が民法上の法律行為であることが必要とされる。そのような法律行為が絶対的商行為に該当すれば、当該行為について当然に商法の適用がある（501条）。そのような法律行為が営業的商行為に該当するときは、それが商行為といえるためには、公法人が「業として」行っている必要がある。すなわち、営利目的をもって同種の行為を反復継続しているかということが問題になる。ここに、反復継続性の判定はあまり困難な問題にはならないが、営利目的の存否は難しい問題となる。なぜなら、公法人が行う営業においては単純に営利目的のみで行われることは少なく、公共の利益の推進とか公共的な要請に応じるといった目的があり、営利目的よりは、これらの目的の方が主たる目的であることが多いからである。

この点、利益の獲得を目的とする必要はなく、営業的商行為の要件としては収支相償うという程度の営利目的で足りるという考え方がある[*21][*22]。この考え方に異論はないが、むしろ問題となるのは、収支相償うことすら予定されていない場合である。たとえば、特定の地域に住む住人のほとんどが高齢者であってその人数が少なくかつ散在している場合に、生活の便のために、市町村が巡

---

*21　大判大6・2・3民録23-35。

*22　田中誠・総則158頁。

回バスを運行するようなケースである。毎年度、市町村の予算から一定額の補助金の給付が設定されている場合である。最初から、当該営業は採算が取れることは考えられていない。前述の考え方では、営業的商行為性が認められないことになる。考え方の修正として、補助金を加えたうえで、当該営業が採算が取れるか否かを考えることは可能と思われる。しかし、それでも、収支相償わない場合に営業的商行為の要件を充たすと考えることができるのかが問題となろう。要件が充たされないことになれば、当該公法人の商人性も認められないことになる。今日において解決されるべき問題である。

(ウ)　公法人が基本的商行為（＝絶対的商行為および営業的商行為）を営業として行えば、商人として認められるが、その場合、商人について適用される商法上の諸規定が当然に商人たる公法人に適用されるかという問題がある[*23]。

商法総則中の商人、商業登記、商号、商業帳簿、代理商に関する規定が問題になる。ある学説は、そのほとんどの規定は商人たる公法人に適用されないという[*24]。しかし、商号や商業帳簿や営業譲渡に関するいくつかの規定、支配人を除く商業使用人の規定、代理商の規定は、商人たる公法人に適用されるべき場合があると思われる。

第３款　一方的商行為（３条１項）

(ア)　複数の者の間で成立する法律行為においてその法律行為が当事者の一方にとってのみ商行為であるとき、これを一方的商行為という。当事者の双方にとって商行為であるとき、これを双方的商行為という。

商法３条１項は、「当事者の一方のために商行為となる行為については、この法律をその双方に適用する。」と規定する。つまり、上記の一方的商行為については商法３条１項が適用されるので、商行為とならない当事者の行為も商行為として商法が適用されることになる。なお、商法３条１項所定の商行為は基本的商行為に限らないから、商人が行った附属的商行為の相手方が非商人である場合でも、商法３条１項によって相手方の非商人の行為についても商法が適用

*23　田中誠・総則159頁。
*24　田中誠・総則159頁。

されることになる。

(イ)　商法511条1項のように、債務者の行為のみに着目してそれが商行為であって商法の適用がある場合、商法3条1項が適用されるから、債権者の行為も商行為として商法が適用される[*25]。これとは逆に、銀行たる商人（＝債権者）が2人以上の非商人を債務者として金銭消費貸借契約を締結する場合、単純に商法3条1項を適用すると、非商人である債務者にも商法が適用されることになるが、その債務発生行為が債権者のためにのみ商行為であるときは、商法511条1項を適用すべきでないことが、法文上明白であるから、商法3条1項は適用されないと解されている。このような場合において、商法511条1項は商法3条1項の例外を規定するといえる[*26]。

(ウ)　商法515条は、商行為によって生じた債権を担保するために設定した質権については、流質契約を禁じないと規定する。これについて議論がある[*27]。第1の学説は、この規定につき、法文通りに解し、商法3条1項は、そのまま適用があると解するものである。第2の学説は、そもそも商法515条の立法理由が、非商人と異なり商人は流質契約の不利益性を熟知したうえでなお速やかに金融を受けることを望むのであるから流質契約を禁止する必要はないということにあるのであるから、債務者が非商人の場合には、やはり商法515条の適用は許されるべきではないと考える。したがって、商法515条は債務者の商行為によって生じた債務についてのみ適用されるべき規定と解する立場である[*28]。この立場は、例外的に、商法3条1項の適用を認めないとするものである。

第4款　当事者の一方が複数の場合（3条2項）

商法3条2項は、「当事者の一方が二人以上ある場合において、その一人のために商行為となる行為については、この法律をその全員に適用する。」と規定する。

複数の者の間で成立する法律行為においてその法律行為の当事者の一方が複

*25　大判明45・2・29民録18-148。
*26　大判大4・2・8民録21-75。
*27　詳細は、第3編第2章第5節を参照されたい。
*28　大隅41頁、田中誠90頁、鈴木18頁。

数人いる場合であってその中の１人にとってのみ商行為であるときは、当該当事者側のその他の者についても、商法を適用するということである。

たとえば、商人Ａと非商人Ｂとが連帯してＡの営業に用いるために、非商人Ｃから金銭を借り入れた場合、ＢとＣとの法律関係は非商人間の法律関係である。しかし、上記金銭借入行為は商人Ａにとっての附属的商行為であるから、商法３条２項により、非商人Ｂも商法の適用を受けることとなる[*29]。

*29　田中誠・総則161頁。

第2章　商　人

第1節　商人総論

商人には、基本となる商人と擬制商人とがある。基本となる商人は、通常、単に商人と呼ばれるが、擬制商人との違いを強調するときは、「固有の商人」と呼ばれる。

商法4条が商人の定義を定める。すなわち、商法4条1項は、「『商人』とは、自己の名をもって商行為をすることを業とする者をいう。」と規定する。これが、商法上、本来の意味における商人であり[*1]、講学上、固有の商人と呼ばれる。商法4条2項は、「店舗その他これに類似する設備によって物品を販売することを業とする者又は鉱業を営む者は、商行為を行うことを業としない者であっても、これを商人とみなす。」と規定する。これらは、講学上、擬制商人と呼ばれる。

いずれも営業の主体のことであり、商法における商人に関する規定の適用について、区別されることはない[*2]。

第2節　固有の商人

固有の商人とは、自己の名をもって商行為をすることを業とする者である（4条1項）。以下、要件を分説する。

---

*1　大隅・総則91頁、鴻101頁。

*2　大隅・総則90頁、鴻102頁、近藤20頁。

1. 自己の名をもって

第1に、自己の名をもってすることが要件となる。自己の名をもってとは、商行為たる法律行為を行う者が、その法律行為から生じる権利義務の帰属主体になることを意味する[*3]。この際、当該行為から生じる経済的損益の帰属は問題としない[*4]。株式会社の代表取締役はこの要件を充たさないから商人ではない[*5]。

ある者（自然人または法人）が商行為を業として行い、その権利義務を自己に帰属させる場合、その者は固有の商人に該当する。また、ある者が、他人の計算において（他人のために）、その権利義務を自己（＝ある者）に帰属させる場合も、その者は固有の商人に該当する。これに対し、ある者が、権利義務を他人に帰属させるために行っている場合、その者は固有の商人に該当しない[*6]。

2. 商行為

第2に、商行為をすることが要件となる。この要件を充たすところの「商行為」を基本的商行為という。基本的商行為は、絶対的商行為（客観的商行為）および営業的商行為（主観的商行為または相対的商行為）、ならびに、他の法令の規定において商行為と定められている行為を意味する[*7]。

他の法令の規定としては、会社法5条がある。会社法5条は、「会社（外国会社を含む……）がその事業としてする行為及びその事業のためにする行為は、商行為とする。」と規定する。したがって、会社法上の会社は、商法4条1項の商行為をすることになる[*8]。

絶対的商行為、および、営業的商行為についての詳細は後述する。

---

*3　大隅・総則94頁、石井＝鴻・総則70頁、鴻102頁、鈴木＝田村13頁、近藤20頁。

*4　大隅・総則94頁、石井＝鴻・総則70頁、鈴木＝田村14頁、近藤20頁。

*5　大判昭12・11・2大審院判決全集4-21-25「株式会社の取締役として会社の業務に従事するは自己の名をもって商行為をなすものにあらざるが故に取締役たる個人は商人にあらざること多言をまたず」。

*6　支配人が営業主のために営業を行う場合、営業主が商人であり、支配人は商人でない。

*7　大隅・総則91頁、石井＝鴻・総則71頁、鴻103頁。

3. 業とする

第３に、商行為をすることを業とすることが要件となる。「業とする」の意味は、営業とすること、すなわち、営利を目的として計画的集団的に同種の行為を反復継続して行うことを意味する[*9]。

ここでの営利とは、少なくとも収支相償うことが予定されることである[*10]。営利の目的があれば、同時に他の目的（たとえば、公益的・宗教的・政治的な目的など）が併存してもかまわないし、結果として実際に収益が生じなくてもかまわない[*11][*12]。

同種の行為は、一種に限られず、数種でもよい[*13]。反復継続とは、反復継続の意図をもってなされることを意味し、そうであるならば、最初の１回目の行為であっても反復性および継続性が認められる[*14]。反復継続性は、必ずしも長期間の営業を意味するものではなく[*15]、短期間のイベント開催中だけの売店営業や夏期期間だけの飲食店営業でも充たされる[*16]。

医師、弁護士、芸術家などの自由職業人の行為に、営利の目的が認められる

---

*8　最判平20・2・22民集62-2-576〈百選29〉「会社の行為は商行為と推定され、これを争う者において当該行為が当該会社の事業のためにするものでないこと、すなわち当該会社の事業と無関係であることの主張立証責任を負うと解するのが相当である。なぜなら、会社がその事業としてする行為及びその事業のためにする行為は、商行為とされているので（会社法５条）、会社は、自己の名をもって商行為をすることを業とする者として、商法上の商人に該当し（商法４条１項）、その行為は、その事業のためにするものと推定されるからである（商法503条２項。同項にいう『営業』は、会社については『事業』と同義と解される。）。」。

*9　大判昭14・9・19法律新聞4478-5「営業とは営利の目的をもって同種の行為を継続的になす事業をいうものな〔り〕」、大隅・総則91頁、石井＝鴻・総則70頁、鴻102頁、鈴木＝田村13頁、近藤20頁。

*10　田中誠・総則188頁、石井＝鴻・総則70頁、鴻103頁、近藤20頁。

*11　大隅・総則92頁、鴻103頁、近藤20頁。

*12　公法人（国家や地方公共団体など）は国民や住民の一般的福祉を増進する目的を有するが、同時に、鉄道やバスの運送事業等を行う場合には、営利目的を有することもありうることであり、その限りで商人と解される（通説）。

*13　大隅・総則91頁、鴻102頁、鈴木＝田村14頁。

*14　大隅・総則91頁～92頁、鴻102頁。

*15　鈴木＝田村14頁。

*16　田中誠・総則187頁。

かという問題がある。多数説は、個別的・主観的には営利の目的をもって行われる場合があるとしても、一般的には、これら自由職業人の本来あるべき姿とその行為の本来的な性質、専門的な技術や知識を必要とする業務の特徴、歴史的発展との関連などに鑑み、これらの者の行為には営利の目的が認められないとする[*17]。よって、これらの自由職業人は、一般的には、商人に該当しないことになる。

判例によれば、信用金庫、および、信用協同組合は、銀行と異なり営利を目的とするものではないため、商人に該当しないとされる[*18]。

第3節　擬制商人

1. 総論

擬制商人とは、店舗その他これに類似する設備によって物品を販売することを業とする者、または、鉱業を営む者である（4条2項）。

1930年代頃の経済の急速な発展の中で、固有の商人のみに商人性を認めていたのでは、商法が実社会の問題に十分に対応できないことが問題となり[*19]、1938年（昭和13年）の商法改正によって、経営形態や企業的設備に着目して商人概念が拡張され、擬制商人が加えられた。擬制商人の規定は、商行為とは関係な

---

*17　大隅・総則92頁、石井＝鴻・総則71頁、鈴木＝田村14頁、近藤21頁。

*18　最判昭63・10・18民集42-8-575「信用金庫法に基づいて設立された信用金庫は、国民大衆のために金融の円滑を図り、その貯蓄の増強に資するために設けられた協同組織による金融機関であり、……信用金庫の行う業務は営利を目的とするものではないというべきであるから、信用金庫は商法上の商人には当たらないと解するのが相当である……。」、最判昭48・10・5判時726-92〈百選3〉「中小企業等協同組合法に基づいて設立された信用協同組合は、商法上の商人にあたらないと解すべきである。」、最判平18・6・23判時1943-146「中小企業等協同組合法に基づいて設立された信用協同組合は、今日、その事業の範囲はかなり拡張されてきているとはいえ、なお組合員の事業・家計の助成を図ることを目的とする共同組織であるとの性格に基本的な変更はないとみるべきであって、その業務は営利を目的とするものではないというべきであるから、商法上の商人には当たらないと解するのが相当であ〔る。〕」。

*19　商法は、基本的商行為を限定列挙し、基本的商行為を行う者を固有の商人としている。このため、原始産業（農業、林業、漁業、鉱業など）を営む者は、固有の商人に該当しないことになり、実社会の問題に十分に対応できないおそれが生じた。

く、企業的設備に着眼して、以下の業態を商人と定めている[*20]。

2. 店舗その他これに類似する設備

擬制商人の第1は、店舗その他これに類似する設備によって物品を販売することを業とする者である（4条2項）。

農業や漁業を営む者が、自ら生産した野菜・果物・畜産物・水産物等または無償で採集した野菜・果物・畜産物・水産物等を店舗その他の販売施設で販売する行為は、絶対的商行為にも営業的商行為にもあたらないため、商人と解されるための要件を充たさない。自己の所有地等から無償で鉱産物を採取して販売を行う者も同様である。

しかし、同じ物を販売する者が、他人から有償で購入して販売するときは、投機購買（501条1号）にあたり、その者は商人となる（4条1項）。このように、その取引の相手方の知らない事情により、売主が非商人であったり商人であったりすることになる。このことが不都合と考えられた。そこで、商法は、「店舗その他これに類似する設備」が用いられているときには、その売主が商行為を行うことを業としない者であっても、商人とみなすことにした（4条2項）。

ここでいう「店舗」とは、公衆に対して開設されている継続的取引のための場所的設備を意味すると解される[*21]。

3. 鉱業

擬制商人の第2は、鉱業を営む者である（4条2項）。鉱業は、原始産業であるが、通常、大規模な企業的設備をもって経営されているため、商法は、鉱業を営む者は、商行為を行うことを業としない者であっても、商人とみなすことにした[*22]。

---

*20　石井＝鴻・総則71頁。
*21　鴻105頁、近藤22頁。
*22　石井＝鴻・総則72頁。

第4節　小商人

小《こ》商人とは、商人のうち、その営業のために使用する財産の価額[*23]が法務省令で定める金額（＝50万円）を超えないものをいう（7条括弧書・商法施行規則3条）。かなり小規模な行商人や露天商などが小商人に該当する。

商法は、商人を一律に規制すると、小規模の者に煩雑な手間を課し、過度な負担となることを考慮し、規模の小さい商人を「小商人」とし、商法の規定の一部を適用しないことにしている（7条）。

具体的には、未成年者登記を定める5条、後見人登記を定める6条、商業登記を定める8条から10条、商号登記を定める11条2項、商号譲渡の登記と第三者への対抗を定める15条2項、商号を続用する営業譲受人が譲渡人の債務の弁済責任を負わない旨の登記を定める17条2項前段、商業帳簿を定める19条、および、支配人登記を定める22条が、小商人に適用されない（7条）。

なお、小商人には、商業登記に関する規定が全面的に適用されないため、商業登記を前提とする支配人制度は適用されないと解されている[*24]。

第5節　商人資格の取得の時期

自然人や法人が、いつの時点から商人となるかという問題がある。以下では、自然人と法人とを区別して説明する。

1. 自然人の場合

自然人は、遅くとも、営業の開始時には商人資格を取得する。営業の開始前である開業準備段階においても、自然人に商人資格が認められるかが問題となる。この点につき、現在の学説の多くは、開業準備段階における商人資格を認

---

*23　「財産の価額」とは、営業の用に供する財産につき最終の営業年度に係る貸借対照表（最終の営業年度がない場合にあっては、開業時における貸借対照表）に計上した額のことである（商法施規3条1項）。

*24　田中誠・総則201頁、石井＝鴻・総則73頁、鴻107頁、近藤23頁。

めており、開業準備行為を附属的商行為と捉えている[*25]。

学説上、対立が生じているのは、開業準備段階のどの時点で商人資格が認められるかについてである。

第1に、営業の意思が一般的・対外的に発表された時（＝表白行為の時）に、商人資格が取得されるとする説がある（表白行為説）[*26]。この表白行為説によれば、店舗の開設や開店の広告などの表白行為をしたときに、営業の意思が外部に発表されたことになる。

第2に、営業の意思が主観的に実現された時に商人資格が取得とされるとする説がある（営業意思主観的実現説）[*27]。

第3に、営業の意思が一般的・対外的に表白されることまでは要しないが、主観的に実現されるだけでは足りず、営業の意思が相手方に客観的に認識可能となったときに、商人資格が取得されるとする説がある（営業意思客観的認識可能説）[*28]。

第4に、他の説と異なり、ある一時点をもって商人資格を完全に取得すると解するのではなく、行為者の行為の進行段階によって、行為者の商人資格を主張できる者、および、立証責任を負う者が変わると考える説がある（段階説[*29]）。すなわち、段階説は、まず、行為者の営業の意思が主観的に実現されたに過ぎ

---

*25　田中誠・総則194頁。

*26　大判大14・2・10民集4-56「商人たる資格の発生するには商行為をなすを業とするの意思を外部に発表することを要するものと解すべきものとす」、大判大14・3・27法律新聞2407-18「商行為をなす意図あることが既に一般に認識せられたりとするもかくのごとき営業の準備をなしたること及び商行為をなす意図が一般に認識せられたることは未だもって直ちに上告人が営業をなす意思を外部に発表したるものと認むべからざるにより原判決が上告人をもって本件消費貸借成立当時既に商人たる資格を有したるものと認定したるは失当」。

*27　大判昭6・4・24民集10-289「商人が別個特定の営業を開始する目的をもってその準備の行為をなすときは商人はその行為によりその別個特定の商業を営まんとする意思を実現するとともにその別個特定の営業につき商人たるの資格を取得し……」、松本111頁～112頁、田中耕259頁、大森86頁。

*28　伊澤孝平『註解商法総則』（法文社、1949年）、石井＝鴻・総則73頁、近藤26頁。

*29　北沢正啓「商人資格の取得時期と開業準備行為の附属的商行為性」鈴木竹雄先生古稀記念『現代商法学の課題（上）』195頁、204頁～205頁（有斐閣、1975年）、田中誠・総則196頁、鴻109頁～110頁。

ない段階において、行為者は、商人資格を相手方に主張できないが、相手方は、行為者が営業のために行ったことを立証することで、行為者の商人資格の取得を主張できるとする。次に、行為者の営業の意思が特定の相手方に認識されうべき段階においては、相手方も行為者も、行為者の商人資格の取得を主張できるが、行為者が主張する場合には、相手方の認識について立証する責任を負うとする。最後に、行為者が商人であると一般的に認識されうべき段階に至ったときは、行為者の商人資格の取得が推定されるとする。

2. 大審院・最高裁の立場

大審院は表白行為説を採用していたが、その後、営業意思主観的実現説を採用し、現在の最高裁[*30]は、営業意思主観的実現説を引き続き採用しているか、または、営業意思主観的実現説に近い立場にあると解される[*31]。

3. 会社の場合

会社は、設立の登記の時に商人資格を取得する（会社49条）[*32]。

---

*30 最判昭33・6・19民集12-10-1575〈百選2〉「原判決が本件担保利用契約を控訴人等（上告人等）の営業の準備行為と認め且つ特定の営業を開始する目的で、その準備行為をなした者は、その行為により営業を開始する意思を実現したものでこれにより商人たる資格を取得すべく、その準備行為もまた商人がその営業のためにする行為として商行為となるものとした判断は、正当」、最判昭47・2・24民集26-1-172「特定の営業を開始する目的でその準備行為をした者は、その行為により営業を開始する意思を実現したものであつて、これにより商人たる資格を取得するのであるから、その準備行為もまた商人がその営業のためにする行為として商行為となるものであることは、当裁判所の判例とするところである……。そして、その準備行為は、相手方はもとよりそれ以外の者にも客観的に開業準備行為と認められうるものであることを要すると解すべきところ、単に金銭を借入れるごとき行為は、特段の事情のないかぎり、その外形からはその行為がいかなる目的でなされるものであるかを知ることができないから、その行為者の主観的目的のみによつて直ちにこれを開業準備行為であるとすることはできない。もつとも、その場合においても、取引の相手方が、この事情を知悉している場合には、開業準備行為としてこれに商行為性を認めるのが相当である。」。

*31 鴻110頁、近藤27頁、弥永20頁。

*32 大隅・総則122頁～123頁、田中誠・総則193頁、鴻107頁。

第6節 商人資格の喪失

自然人や法人が、いつの時点から商人資格を失うかという問題がある。以下では、自然人と法人とを区別して説明する。

1. 自然人の場合

自然人は、営業の終了時（残務処理がある場合はその終了時）に商人資格を喪失すると解すべきである[*33]。

2. 会社の場合

会社は、清算結了のときに法人格が消滅し[*34]、商人資格を喪失する[*35]。

*33 石井＝鴻・総則74頁、近藤27頁、弥永22頁。

*34 株式会社であれば、清算事務が終了し株主総会で決算報告が承認されると清算は結了し、法人格が消滅する（柴田和史『会社法詳解〔第3版〕』513頁～514頁（商事法務、2021年））。

*35 大隅・総則122頁～123頁、田中誠・総則193頁、鴻112頁、弥永22頁。

第３章　商業登記

第１節　商業登記

第１款　総論

商業登記とは、商法や会社法等の規定に基づき、商人に関する一定の事項を商業登記簿に記載する登記のことである。

商業登記制度は、商人に関する内容を公示することによって、商取引を円滑・迅速に進めさせ、取引の安全を確保し、商人および商人と利害関係を有することになる者を保護するために、それらの利害の調整を図ることを目的とした制度である。

商業登記制度の長所と短所は表裏一体である。すなわち、商人は自身に関する内容を開示することにより信用を高めることができるが、開示した内容に不備・不審な点があれば信用を損なうことになる。また、商人は、登記事項から取引相手の情報を得ることができるが、登記事項について知らなかったとしても対抗されるため、登記を確認しないときは不利益を受けることがある。

なお、小商人は営業の規模が小さく、商業登記を義務づけると負担が重くなりすぎるため、小商人には商業登記の規定が適用されない。

商業登記簿には、商号登記簿、未成年者登記簿、後見人登記簿、支配人登記簿、株式会社登記簿、合名会社登記簿、合資会社登記簿、合同会社登記簿、および、外国会社登記簿の９種がある（商登６条）。これ以外の登記簿になされる登記は、商業登記ではない[*1]。

第2款　登記事項

法令（商法、会社法、破産法、会社更生法等）に規定されたものが商業登記の登記事項となり、それ以外のものは登記できない。

登記事項は、登記しなければならないとされる事項（絶対的登記事項・必要的登記事項）と、登記するか否かが当事者の決定に委ねられた事項（相対的登記事項・任意的登記事項）に分類できる。登記事項のほとんどが絶対的登記事項に該当し、相対的登記事項としては、会社・外国会社以外の商人の商号がある（11条2項）。なお、一度登記された事項は、それが相対的登記事項であっても、その変更または消滅が生じた場合には、その旨の登記をしなければならない（10条、会社909条）。

後述するように、商人は登記しないことにより不利益をこうむる可能性がある（参照、9条1項、会社908条1項）。会社については、登記を怠るとその取締役等に過料の制裁が課される（会社976条1号）。これに対し、会社以外の商人については、登記を怠ったとしても過料の制裁はない。

第3款　登記手続

1．申請

登記手続きの詳細については、商業登記法および商業登記規則が定める。

登記事項は、当事者の申請によって、商業登記法の定めるところに従い、商業登記簿に登記される（8条、会社907条、商登14条）。登記がなされる場所は、当事者の営業所の所在地を管轄する法務局もしくは地方法務局もしくはこれらの支局またはこれらの出張所である（これらをまとめて「登記所」という）（商登1条の3）。

商業登記は、原則として、当事者の申請[*2]に基づいて行われる。これを当事

---

*1　近藤40頁、弥永23頁。船舶登記（686条・687条）、不動産登記（不動産登記法）、各種の協同組合の登記（中小企業等協同組合法83条以下、消費生活協同組合法74条以下）、保険相互会社の登記（保険業法64条以下）などは、商業登記でない。

*2　商業登記は、通常、商人（法人の場合はその代表者）またはその代理人の申請により行われる（商登17条2項・18条）。なお、未成年者登記は未成年者の申請により（商登36条1項）、後見人登記は後見人の申請により行われる（商登41条1項）。

者申請主義という。ただし、例外として以下のような場合がある。

第1に、登記事項が裁判によって生じる場合がある。たとえば、設立無効判決、株主総会決議取消判決、合併無効判決などが言い渡された場合である。このような場合、裁判所が登記所にその旨の登記を嘱託することにより登記がなされる（商登14条、会社937条）。

第2に、休眠会社のみなし解散登記の場合がある[*3]。この場合、みなし解散の登記は登記官が職権によって行う（会社472条）。

第3に、登記した商号が廃止・変更されたにもかかわらず、または、正当な事由なく2年間使用されないにもかかわらず、廃止・変更の登記がなされない場合がある。この場合、同一の商号を使用しようとする者が、当該商号の登記に係る営業所（会社にあっては本店）の所在場所において、当該商号の登記の抹消を申請できる（商登33条）。

2. 登記官の審査権限

登記の申請を受けた登記官は、商業登記法の定めるところに従って商業登記簿に登記を行う（8条、会社907条）。登記官は、一定の却下事由（商登24条）に該当しない限り、登記を行うことになる。

申請を受けた登記官は、登記の申請者が権限を有するか否か、申請された事項が法定の登記事項であるか否か、正しい管轄の登記所に申請がなされたか否かなど登記申請の形式上の適法性を審査する権限のみを有する。これを形式的審査主義という（判例・通説）[*4*5]。すなわち、登記官は、登記簿、登記申請書、および、登記申請書に添付された書類のみから、申請事項の形式上の適法性を審査する[*6]。商業登記法24条は、登記官が登記の申請を却下しなければならな

＊3　休眠会社とは、最後の登記をしてから12年を経過した株式会社のことである（会社472条1項）。休眠会社に対しては、法務大臣による官報公告が行われ、登記所から通知書が送付される。休眠会社が、当該公告から2か月以内に役員変更等の必要な登記、または、事業を廃止していない旨の届出をしない場合、みなし解散の登記がされる（会社472条）。

＊4　最判昭61・11・4裁判集民149-89「登記官の審査権限は、登記簿、申請書及びその添付書類のみに基づいてするいわゆる形式的審査の範囲にとどまる……。」、大隅・総則259頁、田中誠・総則429頁、石井＝鴻・総則125頁、鴻234頁、近藤43頁、弥永24頁。

い15の場合を限定列挙する[*7]。

ところで、商業登記法24条9号「登記すべき事項につき無効又は取消しの原因があるとき。」が問題となる。仮に、登記事項につき法律上の効力に争いがある場合において、登記官が、登記事項につき無効または取消しの原因があることを、登記簿・登記申請書・その添付書類以外から判断することになると、それは形式的な審査でないことになってしまう。したがって、登記官は、登記簿・登記申請書・その添付書類に記載されたところを基準に無効原因の有無を判断し、無効の原因が客観的かつ明白に認められる場合に限り、申請を却下すべきであると解されている[*8]。無効の原因が客観的かつ明白には認められない場合、登記官は申請を受理して登記すべきことになる。

なお、商業登記法24条9号が「取消しの原因があるとき」と規定している点に、立法上の疑問が生じる[*9]。登記事項に取消しの原因がある場合でも、取り消されるまでは有効であるから、登記官は、取消しの原因があるとしても、登記申請を却下すべきではないことになる[*10]。

第4款　登記の公示

商業登記の登記事項は公告されない[*11]。商業登記は登記所において公開されており、誰でも、商業登記簿を閲覧できる。また、手数料を納付すれば、登記

---

*5　申請事項が真実であるかの審査権限を登記官に認める見解を実質的審査主義という。昭和38年に現在の商業登記法が制定されるまでは、実質的審査主義も有力であった（松本215頁～217頁、田中耕381頁～382頁）。
　実質的審査主義に対しては、裁判官でない行政庁の記録官にすぎない登記官が申請事項が真実であるかを実質的に審査することは適切でないとする批判や、真偽を判断していたら手続きが遅延して登記制度の機能が損なわれるとする批判がある（近藤43頁、弥永24頁～25頁）。

*6　最判昭61・11・4裁判集民149-89〔前掲注4〕、大隅・総則260頁、田中誠・総則430頁、石井＝鴻・総則125頁、鴻234頁。

*7　石井＝鴻・総則125頁、鴻234頁、近藤43頁。

*8　大隅・総則260頁、石井＝鴻・総則126頁、鴻234頁、近藤44頁。

*9　大隅・総則260頁、石井＝鴻・総則126頁、近藤44頁。

*10　なお、取消しの原因があっても取消訴訟の提訴期間内に訴えが提起されない場合には、当該事項が取り消されることはなくなるため、登記官は登記申請を却下すべきでない（近藤44頁）。

簿に記録[*12]されている事項を証明した書面（登記事項証明書）、および、登記簿に記録されている事項の概要を記載した書面の交付を請求することができる（商登10条・11条）[*13]。さらに、利害関係を有する者は、手数料を納付すれば、登記簿の附属書類の閲覧を請求することができる（商登11条の2）。

第5款　商業登記の効力

商業登記の効力については、商法9条・会社法908条が規定する。

形式審査主義を採用しているわが国の商業登記制度の下においては、登記内容が真実と異なる場合もありうることであり、商業登記は、登記事項が事実であるとする事実上の推定力を有するが、法律上の推定力を有さない[*14]。

---

*11　平成17年（2005年）の商法改正前においては、平成17年改正前商法11条1項が「登記シタル事項ハ登記所ニ於テ遅滞ナク之ヲ公告スルコトヲ要ス」と規定していた。しかし、実際には公告を要しないとする規定が存在したため、公告は行われていなかった。

さかのぼると、昭和24年改正前商法11条は「登記シタル事項ハ裁判所ニ於テ遅滞ナク之ヲ公告スルコトヲ要ス」と規定していた。その後、昭和24年の改正（昭和24年法律137号11条）により、平成17年改正前商法11条1項は「登記シタル事項ハ登記所ニ於テ遅滞ナク之ヲ公告スルコトヲ要ス」と規定するに至った。しかし、かつて戦争中に用紙不足が生じたため、登記事項の公告を当分の間行わないとする旨の法律（戦時民事特別法（昭和17年法律63号）の昭和20年改正（昭和20年法律9号）20条「裁判所がなすべき登記事項の公告はこれをなさず」）が制定され、戦後もこのことが引き継がれ（法務局及び地方法務局設置に伴う法律関係の整理等に関する法律（昭和24法律137号）附則9条「登記所がすべき公告は、当分の間官報でするものとする。但し、登記事項の公告は、当分の間しない。」、同10条「商法第12条の規定の適用については、登記の時に登記及び公告があつたものとみなす。」）、そのまま平成17年に至った。このように、平成17年の商法改正前においては、実際には公告は行われておらず、登記のときに公告があったものとみなすとされていた（前掲法律附則9条、10条）。

*12　現在、商業登記簿は磁気ディスク（およびこれに準ずる方法）をもって調製されている（商登1条の2第1号）。

*13　現在、インターネットを使用すれば、誰でも、登記所が保有する登記情報を、一般財団法人民事法務協会が運営する「登記情報提供サービス」（http://www1.touki.or.jp）から確認できる。

*14　大隅・総則283頁、田中誠・総則449頁、石井＝鴻135頁、鴻246頁、近藤52頁、弥永26頁。商業登記は、法律上の推定力を有しないため、登記事項を否定する側が反証をあげる責任を負う（立証責任を転換する）効力を生じるものではない（大隅・総則283頁、石井＝鴻・総則135頁、鴻246頁、近藤52頁）。

1. 一般的効力

商法9条1項は「この編の規定により登記すべき事項は、登記の後でなければ、これをもって善意の第三者に対抗することができない。」と規定し、会社法908条1項は「この法律の規定により登記すべき事項は、登記の後でなければ、これをもって善意の第三者に対抗することができない。」と規定する。このような登記の効力を商業登記の一般的効力という。「登記すべき事項」には、絶対的登記事項のみならず、相対的登記事項も含まれる[*15]。

同項は「第三者に対抗することができない。」と規定しており、これは、当事者[*16]の側が登記事項を善意の第三者に対抗できないことを意味する。第三者の側から登記事項を主張することを妨げるものではない[*17]。同項は、当事者が第三者に対抗できるかという問題について規定しており、当事者相互間または第三者相互間における対抗問題を規定するものではない。当事者相互間または第三者相互間においては、登記の存在とは無関係に、事実に従った主張をすることができる[*18][*19]。

---

*15　大隅・総則271頁、田中誠・総則439頁、近藤45頁、弥永26頁。

*16　当事者とは登記事項たる法律関係の当事者を意味し、必ずしも登記申請における当事者と一致するものではない（大隅・総則267頁、鴻241頁）。たとえば、支配人の選任登記における商人（営業主）および支配人である。

*17　最判昭35・4・14民集14-5-833（代表取締役としての就任登記がなされていない代表取締役が会社を代表して手形を振り出した事案において、善意の第三者である手形の取得者が、就任の登記はないが、当該代表取締役は正式な代表取締役であると主張して、会社に対し当該手形の支払いを求めた。最高裁は、当該手形の振出しは正式な代表取締役による行為であるとして、会社の責任を認めた。）、大隅・総則268頁、田中誠・総則434頁、石井＝鴻・総則130頁、鴻241頁、近藤45頁、弥永26頁。

*18　たとえば、商人（営業主）が支配人を解任した場合、解任の登記がなくても商人および支配人は解任の事実を主張できる（当事者相互間の場合。大隅・総則268頁）。

たとえば、支配人との取引によって商人の債権者となった者は、支配人の選任の登記がない場合においても、他の第三者に対して当該支配人との取引によって取得した債権であることを主張できる（第三者相互間の場合。大隅・総則268頁）。

*19　最判昭29・10・15民集8-10-1898〈百選4〉「商法12条〔＝現行商法9条1項・会社法908条1項に相当〕は登記当事者が登記すべき事項を以て第三者に対抗し得べき場合を規定したのであるから、本件のごとく、会社の清算人から動産を買受けた被上告人（原告）が第三者たる上告人（被告）に対し右所有権を主張する場合には、同条は、その適用を見ず……。」、大隅・総則268頁、田中誠・総則434頁、石井＝鴻・総則130頁、鴻241頁、近藤45頁、弥永26頁。

商業登記の一般的効力については、条文の文言から、以下の2つが導かれる。

⑴　**消極的公示力（消極的公示主義）**　商法9条1項・会社法908条1項の文言から、商人は、登記前において、登記すべき事項を善意の第三者に対抗できないことになる[*20]。このような効力を、商業登記の消極的公示力という。

第三者の善意とは、取引時において登記事項の存在を知らないことである[*21]。登記事項を知らないことについて過失のある第三者も、善意の場合と同様に保護される[*22]。

登記前においては第三者の善意が事実上推定されるため、第三者が悪意であることの立証は、第三者の悪意を主張する側が負担することになる[*23]。

⑵　**積極的公示力（積極的公示主義）**　商法9条1項・会社法908条1項の文言から、商人は、登記後において、登記した事項を善意の第三者に対抗できることになる。このような効力を、商業登記の積極的公示力という。登記がなされると、第三者は登記事項を知っている（悪意）と擬制されることになる[*24]。

ただし、登記後であっても、第三者が「正当な事由」によって登記があることを知らなかった場合、当事者はそのような第三者に対して登記事項を対抗することができない（9条1項後段、会社908条1項後段）。正当事由の存在は、正当事由があったことを主張する側が負担する[*25]。正当事由は、第三者の主観的事情[*26]でなく、客観的事情に限定される[*27]。たとえば、地震や台風といった自然災害、戦争等の非常事態によって登記所にたどり着けない場合や、登記簿が滅失・汚損等により閲覧できない場合などである。正当事由があったことの立証は、第三者の側が負担する[*28]。

---

*20　登記前おいても悪意の第三者には対抗できる（大隅・総則265頁、石井＝鴻・総則130頁、鴻240頁）。

*21　大隅・総則267頁、田中誠・総則436頁、石井＝鴻・総則130頁、鴻240頁、近藤45頁、弥永26頁～27頁。

*22　大隅・総則267頁、田中誠・総則436頁、石井＝鴻・総則130頁、鴻240頁、近藤45頁、弥永26頁。

*23　大隅・総則268頁、田中誠・総則436頁、石井＝鴻・総則130頁、鴻240頁～241頁、近藤45頁、弥永26頁。

*24　大隅・総則269頁、石井＝鴻・総則131頁、鴻241頁、近藤46頁。

*25　大隅・総則270頁、鴻242頁。

*26　仕事が忙しい、病気で入院していた、海外にいた等が、主観的事情である。

⑶ **商法9条1項・会社法908条1項の適用範囲**　商業登記の制度は、商取引活動の円滑化・迅速化をはかり取引の安全を保護する制度であるため、商法9条1項・会社法908条1項は取引行為に適用される。このため、原則として、不法行為や不当利得には適用されない。ただし、取引と密接な関係をもって生じた不法行為や不当利得には適用すべきである[*29]。

多数説は、商法9条1項・会社法908条1項は、訴訟行為にも適用されると解しているが[*30]、判例は適用を否定する[*31]。

⑷ **商法9条1項・会社法908条1項と民法112条**　商法9条1項・会社法908条1項が適用される場合に、民法112条が適用・類推適用されるかという問題がある。

この問題について、最高裁は民法112条の適用・類推適用を否定している。すなわち、株式会社の代表取締役を退任して退任登記もなされている者が、会社を代表して手形を振り出したところ、その後、当該手形の所持人Xが、民法112条を根拠に会社に対して手形金額の支払いを求めた事案がある。最高裁は、「株式会社の代表取締役の退任及び代表権喪失は、商法188条及び15条〔＝会社法911条及び909条に相当〕によって登記事項とされているのであるから、前記法の趣旨に鑑みると、これについてはもっぱら商法12条〔＝会社法908条1項に相当〕のみが適用され、右の登記後は同条所定の『正当ノ事由』がないかぎり、

---

*27　最判昭52・12・23金融法務851-45〈百選7〉「代表取締役の資格喪失及び取締役退任の登記をし、……右登記事項につき登記簿を閲覧することが可能な状態にあつたという……事実関係のもとでは、……代表資格喪失を知らなかつたことにつき商法12条〔＝会社法908条1項に相当〕の正当事由があるものとはいえない……。」、大隅・総則270頁、鴻242頁、近藤46頁。

*28　大隅・総則270頁、鴻242頁。

*29　大隅・総則272頁、石井＝鴻・総則131頁、鴻242頁、近藤48頁。

*30　大隅・総則272頁、田中誠・総則439頁、石井＝鴻・総則131頁、鴻242頁。

*31　最判昭43・11・1民集22-12-2402〈百選5〉「〔商法〕12条〔＝会社法908条1項に相当〕は、右登記事項は登記の後でなければ善意の第三者に対抗できない旨規定しているが、これらは、会社と実体法上の取引関係に立つ第三者を保護するため、株式会社の清算人が誰であるかについて、登記をもつて対抗要件としているものであり、それ自体実体法上の取引行為でない民事訴訟において、誰が当事者である会社を代表する権限を有する者であるかを定めるに当つては、右商法12条の適用はないと解するのが相当である……。」。

善意の第三者にも対抗することができるのであって、別に民法112条を適用ないし類推適用する余地はない。」と判示している[*32]。

2. 不実登記の効力

(ア)　不実の登記とは、登記の記載内容が事実と異なる登記のことである。前述したように、登記官は形式的な審査権限しか有さず、登記簿・登記申請書・その添付書類のみから申請却下事由の有無を判断する。このため、たとえば、登記申請者が偽造・変造した申請書類や虚偽記載のある申請書類を提出すること等によって不実の登記が可能となり、不実の登記が存在しうることになる。

登記事項が不実である場合、そもそも基礎となる事実が存在しないのであるから、そのままでは登記の効力は生じない。しかし、これでは商業登記の信頼が失われる。そこで、不実の登記を信頼した者を保護する必要が生じる。

商法9条2項・会社法908条2項は、故意または過失によって不実の事項を登記した者は、その事項が不実であることをもって善意の第三者に対抗できないと規定する。これは、禁反言の原則に基づき、商業登記に一種の公信力を認めたものといえる[*33]。

善意の第三者に対抗できない者は、登記申請者である。なお、不実の登記の作出に加担した者（たとえば、不実の登記につき承諾を与えた者）も同様に善意の第三者に対抗できないと解されている（判例・通説[*34]。9条2項・会社908条2項類推適用）。

(イ)　取締役の就任登記・辞任登記が不実の登記である場合に、不実の登記についてのなんらかの加担者である取締役に、取締役の第三者に対する責任（会社429条）が認められるかということが問題となっている。

まず、取締役に就任していない者が登記簿上に取締役と記載されている場合に、登記簿の記載を信じた第三者が登記簿上で取締役とされている者に対して、取締役の責任（会社429条）を追及できるかという問題である。

就任登記に関する事案において、最高裁は、「就任の登記につき取締役とされ

---

*32　最判昭49・3・22民集28-2-368〈百選6〉。
*33　大隅・総則283頁、鴻243頁、弥永29頁～30頁。
*34　最判昭47・6・15民集26-5-984〈百選8〉、鴻244頁～245頁、弥永30頁。

た本人が承諾を与えたのであれば、同人もまた不実の登記の出現に加功したものというべく、……善意の第三者を保護する必要があるから、同条の規定〔平成17年改正前商法14条（＝会社法908条2項に相当）〕を類推適用して、取締役として就任の登記をされた当該本人も、同人に故意または過失があるかぎり、当該登記事項の不実なことをもって善意の第三者に対抗することができないものと解するのを相当とする。」と判示している[*35]。

次に、取締役を辞任した者が、その後も登記簿上に取締役と記載されている場合、登記簿の記載を信じた第三者が登記簿上に取締役と記載されている者に対して、取締役の責任（会社429条）を追及できるかという問題がある。

このような辞任登記に関する事案において、最高裁は、「株式会社の取締役を辞任した者は、辞任したにもかかわらずなお積極的に取締役として対外的又は内部的な行為をあえてした場合を除いては、辞任登記が未了であることによりその者が取締役であると信じて当該株式会社と取引した第三者に対しても、商法（昭和56年法律第74号による改正前のもの、以下同じ。）266条ノ3第1項前段〔＝会社法429条1項に相当〕に基づく損害賠償責任を負わないものというべきである……が、右の取締役を辞任した者が、登記申請権者である当該株式会社の代表者に対し、辞任登記を申請しないで不実の登記を残存させることにつき明示的に承諾を与えていたなどの特段の事情が存在する場合には、右の取締役を辞任した者は、同法14条〔＝会社法908条2項に相当〕の類推適用により、善意の第三者に対して当該株式会社の取締役でないことをもつて対抗することができない結果、同法266条ノ3第1項前段にいう取締役として所定の責任を免れることはできない……。」と判示している[*36]。また、別の辞任登記の事案においても、最高裁は、「株式会社の取締役を辞任した者は、辞任したにもかかわらずなお積極的に取締役として対外的又は内部的な行為をあえてしたとか、登記申請権者である当該株式会社の代表者に対し、辞任登記を申請しないで不実の登記を残存させることにつき明示的に承諾を与えていたなどの特段の事情のない限り、辞任登記が未了であることによりその者が取締役であると信じて当該株

*35　最判昭47・6・15民集26-5-984〔前掲注34〕〈百選8〉。
*36　最判昭62・4・16判時1248-127。

式会社と取引した第三者に対しても、商法266条ノ３第１項〔＝会社法429条１項に相当〕に基づく損害賠償責任を負わない……。」と判示している[*37]。

(ウ)　商法９条２項・会社法908条２項の適用要件は、①不実の登記の存在、②登記申請者が故意または過失によって不実の登記をすること、および、③第三者が善意であることである。

要件②の登記申請者の「故意」とは、登記事項が不実であることを知りながら登記したことを意味し、「過失」とは、不注意により登記事項が不実であることを知らないで登記したことを意味する。

要件③における第三者の「善意」とは、登記事項が不実あること（すなわち、登記事項と事実が異なること）を知らないことである。

有力説は、このことは、第三者が登記を実際に見て、それが事実であると信頼することまでを求めているわけではないとする[*38]。これに対して、一部の学説は、第三者に「善意」を認めるためには、第三者が不実の登記を実際に見て信頼したことが必要であるとする[*39]。

なお、商法９条２項・会社法908条２項は、第三者の過失に言及しておらず、過失のある第三者も善意の場合と同様に保護される[*40]。

3. 特殊な効力

商業登記は特殊な効力を生じる場合がある。この場合には、商法９条１項・会社法908条１項の適用はない[*41]。

(1)　**創設的効力**　会社の設立登記（会社49条・579条）によって、会社が成立する。会社の新設合併の登記（会社754条１項・756条１項・922条）、新設分割の登記（会社764条１項・766条１項・924条）、株式移転の登記（会社774条・925条）によって、新設合併、新設分割、株式移転の効力が生じる。このように、登記によって新たな法律関係が創設される場合の効力を商業登記の創設的効力と

*37　最判昭63・1・26金融法務1196-26。
*38　大隅・総則284頁、服部488頁。
*39　鴻246頁。
*40　田中誠・総則448頁、石井＝鴻・総則134頁、鴻245頁、近藤52頁、弥永31頁。
*41　鴻247頁、近藤53頁、弥永28頁。

いう。

なお、会社の清算結了の登記（会社929条）に創設的効力はない。

⑵　**補完的効力**　　株式会社の設立の登記がなされ株式会社が成立すると、株式引受人は、錯誤・詐欺・強迫を理由に株式の引受けの取消しをすることができなくなる（会社51条２項・102条６項）。このように、商業登記の中には、登記によって法律関係における瑕疵の存在を主張できなくさせる効力を生じるものがある。このような効力を補完的効力という。

⑶　**その他効力**　　他にも商業登記の特殊な効力として、持分会社の社員は持分の全部譲渡の登記または退社の登記から２年、解散の登記から５年経過すればその責任を免れること（会社586条２項・612条２項・673条１項）などがある。

第4章　商　号

第1節　商号の意義

(ア)　商号とは、商人が営業上の活動において自己を表示するために使用する名称である。たとえば、個人商人が使用する「○○商店」や会社が使用する「○○株式会社」などが商号である。商号は、商人が営業上の活動[*1]において使用する名称であるため、商人でない保険相互会社の名称や協同組合の名称は商号でないことになるし、商人が営業外で使用する氏・氏名、通称名、雅号、俳号、芸名なども商号でない。また、商人が生産する商品・提供する商品・提供するサービス（役務）を他人のそれと区別するために用いる商標[*2]も商号でない。なお、個人商人が、その氏・氏名、通称名、雅号、俳号、芸名、屋号[*3]、その他の名称を商号として使用することは可能であり、それを商号として登記するこ

---

*1　商号は営業上の活動における名称であるため、その前提として営業の存在が必要となる。しかし、商人が営業上の活動を開始していなくても、その準備行為がなされていれば商号は成立すると解されている（大決大11・12・8民集1-714「営業の準備行為が存在する以上商号もまたすでに成立するを妨げざるものとす」)。

*2　商標とは、人の知覚によって認識することができるもののうち、文字、図形、記号、立体的形状もしくは色彩またはこれらの結合、音その他政令で定めるものであって、かつ、①業として商品を生産し、証明し、もしくは、譲渡する者がその商品について使用するもの、または、②業として役務（サービス）を提供し、もしくは、証明する者がその役務について使用するものをいう（商標法2条1項)。

*3　屋号とは、家・家屋敷、または、営業・営業施設に付された名称である（笹久保徹「商号等を続用する譲受人の責任に関する一考察（二)」法學志林116巻4号89頁、90頁～92頁（2019年))。

とも可能である（11条）。

会社の場合は、会社の名称それ自体が商号である（会社6条1項）。

(イ)　商号は、商人の名称であって自己を表すものであるため、文字で表すことができ、かつ、呼称できなければならない[*4]。このため、図形、紋様、記号などは商号とすることができない[*5]。

商号に外国文字を使用できるかについて、かつては争いもあったが、現在、外国文字の一部（ローマ字、アラビア数字等）を用いた商号の登記が認められており[*6]、少なくともこれらの外国文字については、個人商人のみならず、会社もその商号に使用できる。この点につき争いはない。

(ウ)　商号は、法律上、商人の名称であって商人の信用・名声の維持に役立つが、使用され続けることで、社会的に営業そのものを表章し、その信用の標的となる機能をもつことがある[*7]。商号それ自体が、顧客吸引力をもつのである。このため、商号が不正に使用されたり、紛らわしい使用がなされると、消費者などの一般人や取引関係にある第三者が損害を受けるおそれが生じる。そこで、商法・会社法（さらには不正競争防止法）は、商人の利益を保護しつつ、かつ、第三者との利害関係を調整する観点から、商号の選定・使用、不正使用、使用の

---

*4　大阪高判昭45・4・10判時620-100。

*5　大隅・総則179頁、田中誠・総則246頁、近藤54頁。

*6　かつて、外国文字は、商号の登記において使用できなかった。このことから、商号に外国文字を使用できないとする学説が支配的であった（松本242頁、竹田111頁、大隅・総則179頁、田中誠・総則246頁、石井＝鴻・総則107頁）。他方、個人商人は商号を登記することが必ずしも強制されておらず、また、商号に外国文字を使用できるかという問題と、それを登記できるかという問題は別の問題であるとして、商号に外国文字を使用することはできるとする学説も存在した（古瀬村邦夫「商号」『経営法学全集第7巻　特許等管理』335頁、342頁～343頁（ダイヤモンド社、1966年）、小畑和裕「外国文字の商号」鴻常夫ほか編『商業登記先例判例百選』38頁、39頁（有斐閣、1993年））。

平成14年商業登記規則改正によって、商号の登記の際に、外国文字の一部（ローマ字、アラビア数字等）を使用することが可能になった（商業登記規則50条、平成14年法務省告示第315号）。

*7　最判昭43・6・13民集22-6-1171〈百選13〉「商号は、法律上は特定の営業につき特定の商人を表わす名称であり、社会的には当該営業の同一性を表示し、その信用の標的となる機能をいとなむものである。」。大隅・総則183頁、石井＝鴻・総則107頁、鴻195頁、近藤54頁。

許諾、譲渡等に関する規定を設けている。

第2節 商号選定の自由

1. 商号選定自由の原則

わが国は、商人が商号を自由に選定できるとする商号選定自由の原則（商号自由主義）を採用している（11条1項）[*8]。このため、たとえば、個人商人が「○○魚屋」という商号を用いて、和菓子屋を営むこともできる。わが国では現行の商法が制定される以前から、一般に広く屋号（越後屋とか三河屋など）が使用されており、その実情を承継し屋号を商号として使用できるようにしたためである[*9]。

2. 商号選定自由の原則の例外

第三者に誤認を生じさせないため、商号選定の自由には、一定の制限がある。

⑴ **会社の商号に関する制限**　会社は、会社の種類に応じて、その商号の中に、「株式会社」・「合名会社」・「合資会社」・「合同会社」の文字を入れなければならない（会社6条2項）[*10]。また、会社は、その商号の中に、他の種類の会社であると誤認されるおそれのある文字を使用してはならない（会社6条3項。違反した場合は過料の制裁がある（会社978条1号））。

⑵ **個人商人に関する制限**　会社でない者は、その名称または商号の中に、会社であると誤認させるおそれのある文字を使用してはならない（会社7条。違

---

*8 商号選定自由の原則（商号自由主義）に対して、商号が商人の氏名または営業の実際との一致を厳格に求める立場を商号真実（厳格）主義という。
　また、新たに商号を選定する場合には商号と商人の氏名または営業の実際との一致を求めるが、営業の譲渡・相続・変更の場合には従前の商号を引き続き使用することを認める立場を折衷主義という。

*9 大隅・総則184頁、田中誠・総則248頁、石井＝鴻・総則108頁、鴻199頁、近藤57頁。

*10 ちなみに、銀行はその商号中に銀行の文字を、信託会社はその商号中に信託の文字を、保険会社はその商号または名称中に生命保険会社または損害保険会社であることを示す文字を使用しなければならない（銀行法6条1条、信託業法14条1項、保険業法7条1項）。

反した場合は過料の制裁がある（会社978条2号））[*11]。

⑶　**他の商人の商号を使用することに関する制限**　他の商人の商号を不正な目的で使用する場合や、周知性・著名性を有する他の商人の商号を使用する場合、そのような商号の使用は制限される（詳しくは本章第8節を参照）。

⑷　**使用できる商号の数に関する制限**　個人商人は、複数の営業を営むことができ、その営業ごとに別の商号を使用することができる。しかし、1つの営業について1個の商号しか使用できない。このことを「商号単一の原則」という。会社は、その名称が商号であり、1つの商号のみを使用しなければならない（詳しくは本章第3節を参照）。

第3節　商号単一の原則

商号単一の原則とは、1つの営業について1個の商号しか使用できないとする原則である。その理由は、商人が1つの営業につき複数の商号を使用できるとすると、第三者（一般人や取引相手）に誤解を与えるおそれが生じるからである。

商号単一の原則は商法・会社法に条文として規定されていないが、判例・学説によって争いなく認められている[*12]。商号単一の原則を認める大審院の判例は、その傍論において、同一の営業につき営業所が異なれば別の商号を用いることを認める[*13]。しかし、学説（通説）はこれを批判する[*14]。学説は、各営業所の営業は1つの営業の構成部分であるため、同一の営業につき複数の営業所

*11　なお、銀行でない者はその商号または名称の中に銀行であることを示す文字を、信託会社でない者はその名称または商号の中に信託会社であると誤認されるおそれのある文字を、保険会社でない者はその商号または名称の中に保険会社であると誤認されるおそれのある文字を使用してはならない（銀行法6条2条、信託業法14条2項、保険業法7条2項）。

*12　大決大13・6・13民集3-280、大隅・総則188頁、石井＝鴻・総則109頁、鴻203頁、近藤60頁。個人商人は、複数の営業を営む場合に、営業ごとに別の商号を使用することができるし、1個の商号のみを使用することもできる。これに対して、会社は、その名称が商号であり（会社6条1項）、使用できる商号は1個に限られる（商号単一の原則については、笹久保徹「『営業』と『事業』の同一性についての一考察」法學志林115巻3号93頁・99頁以下（2018年）を参照）。

を有していても、営業所ごとに別の商号を用いることはできないと考えている。学説は、異なる営業所を区別するためには、同一の商号に、「○○丸の内支店」・「○○横浜店」・「○○札幌営業所」などといった所在地名等を付加すればよいとする[*15]。

第4節 商号の登記

商号は、商号を使用する商人、その利害関係者、さらには、一般人にとっても重要な事項であり、登記をすることができる。商号の登記は、商業登記の一種とされている。

商法11条2項は、「商人は、その商号の登記をすることができる。」と規定しており、個人商人は商号の登記を強制されていない（参照、11条1項括弧書)。個人商人であれば、商号を登記するかしないかは当事者の自由である。

個人商人の商号の登記は、商号登記簿になされる（商登6条1号)。個人商人は、商号の登記を営業所ごとにしなければならず、登記事項は、①商号、②営業の種類、③営業所、および、④商号使用者の氏名・住所である（商登28条)。

これに対して、会社の場合、商号の登記は強制となる（会社911条1項・3項2号〔株式会社〕、会社912条2号〔合名会社〕、会社913条2号〔合資会社〕、会社914条2号〔合同会社〕)。会社の商号は、会社の登記簿になされる（商登6条5号～9号・34条1項)。会社の登記は本店所在地でなされる（会社911条1項〔株式会社〕、会社912条〔合名会社〕、会社913条〔合資会社〕、会社914条〔合同会社〕)。

なお、商号を登記しようとする商人は、当該商号が他人が既に登記した商号

---

*13 大決大13・6・13民集3-280〔前掲注12〕「商人が数種の独立したる営業をなし又は数個の営業所を有する場合においてはその各営業又は営業所につき別異の商号を有することを妨げずといえども、同一営業につき同一営業所において数箇の商号を有することはこれを認許すべからざるものと解するを相当とす」。

*14 大隅・総則188頁、鴻203頁。

*15 大隅・総則188頁、田中誠・総則250頁、石井＝鴻・総則108頁。実務も、個人商人が支店所在地において商号に支店たることを示す文字を付加して商号の登記を申請することは、商号単一の原則に反しないとする（昭和54年6月18日民事局第四課長回答（商業登記先例判例百選44頁))。

と同一であり、かつ、その営業所（会社の場合は本店）の所在場所が当該他人の商号の登記に係る営業所の所在場所と同一である場合、当該商号を登記することができない（商登27条）。

第5節　商号の変更

商人は、商号を変更することができる[*16]。商人は、登記した商号を変更した場合には、変更の登記をしなければならない（10条、会社909条・915条1項）。商人が商号を変更する場合には一定の注意を要する。

ある商人が、他人が既に使用している商号と同一の商号に変更する場合、それによって不正の目的や不正競争が認められれば、変更後の商号の使用差止めや損害賠償が求められ、さらには過料の制裁が課される（12条2項・13条、不正競争3条、民709条）。

また、変更後の商号が、他人が既に登記した商号と同一であり、かつ、その営業所（会社の場合は本店）の所在場所が当該他人の商号の登記に係る営業所の所在場所と同一である場合、当該変更後の商号は登記できない（商登27条）。

なお、商人が、登記した商号を変更したにもかかわらず、変更の登記をしない場合、変更前の商号の登記に係る営業所（会社の場合は本店）の所在場所において、変更前の商号と同一の商号を使用しようとする者は、登記所に対して、変更前の商号の登記の抹消を申請できる（商登33条1項3号）。

第6節　商号の廃止

商人は、商号を廃止することができる。商人は、登記した商号を廃止した場合、廃止の登記をしなければならない（商登29条2項）。

商人が、登記を廃止したにもかかわらず廃止の登記をしない場合、または、正当な事由なく2年間当該商号を使用しないにもかかわらず廃止の登記をしない

---

*16　会社の商号を変更する場合、定款変更を行う必要がある。株式会社であれば、株主総会の特別決議が必要となる（会社27条2号・466条・309条2項11号）。

場合、当該商号の登記に係る営業所（会社の場合は本店）の所在場所において同一の商号を使用しようとする者は、登記所に対して、当該商号の登記の抹消を申請できる（商登33条1項1号・2号）。

第7節　商号の譲渡と相続

商号は、登記の有無にかかわらず、それ自体に財産的価値が認められ、譲渡および相続の対象となる。

1．商号の譲渡

商号は、譲渡当事者の意思表示の合致によって譲渡できる[*17]。商号の譲渡により、譲渡人はその対価を得ることができ、譲受人は当該商号によって顧客を得ることができる。

商号は長年使用されることで、社会的に営業を象徴するようになるから、商号の譲渡によって、第三者は、当該商号の下で営まれる譲受人の営業を、譲渡人の営業と誤認する可能性が生じる。そこで、商号を譲渡する当事者間の利益を保護しつつ、第三者の利益も保護するために、商法15条1項は、商人は、営業とともに譲渡する場合、または、営業を廃止する場合に限り、商号を譲渡することができると規定する。

商号の譲渡は、登記をしなければ、第三者に対抗できない（15条2項）。ここでの対抗要件は二重譲渡の場合を想定している。第三者の善意・悪意は問題とならない[*18]。

たとえば、商人Aが、その商号をBに譲渡し、Bが譲渡の登記をする前に、Aが当該商号をCにも譲渡した場合、CがAからBへの商号の譲渡を知っていたとき（＝Cが悪意のとき）であっても、CがBよりも先に登記をしてしま

---

*17　大隅・総則201頁、鴻210頁、近藤69頁、弥永40頁。なお、譲渡人が会社の場合、当該会社は、商号の譲渡に際して定款を変更し、従来の商号を新商号に変更しておく必要がある。株式会社であれば、株主総会の特別決議が必要である（会社27条2号・466条・309条2項11号）。

*18　鴻210頁、近藤69頁、弥永40頁。

えば、CはBに対して自己が商号の譲受人であると主張できることになる。

2. 商号の相続

商号は、財産的価値を有し、相続の対象となる（参照、商登30条3項）。登記された商号は相続による変更の登記を要するが、この場合の登記は、譲渡の場合のように対抗要件ではない[*19]。

第8節　商号権

商人がその商号について有する権利を商号権という。商号権は商号使用権と商号専用権からなる。

1. 商号使用権

商号使用権とは、商号を他人に妨害されることなく使用する権利をいう[*20]。たとえば、個人商人Aが商号αを登記することなく使用しており、その後、商人Bが商号αを登記し、使用したとする。このような場合に、BからAに対する商号αの使用差止請求は認められない（Aに不正の目的がないため）[*21]。商人Aには、商号αについての商号使用権が認められる。商号使用権は、商号が登記されているか否かにかかわらず認められる[*22]。

2. 商号専用権

商号専用権とは、他人が同一または類似の商号を不正に使用することを排斥する権利をいう[*23]。商号専用権は、商号が登記されているか否かにかかわらず認められる[*24]。

---

*19　大隅・総則203頁、田中誠・総則279頁。
*20　商号使用権は、積極的商号権といわれることもある。
*21　逆に、AからBに対する商号αの使用差止請求は認められる可能性がある。
*22　大隅・総則197頁、鴻215頁、近藤72頁、弥永35頁
*23　商号専用権は、消極的商号権といわれることもある。
*24　大隅・総則198頁、鴻216頁、近藤73頁、弥永36頁。

3. 商号の保護（救済方法）

(ア)　商人は、商号使用権に基づき、商号の使用を妨害した者に対して、不法行為を理由に損害賠償請求を行うことができる（民709条）。

(イ)　また、商人は、商号専用権に基づき、商法12条2項・会社法8条2項によって、営業上の利益を侵害され、または、侵害されるおそれがある場合に、不正の目的をもって他の商人であると誤認されるおそれのある名称または商号を使用した者に対して、侵害の停止または予防を請求できる。商法12条2項・会社法8条2項の文言から、救済を求める請求権者は商人に限定される[*25]。不正の目的とは、第三者をして他の商人の営業と誤認させる目的である[*26]。その立証責任は、救済を求める請求権者（原告）が負担する[*27]。なお、営業上の利益を侵害される商人の営業と、商号の不正使用者の営業が同種である必要はないと解されている[*28]。

(ウ)　さらに、商人は、商号専用権に基づき、不正競争防止法によっても保護される。不正競争防止法は、「不正競争」をつぎのように定義する。すなわち、不正競争とは、①他人の商品等表示（商号を含む概念）[*29]として需要者の間に広く認識されているものと同一もしくは類似の商品等表示を使用して他人の商品または営業と混同を生じさせる行為、または、②自己の商品等表示として他人の著名な商品等表示と同一もしくは類似のものを使用する行為などとする（不正競争2条1項）。そして、不正競争防止法は、このような不正競争によって営業上の利益を侵害され、または、侵害されるおそれがある者は、営業上の利益を侵害する者または侵害するおそれがある者に対して、侵害の停止・予防（同時に、侵害行為を組成した物・侵害の行為により生じた物の廃棄、侵害行為に供した

---

*25　郡谷大輔＝細川充「会社法の施行に伴う商法および民法等の一部改正」商事法務1741号32頁・38頁（2005年）。ちなみに、平成17年改正前商法21条2項〔＝現行商法12条2項・会社法8条2項に相当〕は、「利益ヲ害セラルル虞アル者ハ其ノ使用ヲ止ムベキコトヲ請求スルコトヲ得」と規定しており、請求権者を商人に限定していなかった。

*26　最判昭36・9・29民集15-8-2256。

*27　近藤59頁、弥永36頁。

*28　近藤58頁、弥永37頁。

*29　商品等表示とは、「人の業務に係る氏名、商号、商標、標章、商品の容器若しくは包装その他の商品又は営業を表示するもの」を意味する（不正競争2条1項1号括弧書）。

設備の除却、その他の侵害の停止・予防に必要な行為）を請求することができる（不正競争３条)。また、故意または過失により不正競争を行って他人の営業上の利益を侵害した者に対しては、損害賠償を請求できる（不正競争４条)。さらに、損害賠償に代え、または、損害賠償とともに、営業上の信用を回復するために必要な措置を請求できる（不正競争14条)。

なお、不正競争防止法においては、上記のように、使用される商号の周知性・著名性が必要とされるが[*30]、商法12条・会社法８条のように不正の目的は必要とされない[*31]。

第９節　名板貸

1. 総論

名板貸とは、ある商人が他人に、自己の商号を使用して営業・事業を行うことを許諾することである。

自己の商号を使用して営業・事業を行うことを他人に許諾した商人を「名板貸人」といい、許諾を受けた他人を「名板借人」という。

名板貸においては、名板貸人は商号を使用させる対価として金銭等を得ることができ、名板借人は当該商号のもつ顧客誘引力によりその営業・事業を有利に展開できる。しかしながら、第三者には、実際には名板借人が行っている営業・事業を名板貸人が行っている営業・事業と誤認する（＝営業主体を誤認する）おそれが生じる。

そこで商法14条・会社法９条は、誤認した第三者を保護するために、禁反言の原則に基づき、自己の商号を使用して営業・事業を行うことを他人に許諾した商人は、営業主体を誤認して取引した第三者に対し、その取引によって生じた債務について、当該他人と連帯して弁済責任を負うと規定する（名板貸人の責任)。

*30　周知性（＝需要者の間に広く認識されていること）のある商号については、それが使用され「他人の商品または営業との混同」が生じると、不正競争に該当することになる。著名性のある商号については、それが使用されただけで不正競争に該当することになる（不正競争２条１項１号・２号)。

*31　近藤59頁、弥永36頁。

商法14条・会社法9条の文言から、名板貸人は商人でなければならず、また、名板貸人の「商号」を使用して営業・事業を行うことを、名板貸人が許諾しなければならないと解されている[*32]。

他方、同条の文言は、名板借人を「他人」と規定し、必ずしも商人であることを求めていない。これは、名板借人が商人でなくとも、第三者が営業主体を誤認するおそれがあるためである。

なお、名板貸人がその責任を免れるためには、名板借人にした許諾を撤回するだけでは足りず、名板借人による商号使用によって生じた外観の基本部分を除去しなければならないとされる[*33]。

2. 成立要件

名板貸人の責任が認められるためには、以下の要件が充たされなければならない。

⑴　**名板借人が名板貸人の商号を使用すること**　名板貸人の責任は、営業主体を誤認した第三者を保護するものであるため、誤認を生じさせる状況の存在、すなわち、名板借人による名板貸人の商号の使用が必要となる。

名板借人は、名板貸人の商号をそのまま使用する必要はない。商号の一部が変更された場合や付加的な文字が付けられた場合であっても、名板貸人の責任が認められる場合がある。たとえば、名板貸人の商号が「株式会社梅村組」であって名板借人が使用した商号が「株式会社梅村組宮崎出張所」である事案[*34]、名板貸人の商号が「有限会社ネイスン・サプライズ・コムパニー」であって名板借人が使用した商号が「NATHAN SUPPLIES CO., INC. SASEBO BRANCH」である事案[*35]、名板貸人の商号が「財団法人公詢社」であって名板借人が使用

---

*32　郡谷大輔＝細川充「会社法の施行に伴う商法および民法等の一部改正」商事法務1741号32頁・38頁（2005年）、弥永41頁。ちなみに、平成17年改正前商法23条（＝現行商法14条・会社法9条に相当）は、「自己ノ氏、氏名又ハ商号ヲ使用シテ営業ヲ為スコトヲ他人ニ許諾シタル者ハ」と規定しており、必ずしも商号に限定していなかった（参照、大隅・総則205頁）。

*33　東京地判平7・4・28判時1559-135、近藤63頁。

*34　最判昭33・2・21民集12-2-282。

*35　最判昭41・3・11判時441-33。

した商号が「株式会社公詢社出版局」である事案[*36]などにおいて、裁判所は名板貸人の責任を認めている。他方、名板貸人の商号が「三井東圧化学株式会社」であって名板借人が使用した商号が「三井東圧温室農芸株式会社」である事案[*37]においては、裁判所は名板貸人の責任を否定している。

名板借人は名板貸人の商号を使用して独立して営業・事業を営むが、このとき、名板借人の行う営業・事業が、名板貸人の営業・事業と同種であることが必要かという問題がある（営業の同種性の問題）。多数説は、同種であることを必要としないとする[*38]。これに対して、判例は、原則として同種である場合に名板貸人の責任を認め、例外的に、異なる業種であっても営業主を誤認するおそれが生じる特段の事情がある場合に、名板貸人の責任を認めるとする[*39]。

(2)　名板貸人が、自己の商号を使用して営業・事業を行うことを名板借人に許諾したこと　名板貸人の帰責事由として、名板貸人が自己の商号を使用して営業・事業を行うことを名板借人に許諾したことを要する。許諾には、明示の許諾のみならず、黙示の許諾も含まれる。ただし、ここでの黙示の許諾は、通常の黙示の許諾、すなわち、商号を他人が勝手に使用して営業・事業を行っていることを知りながらこれを放置したことと解すべきでない[*40]。ここでの黙示の許諾には、他人による商号の使用を知りつつ放置したことに加えて、第三者が営業主体を誤認する可能性との関連において、社会通念上、放置が妥当でないと考えられる名板貸人の責めに帰すべき付加的事情[*41]が必要である。

---

*36　東京高判昭54・10・25判時947-110。

*37　東京地判昭60・4・19金融商事739-31。

*38　大隅・総則207頁、田中誠・総則285頁～286頁、服部218頁。

*39　最判昭43・6・13民集22-6-1171〔前掲注7〕〈百選13〉「商号を使用して営業を営むことを他人に許諾した場合に右の責任を負うのは、特段の事情のないかぎり、商号使用の許諾を受けた者の営業がその許諾をした者の営業と同種の営業であることを要するものと解するのが相当である。」、東京地判平29・5・29判タ1458-234。

*40　田中誠・総則288頁、石井＝鴻・総則111頁、鴻205頁、近藤63頁、弥永43頁。

*41　付加的事情として、たとえば、名板貸人が、使用していた店舗・設備・看板・印鑑・ゴム印・銀行口座などを元従業員である名板借人に使用させている場合や、営業廃止後に営業廃止や営業主の交代を一般に知らせる措置をとらず、知れたる得意先等に対してもその旨を周知徹底しなかった場合などが考えられる（参照、最判昭43・6・13民集22-6-1171〔前掲注7〕〈百選13〉、最判昭42・2・9判時483-60、大阪高判昭37・4・6下民集13-4-653）。

次に、名板貸人の許諾は、商号を使用して「営業・事業を行うこと」についてなされる必要がある[*42]。判例は、許諾を受けた名板借人が、その後、実際に営業・事業を行ったか否かを問題としない[*43]。

⑶　**第三者による営業主体の誤認**　第三者が、取引した名板借人を名板貸人と誤認していることが必要となる。このため、第三者が名板貸の事実を知っていた場合には、名板貸人の責任は生じない。

商法14条・会社法９条は、第三者の過失について特に言及していない。そこで、過失のある場合に、同条によって第三者を保護するかが問題となる。判例・学説は、軽過失の第三者は保護するが、重過失の第三者は保護しないとする[*44][*45]。第三者の悪意・重過失の立証は、責任を免れようとする名板貸人が負担する[*46]。

3.　名板貸人の責任の範囲

⑴　**名板貸人が責任を負う債務の種類**　商法14条・会社法９条は、名板貸人は「取引によって」生じた債務を弁済する責任を負うと規定している。この

*42　単に手形行為をすることについて商号使用を許諾しても、手形行為をすることは「営業・事業」に含まれず、名板貸人の責任は生じない（最判昭42・6・6判時487-56）。

*43　最判昭55・7・15判時982-144〈百選11〉「田中に『精華住設機器』を冠した自己の名称を使用して営業を営むことを許諾した上告人が、右の名称使用を許諾した営業の範囲内と認められるガス配管工事やプロパンガスその他の燃料の販売を業務内容とする訴外会社の営業のために上告人名義で振り出された本件手形につき、〔許諾を受けた〕田中が右の名称を使用して営業を営むことがなかったにも拘らず、……商法23条〔＝現行商法14条・会社法９条に相当〕の規定の類推適用により、手形金の支払義務があるものとした原審の判断は、正当として是認することができる。」。

*44　最判昭41・1・27民集20-1-111〈百選12〉「商法23条〔＝現行商法14条・会社法９条に相当〕の名義貸与者の責任は、その者を営業者なりと誤認して取引をなした者に対するものであつて、たとえ誤認が取引をなした者の過失による場合であつても、名義貸与者はその責任を免れ得ないものというべく、ただ重大な過失は悪意と同様に取り扱うべきものであるから、誤認して取引をなした者に重大な過失があるときは、名義貸与者はその責任を免れるものと解するのを相当とする。」。大隅・総則209頁、田中誠・総則289頁、近藤68頁、弥永44頁。

*45　過失のある第三者は保護しないとする学説（石井＝鴻112頁）も存在する。

*46　最判昭43・6・13民集22-6-1171〔前掲注7〕〈百選13〉「所論指摘の被上告人の重大な過失は、商法23条〔＝現行商法14条・会社法９条に相当〕の定める責任を免れようとする上告人において立証責任を負うべきものと解す〔る〕。」。大隅・総則209頁、田中誠・総則290頁、鴻209頁、近藤68頁。

債務には取引によって名板借人が直接に負う債務のほか、名板借人の債務不履行による損害賠償義務、契約解除による原状回復義務（たとえば、合意解除による手付金返還義務[*47]など）も含まれる[*48]。

取引によって生じたものではない債務、たとえば、名板借人やその被用者による交通事故などの不法行為で生じた損害賠償義務は含まれない[*49]。

なお、不法行為といっても、取引の外形を有する不法行為（たとえば、取込詐欺などの詐害的行為）の場合、相手方（被害者）は、外形を信じて取引関係に入り、営業主体を誤認しているのであるから、相手方を保護する必要が生じる。判例・学説は、取引の外形を有する不法行為について、名板貸人の責任を認めている[*50]。

⑵　**許諾の範囲と名板貸人の責任**　名板借人の行った取引が、名板貸人が許諾した営業・事業の範囲を超える場合に、名板貸人の責任が認められるかという問題がある。判例・学説は、許諾した範囲を超える取引について、名板貸人の責任を否定する[*51]。

---

*47　最判昭30・9・9民集9-10-1247「右売買につき自己の商号の使用を許諾した以上、右手附金返還債務は、商法23条〔＝現行商法14条・会社法9条に相当〕にいわゆる『其ノ取引（売買）ニ因リテ生ジタル債務』に該る」。

*48　鴻207頁、近藤65頁～66頁、弥永44頁。

*49　最判昭52・12・23民集31-7-1570「商法23条〔＝現行商法14条・会社法9条に相当〕……にいう『其ノ取引ニ因リテ生ジタル債務』とは、第三者において右の外観を信じて取引関係に入つたため、名義貸与を受けた者がその取引をしたことによつて負担することとなつた債務を指称するものと解するのが相当である。それ故、名義貸与を受けた者が交通事故その他の事実行為たる不法行為に起因して負担するに至つた損害賠償債務は、右交通事故その他の不法行為が名義貸与者と同種の営業活動を行うにつき惹起されたものであつても右にいう債務にあたらない。」。

*50　最判昭58・1・25判時1072-144「商法23条〔＝現行商法14条・会社法9条に相当〕の趣旨とするところは、第三者が名義貸与者を真実の営業主であると誤認して名義貸与を受けた者との間で取引をした場合に、名義貸与者が営業主であるとの外観を信頼した第三者を保護し、もつて取引の安全を期するということにあるというべきであるから、名義貸与を受けた者がした取引行為の外形をもつ不法行為により負担することになった損害賠償債務も、前記法条にいう『其ノ取引ニ因リテ生ジタル債務』に含まれるものと解するのが相当である。」、大隅・総則209頁、近藤66頁、弥永45頁。

*51　最判昭36・12・5民集15-11-2652「自己の商号を使用して営業をなすことを許諾した者は、その者の営業の範囲内の行為についてのみ商法23条〔＝現行商法14条・会社法9条に相当〕の責任を負うものと解するのが相当である。」、近藤65頁、弥永45頁。

4. 名板貸人の責任の拡張

名板貸人の責任に関する要件が完全には充たされていないにもかかわらず、商法14条・会社法9条が類推適用され、名板貸人の責任が認められることがある。

スーパーマーケットの屋上に出店していたペットショップ（スーパーマーケットとは別の営業主体）から小鳥を購入した客が、当該小鳥から感染した病気で家族を亡くし、スーパーマーケットに損害賠償を求めた事案において、最高裁は、商号使用による営業・事業の許諾も商号の使用も認められないが、事実上、第三者が営業主体を誤認するような外観が存在し、そのような外観の作出にスーパーマーケットが関与した場合であったとして、平成17年改正前商法23条（＝現行商法14条・会社法9条に相当）を類推適用し、当該スーパーマーケットに名板貸人としての責任を認めた[*52]。

また、ホテル内に出店しているマッサージ店（ホテルとは別の営業主体）で施術を受けた客が、四肢不全麻痺の後遺障害を負い、ホテルに損害賠償を求めた事案において、大阪高裁は、商号使用による営業・事業の許諾も商号の使用も認められないが、事実上、営業主体を誤認させる外観が存在し、そのような外観の作出にホテルが関与した場合であったとして、会社法9条を類推適用して、当該ホテルに対して名板貸人としての責任を認めた[*53]。

---

*52　最判平7・11・30民集49-9-2972〈百選14〉。
*53　大阪高判平28・10・13金融商事1512-8。

第5章　商業帳簿

第1節　商業帳簿の意義

㈠　商業帳簿とは、商人が、その営業のために使用する財産を明確にするために、商法上の義務として作成する帳簿をいう（19条2項）[*1]。

商業帳簿であるためには、第1に、商人が作成したものであり、第2に、営業のために使用する財産を明らかにしたものであり、第3に、商法上の義務として作成したものでなければならない[*2]。商業帳簿は、具体的には、会計帳簿および貸借対照表をいう（19条2項括弧書）[*3]。

商業帳簿は商人が作成することを要するので、商人ではない生命保険相互会社の作成する帳簿や小商人の作成する帳簿（7条）は商業帳簿とはいえない[*4]。商業帳簿は、商人の営業のために使用する財産を明確にするためのものであるから、仲立人日記帳や倉庫（倉荷）証券控帳は含まれない[*5]。特筆すべきこととして、損益計算書が含まれないことになる[*6]。商業帳簿は商法上の義務として作成されなければならないから、商人が財産目録を作成してもそれは商業帳簿に含まれない[*7]。

---

*1　大隅・総則212頁、田中誠・総則301頁、近藤76頁。
*2　大隅・総則212頁、田中誠・総則301頁～303頁、近藤76頁。
*3　近藤76頁。
*4　大隅・総則212頁、田中誠・総則301頁。
*5　大隅・総則212頁、田中誠・総則302頁。
*6　田中誠・総則303頁。昭和49年の商法改正の際に、参議院で「損益計算書」の文言が削除されたという経緯がある。

かくして、商業帳簿とは、商法19条２項に基づき、商人がその営業のために使用する財産を明確にするために作成を義務づけられて作成した会計帳簿および貸借対照表をいう。会計帳簿および貸借対照表については、第２節で説明する。

(イ)　商法典の中から会社法が分離独立する以前においては、商法総則の規定は原則として株式会社等の商法上の会社に適用されていた。したがって、その当時にあっては、商業帳簿についての説明の大部分は、商業帳簿の規定が株式会社に適用されることを想定したものであった。そこでは、株式会社を念頭に置いて、債権者や株主等の投資家のために、株式会社の正確な会計情報を開示することが社会的要請であると説明され、株式会社については正確な貸借対照表および損益計算書の開示が義務づけられると説明された。

しかし、現在では、商法19条の規定は、個人商人か、会社法上の会社を除く法人であって商人と認められるものに適用されることになる。ここで個人商人を考えるとき、個人商人に商業帳簿の作成を義務づけることの趣旨が明瞭でないという問題がある。商法は、商人に対し、会計帳簿と貸借対照表を作成すべきことを規定するが、これらを開示することを規定していない。したがって、通常の取引において、取引の相手方は個人商人が作成したこれらの商業帳簿を閲覧する権利を有しないのである。また、商法19条２項は、個人商人に対し会計帳簿と貸借対照表の作成を義務づけるが、裁判手続きが開始しない限り、会計帳簿と貸借対照表を第三者に開示する状況が想定されていない。さらにいえば、個人商人がまた、商法19条２項所定の会計帳簿と貸借対照表の作成を怠った場合の制裁が規定されていない。したがって、個人商人を考えた場合、商法19条２項所定の会計帳簿と貸借対照表は、どのような目的のために、個人商人にその作成を義務づけるのかという問題が検討されなければならないと考える。

＊7　大隅・総則213頁、田中誠・総則303頁、近藤76頁。

第２節　商業帳簿の作成

1. 一般に公正妥当と認められる会計の慣行

商法19条１項は、「商人の会計は、一般に公正妥当と認められる会計の慣行に従うものとする。」と規定する。ここに、「一般に公正妥当と認められる会計の慣行」とは、主として企業会計原則を意味する。ただし、企業会計原則以外の会計の慣行であっても、公正妥当と認められる会計慣行であれば、そのような会計慣行に従うことも許される[*8]。

2. 営業のために使用する財産

商法19条２項は、「商人は、その営業のために使用する財産について、法務省令で定めるところにより、適時に、正確な商業帳簿（会計帳簿及び貸借対照表をいう。以下この条において同じ。）を作成しなければならない。」と規定する。

株式会社などの会社法所定の法人を除き、多くの場合、個人商人などの商人は、営業に関与する財産と営業に関与しない財産を有している。商法19条２項所定の「その営業のために使用する財産」とは、営業に関与しない財産を除外して、営業に関与するすべての財産を意味する[*9]。したがって、商法19条２項は、商人に、その営業に関与するすべての財産を取り込んで、正確な商業帳簿を作成すべきことを義務づけている。

なお、商人が複数の営業を有するときは、それぞれの営業ごとに当該営業に関与するすべての財産を取り込んで、正確な商業帳簿を作成しなければならない。

---

*8　近藤78頁。

*9　平成17年改正前商法33条では「営業上ノ財産」という文言が用いられており、この解釈において、私用の財産も商業帳簿に記載されるべきか否かが議論された。個人商人を想定した場合、債権者に対する責任財産は営業に使われた財産に限らず、私用の財産も含めて当該商人のすべての財産が責任財産になるのであるから、私用の財産も記載されるべきだとする立場（松本287頁、田中耕357頁）と、商業帳簿は当該企業の財産の記録であり、また、債権者は営業が廃止したときの企業の解体価値よりも、企業継続中の企業収益力の方を重要と考えるから、営業財産と私用の財産の混同は避けるべきだとする立場（西原寛一『日本商法論第１巻〔第２版〕』324頁（日本評論社、1950年）、大隅・総則229頁、田中誠・総則331頁）とが対立していた。

3. 会計帳簿および貸借対照表

「商業帳簿」とは、会計帳簿および貸借対照表を意味する（19条2項括弧書）。

商業帳簿は、適時に、正確に作成されなければならない。商業帳簿は、原則として、1会計期間を経過する都度、適当と思われる期間内に作成されなければならない。「適時に」（19条2項）とはこのことを意味する。なお、「正確」に作成されなければならないということは当然である。商法は、会計帳簿および貸借対照表の作成に関する詳細を法務省令、すなわち、商法施行規則に委任している（19条2項）。

4. 会計帳簿に記載すべき資産

商法施行規則5条は、会計帳簿に記載すべき資産等について、以下のように定めている。

① 商人の会計帳簿に計上すべき資産については、この省令又は商法以外の法令に別段の定めがある場合を除き、その取得価額を付さなければならない（商法施規5条1項本文）。ただし、取得価額を付すことが適切でない資産については、営業年度の末日（営業年度の末日以外の日において評価すべき場合にあっては、その日。以下この章において同じ。）における時価又は適正な価格を付すことができる（商法施規5条1項但書）。

② 償却すべき資産については、営業年度の末日において、相当の償却をしなければならない（商法施規5条2項）。

③ 営業年度の末日における時価がその時の取得原価より著しく低い資産（当該資産の時価がその時の取得原価まで回復すると認められるものを除く）については、営業年度の末日における時価を付さなければならない（商法施規5条3項1号）。

営業年度の末日において予測することができない減損が生じた資産または減損損失を認識すべき資産については、その時の取得原価から相当の減額をした額を付さなければならない（商法施規5条3項2号）。

④ 取立不能のおそれのある債権については、営業年度の末日においてその時に取り立てることができないと見込まれる額を控除しなければならない（商法施規5条4項）。

⑤ 商人の会計帳簿に計上すべき負債については、この省令又は商法以外の

法令に別段の定めがある場合を除き、債務額を付さなければならない（商法施規5条5項本文）。ただし、債務額を付すことが適切でない負債については、時価又は適正な価格を付すことができる（商法施規5条5項但書）。

⑥　のれんは、有償で譲り受けた場合に限り、資産又は負債として計上することができる（商法施規5条6項）。

5. 貸借対照表の作成等

㋐　商法施行規則7条は、貸借対照表の作成について、以下のように定める。

①　商人は、開業時の会計帳簿に基づき、開業時における貸借対照表を作成しなければならない（商法施規7条1項）。

②　商人は、各営業年度に係る会計帳簿に基づき、当該営業年度に係る貸借対照表を作成しなければならない（商法施規7条2項）。

③　各営業年度に係る貸借対照表の作成に係る期間は、当該営業年度の前営業年度の末日の翌日（当該営業年度の前営業年度がない場合にあっては、開業の日）から当該営業年度の末日までの期間とする（商法施規7条3項前段）。なお、当該期間は、原則として、1年を超えることができない（商法施規7条3項後段）。

㋑　商法施行規則6条および8条は、貸借対照表の作成および記載方法等について、以下のように定めている。

①　貸借対照表は原則として日本語で表示するが、その他の言語をもって表示することが不当でない場合は当該言語で表示することが許される（商法施規6条2項）。貸借対照表に係る事項の金額は、一円単位、千円単位または百万円単位で表示する（商法施規6条1項）。

②　貸借対照表は、資産、負債、純資産の部に区分して表示しなければならない（商法施規8条1項）。

③　貸借対照表の資産、負債、純資産の部は、適当な項目に細分することができる（商法施規8条2項前段）。この場合、当該各項目については、資産、負債または純資産を示す適当な名称を付さなければならない（商法施規8条2項後段）。

第3節　商業帳簿の保存

商人は、商業帳簿および営業に関する重要な資料を帳簿閉鎖の時から10年間保存しなければならない（19条3項）。「帳簿閉鎖の時」とは、当該帳簿の使用を停止した時を意味する。したがって、1冊の帳簿を3年間使用した場合は、使い始めてから3年後の帳簿の使用を停止した時から起算して、10年間保存する。「営業に関する重要な資料」とは、契約書、請求書、領収書、営業に関して取り交わした文書、法定の帳簿等である[*10]。保存義務を負う商人が、商人資格を喪失しても、10年間の保存義務は存続する。

第4節　商業帳簿の提出

商人が当事者である訴訟が係属している場合、当事者の申立てによるかまたは裁判所の職権により、裁判所は、訴訟当事者[*11]に対し、商業帳簿の全部または一部の提出を命ずることができる（19条4項）。命令に従わず、商業帳簿を提出しないときは、裁判所は、商業帳簿の記載に関する相手方の主張を真実と認めることができる（民訴224条1項）。

商法19条4項所定の商業帳簿は、19条2項所定の商業帳簿、すなわち、会計帳簿および貸借対照表である（19条2項括弧書）。

---

*10　近藤81頁。

*11　訴訟の当事者であって商業帳簿を所持する者であれば要件を充たすことになり、商人であることを要しない（大隅・総則225頁、田中誠・総則313頁）。

第6章 商業使用人

第1節 総　論

(ア)　商人が営業[*1]の規模を拡大していくと、当該商人が1人で営業活動のすべてを取り仕切ることが困難になってくる。当然に、他者（補助者）の手助けが必要になる。商人の営業活動を商人に従属して内部から補助する者として商業使用人があり、独立して外部から補助する者として代理商・仲立・問屋等がある。

商法・会社法は、商業使用人[*2]として、①支配人、②ある種類または特定の事項の委任を受けた使用人、および、③物品の販売等を目的とする店舗の使用人を規定する（20条・25条・26条、会社10条・14条・15条）。商法・会社法上の商業使用人に関する規定の大部分は、商業使用人の代理権に関する規定である。商人と商業使用人の間の雇用契約等については、労働法や民法に規定されている。

本章は、商法・会社法上の商業使用人に関する規定（20条～26条、会社10条～15条）を説明する。

---

*1　本章および次章（第7章）においては、商法上の「営業」と会社法上の「事業」を同一ととらえ、「営業」という用語を使用する。「営業」についての詳細は第8章を参照されたい。

*2　会社法は「商業使用人」という名称を使用せずに、「会社の使用人」という名称を使用しているが、両者に実質的な差異はなく、本書では「商業使用人」の名称を使用する。

(イ)　商業使用人は、特定の商人に従属する[*3]営業の補助者である。弁護士や代理商等は、商人に従属する補助者ではないから、商業使用人ではない。

商業使用人については、その要件について争いがある。

(ウ)　第１は、商人と商業使用人との間に雇用関係が必要かという問題である。たとえば、商人がその友人や親族の者に営業活動をさせた場合、商人と当該友人・親族の者との間に委任関係は認められるが雇用関係が認められないというときに、当該友人・親族の者が商業使用人に該当するかどうかである。

第１の立場は、商業使用人であるためには雇用関係が必要であるとする[*4]。

第２の立場は、商業使用人であるためには雇用関係は必要ないとする[*5]。

ところで、雇用関係が必要かという問題を、雇用契約が存在するかという問題として考えると、硬直的に過ぎるのではないかと思われる。

商法第１編第６章は商業使用人というタイトルである。したがって、基本的には、第６章に収められている20条ないし26条に述べられるところの「者」は、すべて商業使用人と解されることになる。ところが、商法には商業使用人の定義が定められていない。1899年（明治32年）に商法が制定された当時においては、原則として、個人商人または会社と雇用関係にある者を使用人と考え、その中で特に代理権が付与された使用人を商業使用人と称したものと思われる[*6]。

商業使用人の概念について、商人と雇用関係のあることを要件とするか否かが議論されている。近時に至り、支配人について、必ずしも雇用契約ではなく委任契約の者が存在することや、他方において、商法25条や26条の使用人の中には、必ずしも雇用契約関係にない者も生じていることが、問題発生の契機となっている。すなわち、現代においては、商人と使用人の関係が多様化していることが、商法における商業使用人概念の混乱を招いているといえる。商業使用人概念の再構成を試みるにあたっては、労働法における労働者概念の考え方

---

*3　従属するとは、商人と指揮服従の関係に立つことを意味する（大隅・総則139頁、鴻163頁、近藤84頁）。

*4　田中誠・総則369頁、大隅・総則139頁、弥永67頁。

*5　石井＝鴻・総則88頁、鴻163頁、服部277頁。

*6　明治32年に制定された当時の商法においては、昭和13年改正前商法29条ないし35条が商業使用人ついての規定である。

を参考にすることが有益と考える。労働者概念といっても、労働基本法上の労働者概念と労働組合法上の労働者概念とは異なる。本節(ア)で述べたように、一方で、独立して外部から補助する者としての代理商・仲立・問屋等があり、これと異なる者として、他方で、商人の営業活動を商人に従属して内部から補助する者としての商業使用人があると考えるのだから、雇用主に従属している者か、雇用主に従属せず、基本的には独立採算を確保している事業者かという考え方を行う労働組合法上の労働者概念が参考になると思われる。すでに、最高裁判決[*7]により基準が確立しており、これを商法の商業使用人基準に応用すると、次のようになる[*8]。

すなわち、商業使用人と認められるためには、当該者について、最初に3点が充足される必要がある。これを基本的判断要素という。第1に、営業組織に組み入れられていること、第2に、労働提供を基礎づける契約について、契約内容が一方的に定められることまたは定型的な契約が押しつけられること、第3に、報酬の支払基準に労務対価性があること、である。これを判断したうえで、補充的判断要素として、第4に、業務の依頼に応ずべき関係（法的にではなく、実際上、依頼を断ることができないということ）、第5に、広い意味での指揮監督下での労務提供ないし一定の時間的場所的拘束があること、が検討される。なお、当該者について、顕著な事業者性が認められれば、商業使用人とはいえない。

著者は、以上のような判断基準に従って、商業使用人であるか否かを判別するべきだと考える。

(エ)　第2は、商業使用人は代理権を有していることが必要かという問題である。実際に、商人と雇用関係にあるものの代理権を有さない者（例えば、金銭の出納係、簿記係、技師、職工など）は存在しており、このような者が商業使用人に該当するかどうかである。

ある学説は、代理権を有することが商業使用人の要件であるとする[*9]。他の

---

*7　最判平23・4・12民集65-3-943、最判平23・4・12労判1026-27、最判平24・2・21民集66-3-955。

*8　菅野和夫『労働法〔第12版〕』833頁（弘文堂、2019年）、荒木尚志『労働法〔第5版〕』655頁（有斐閣、2022年）。

学説は、代理権の有無は商業使用人の要件ではないとする[*10]。

著者は、商業使用人の判断基準を(ウ)で述べたように解すべきものと考えるので、代理権を有することは、商業使用人の要件とは考えない立場に与したい。

第2節　支配人

第1款　支配人の定義

商法・会社法は、支配人の定義を定めていない。争いがあるも、支配人とは営業所の営業の主任者である商業使用人のことであると解する（参照、21条3項、会社11条3項）[*11 *12]。

ある商業使用人が支配人に該当するか否かを判断する際に、当該商業使用人が、実際に、どのような名称で呼ばれているかは問題とならない。たとえば、「支配人」と呼ばれていても、実際に営業所の営業の主任者でなければ、その者は商法・会社法上の支配人ではない[*13]。逆に、「課長」と呼ばれていても、営業所の営業の主任者であれば、その者は商法・会社法上の支配人ということになる。

「支配人」という名称は、現在もなお、ホテルや劇場を経営する業界で頻繁に使用されている。しかし、そのほかの業界では必ずしも使用されていない。現

---

*9　大隅・総則140頁、石井＝鴻・総則88頁、鴻162頁～163頁、弥永68頁。

*10　田中誠・総則375頁、服部278頁。

*11　大隅・総則143頁、弥永68頁～69頁、服部280頁。

*12　多数説は、支配人とは、商人に代わってその営業に関する一切の裁判上または裁判外の行為をする権限（＝包括的代理権または支配権という）を有する商業使用人のことであるとする（田中誠・総則378頁～380頁、石井＝鴻・総則88頁、鴻164頁、近藤84頁～85頁）。多数説は、ある者が支配人に該当するか否かを、実際に包括的代理権を有するか否かで判断する。

多数説に対しては、代理権の範囲に制限を加えると支配人に該当しないことになり、支配人の代理権に制限を加えた際の規定である商法21条3項・会社法11条3項が無意味となる、または、適用の余地がほとんどないとする批判がなされている（大隅・総則143頁、弥永69頁、服部280頁）。

*13　後述する表見支配人に該当する可能性が生じる。

在、多くの業界において、商法・会社法上の支配人を表す名称として「支店長、営業所長、営業部長」などが使用されている。

支配人でない者が支配人として登記されていたとしても、その者は商法・会社法上の支配人でない[*14]。

第2款　支配人となりうる資格

支配人になるために、特別な資格を有する必要はない。自然人であれば支配人になることができる[*15]。行為能力者である必要はない（民102条）[*16]。

なお、株式会社の支配人は、当該会社またはその親会社の監査役および監査等委員である取締役、ならびに、当該会社が指名委員会等設置会社の場合はその取締役との兼任が禁じられている（会社335条2項・331条3項・4項）。また、株式会社の支配人は、当該会社またはその親会社の会計参与との兼任が禁じられている（会社333条3項1号）。さらに、支配人が他の会社の役員を兼任することについて独禁法上の規制も存在する（独禁13条・2条3項）。

第3款　支配人の選任・終任

1. 支配人の選任

支配人は、商人によって選任される(20条)[*17]。また、商人の代理人も支配人を選任しうると解されている[*18]。

商人が会社である場合、支配人を選任するときは一定の手続きを要する。商人が取締役会設置の株式会社である場合、取締役会が支配人を決定しなければ

---

*14　仙台高秋田支判昭59・11・21判タ550-257「支配人としての実質のない者に支配人の名称を付して訴訟事務に関する権限を与え、かつ支配人として登記しても、商法上の支配人とはいえ〔ない。〕」、近藤85頁。

*15　石井＝鴻・総則92頁、鴻165頁、近藤86頁。

*16　石井＝鴻・総則92頁、鴻165頁、近藤86頁。

*17　多数説は、小商人は支配人を選任できないとする（大隅・総則138頁、鴻165頁、近藤85頁）。これは支配人の制度が商業登記制度と不可分であり、小商人には商業登記に関する規定が適用されないためである（7条）。これに対し、少数説は、支配人選任の登記は対抗要件としての性質しか有さず、小商人にも商業使用人の規定は適用されるため、小商人も支配人を選任できるとする（弥永69頁）。

*18　石井＝鴻・総則90頁、鴻165頁、近藤85頁。

ならない（会社362条4項3号）。商人が取締役会非設置の株式会社である場合、原則として取締役の過半数によって支配人を決定しなければならない（会社348条2項・3項1号）。商人が持分会社[*19]である場合、原則として社員の過半数によって支配人を決定しなければならない（会社591条2項）。

商人は、支配人の選任に際して、当該支配人が使用すべき商号および代理すべき営業、ならびに、支配人を置く営業所を特定し、これを登記しなければならない（22条、会社918条、商登43条・44条）。

会社を除く商人は、支配人の選任につき、支配人を置いた営業所を管轄する登記所において支配人登記簿へ登記する（商登1条の3・6条4号・43条）。会社は、本店所在地を管轄する登記所において会社登記簿へ登記する（商登44条・6条5号～9号、会社918条）。

2. 支配人の終任

支配人の終任事由は、第1に、商人と支配人との間の従属関係の終了がある。具体的には、支配人の死亡・破産手続開始決定・後見開始の審判（民111条1項2号）、従属関係期間の満了、商人または支配人からの解約申入れ・解除（民626条以下類推適用）、商人が破産宣告を受けた場合における支配人または破産管財人からの解約申入れ（民631条類推適用）である。

なお、民法によれば、商人の死亡によって代理権が消滅するが（民111条1項1号）、支配人の代理権は「商行為の委任による代理権」に該当するため（506条）、商人の死亡は支配人の終任事由に該当しない。商人の死亡によって、支配人は死亡した商人の相続人の支配人となる[*20]。

支配人の終任事由の第2に、商人の営業の存続がかかわる場合がある。

商人が営業を廃止した場合、支配人は終任となる（多数説）[*21][*22]。支配人は営業の存在を前提としているためである。商人が会社の場合には、会社の解散も支配人の終任事由となる[*23]。

---

*19　持分会社とは、合名会社、合資会社、および、合同会社の総称である（会社575条1項）。

*20　鴻167頁、近藤86頁。

*21　田中誠・総則382頁、大隅・総則146頁、石井＝鴻・総則90頁、鴻167頁、近藤87頁。

営業譲渡が支配人の終任事由に該当するかについては、争いがある。ある学説は、営業譲渡を支配人の終任事由と解し、かつ、商人（＝譲渡人）と支配人の関係は譲受人に承継されないとする[*24]。他の学説は、営業譲渡を支配人の終任事由と解さずに、商人（＝譲渡人）と支配人の関係は譲受人に承継されるとする[*25]。

しかし、この問題については上記のように単純に考えるべきではなく、支配人が、譲渡される営業の必須の構成要素である場合には、商人（＝譲渡人）と支配人の関係は譲受人に承継されると解し、そうでない場合には承継されないと解すべきである[*26]。承継される場合には、当該支配人の承諾が必要になると解する（民625条１項類推適用）。

商人は、支配人の代理権が消滅した場合、その登記を行わなければならない（22条、会社918条）。

第４款　支配人の権利義務

1．支配人の権利

⑴　支配人の代理権　㋐　支配人は、商人に代わって商人の営業に関する一切の裁判上または裁判外の行為を行う権限を有する（21条１項、会社11条１項）。この権限は「包括的代理権」または「支配権」と呼ばれる。

前述したように、支配人は、使用すべき商号と代理すべき営業が特定され、営業所ごとに置かれるため[*27]（22条、会社918条、商登１条の３・43条・44条）、支配人の代理権は、商号で個別化された特定の営業と営業所によって限定されるこ

---

*22　商人の有する営業は必ずしも１つとは限らない。このため、商人による営業の廃止によって、支配人が任された営業を行えなくなるときは、営業の廃止は支配人の終任事由になると解すべきである。たとえば、商人が１つの営業のみを有する場合、当該営業の廃止は支配人の終任事由となろう。しかし、商人が２つの営業を有する場合に、支配人が２つの営業を任されていたときは、商人が１つの営業を廃止しても、支配人の終任事由とならない。

*23　田中誠・総則382頁、大隅・総則146頁、鴻167頁、近藤87頁。

*24　石井＝鴻・総則90頁、鴻167頁、近藤87頁。

*25　田中誠・総則382頁、大隅・総則146頁、服部283頁。

*26　田中誠は若干似たような考え方をしている（田中誠・総則376頁～377頁）。

*27　商人は、１人の支配人に複数の営業所を任せることもできる（大隅・総則148頁、石井＝鴻・総則93頁、弥永71頁）。

とになる[*28]。

裁判上の行為とは、訴訟行為を意味する。支配人は、商人（＝本人）の訴訟代理人となることができ（民訴54条１項）[*29]、また、別に訴訟代理人（弁護士）を選任することもできる[*30]。裁判外の行為とは、裁判上の行為を除く商人の営業に関する行為を意味する[*31]。営業に関する行為は、営業の目的たる行為のほか、営業のため必要な行為を含み、支配人の行為が、営業に関する行為にあたるか否かは、当該行為の性質・取引の種類等を勘案し、客観的・抽象的に判断される[*32]。

支配人の代理権は、営業の存在を前提とするため、支配人は、任された営業を変更・廃止・譲渡する権限を有さないと解される[*33]。また、支配人は特定の

---

*28　田中誠・総則385頁～386頁、大隅・総則145頁・147頁～148頁、石井＝鴻・総則93頁、鴻166頁、近藤88頁、弥永71頁・75頁。

*29　大判昭12・3・17法律新聞4118-11「支配人は主人に代わりてその営業に関する一切の裁判上の行為をなす権限を有することは商法第30条〔＝現行商法21条・会社法11条に相当〕の明定するところなるをもって民事訴訟法第79条所定の法令によりて裁判上の行為をなすことを得る代理人なりというを得べく」。

*30　大判明35・6・12民録8-6-63「訴訟委任の行為は一の裁判上の行為にほかならざれば支配人は前示法条の規定により当然これをなすの権限を有する」。

*31　支配人は商人の営業に関する一切の裁判外の行為を行うことができるが、このことは、商人の意思や法令の規定に反して、支配人が代理権を行使できることを意味するものではない。例えば、取締役会を設置する株式会社において、支配人が任された事業に関する財産を譲渡する場合に、当該財産の譲渡が「重要な財産の処分」に該当するならば、取締役会の決定が必要となる（会社362条４項１号）。

*32　最判昭32・3・5民集11-3-395「商法第42条〔＝現行商法24条・会社法13条に相当〕によつて支店の営業の主任者たることを示すべき名称を附した使用人が支店の支配人と同一の権限を有するものと看做される、いわゆる『営業ニ関スル行為』とは、営業の目的たる行為の外営業のため必要な行為をも含むものと解すべきではあるが、当該行為がこれにあたるか否かは、行為の性質の外、取引の数量等をも勘案し客観的に観察してこれを決すべきものと解するのが相当である。」、最判昭54・5・1判時931-112〈百選25〉「信用金庫法40条２項の準用する商法42条１項〔＝現行商法24条・会社法13条に相当〕、38条１項〔＝現行商法21条１項・会社法11条に相当〕によれば、信用金庫の支店の営業の主任者たることを示すべき名称を附した使用人はその営業に関する行為をする権限を有するものとみなされるところ、右の営業に関する行為は、営業の目的たる行為のほか、営業のため必要な行為を含むものであり、かつ、営業に関する行為にあたるかどうかは、当該行為につき、その行為の性質・種類等を勘案し、客観的・抽象的に観察して決すべきものである、と解するのが相当である」。田中誠・総則385頁、大隅・総則149頁、石井＝鴻・総則92頁、鴻168頁～169頁。

営業所における営業を任されているため、支配人は、営業所を設置・廃止する権限を有さないと解する[*34]。

支配人は、他の使用人を選任・解任する権限を有する（21条２項、会社11条２項）。なお、商法21条２項・会社法11条２項が「他の使用人」と規定していることから、支配人は、他の支配人を選任・解任できないと解される（21条２項の反対解釈、会社11条２項の反対解釈）[*35]。

(イ)　商人が支配人の代理権に取引の種類・場所・金額・時期・相手方などに関して制限を加えることが考えられる（例、支配人は1000万円を超える借入をしてはならない）。しかし、支配人の代理権に加えた制限は、善意[*36]の第三者に対抗できない（21条３項、会社11条３項）。これは、取引の安全を保護するためである。支配人の代理権に加えた制限を登記することはできない。商人が支配人の代理権に加えた制限は、商人と支配人との間では有効と解する[*37]。

(2)　**支配人による代理権の濫用**　　支配人が、自己または第三者の利益を図る目的で、与えられた範囲内で代理権を行使した場合、このような目的を相手方が知り、または、知ることができたときは、当該行為は無権代理行為とみなされる（民107条）。支配人の行った当該行為の効果は、商人に帰属しない。

(3)　**その他支配人の権利**　　支配人は、報酬請求権（民623条・624条）、費用前払請求権（民649条）、費用償還請求権（民650条）等を有する。

2. 支配人の義務

(1)　**職務専念義務**　　支配人は、商人の許可を受けなければ、①自ら営業をすること、②他の商人・会社・外国会社の使用人になること、③他の会社の取締役・執行役・業務を執行する社員になることができない（職務専念義務。23条１項１号・３号・４号、会社12条１項１号・３号・４号）。

---

*33　田中誠・総則386頁、大隅・総則149頁、石井＝鴻・総則93頁、弥永72頁。

*34　大隅・総則149頁、石井＝鴻・総則93頁、弥永72頁。

*35　大隅・総則149頁、石井＝鴻・総則90頁、近藤88頁。

*36　商法21条３項・会社法11条３項は、第三者の過失について明記していないが、有力説は重過失を悪意と同視する（近藤89頁、服部294頁）。

*37　鴻169頁～170頁、近藤88頁。

このような義務が課される理由は、支配人は商人の内部的な補助者であり、商人のために全力を尽くして職務を遂行することが期待されているためである。職務専念義務においては、後述する競業避止義務と異なり、営業の種類は問題とならない[*38]。

職務専念義務に違反した行為は、第三者との関係においては取引の安全を保護するため、有効と解される[*39]。なお、商人は、職務専念義務違反を理由に支配人を解任でき、支配人に対して損害賠償を請求しうる。

⑵　**競業避止義務**　　支配人は、商人の許可を受けなければ、自己または第三者のために商人の営業の部類に属する取引をすることができない（23条1項2号、会社12条1項2号）。このような義務が課される理由は、商人の営業上の知識・情報・秘密等を得ている支配人が、それらを利用して商人と競業することで商人が害されることを防止するためである。

「営業の部類に属する取引」とは、商人の営業と競合し利益の衝突が生じる取引のことである。

競業避止義務に違反した取引自体は、第三者との関係においては取引の安全を保護するため、有効と解される[*40]。

商人は、競業避止義務違反を理由に支配人を解任でき、支配人に対して損害賠償を請求しうる。競業避止義務に違反する取引によって支配人または第三者の得た利益の額は、商人に生じた損害の額と推定される（23条2項、会社12条2項）。

第5款　表見支配人

表見支配人とは、支配人でないにもかかわらず、商人の営業所の営業の主任者であることを示す名称を付した使用人のことである（24条、会社13条）。すなわち、営業所の営業の主任者でないが、「支配人」・「支店長」・「支社長」といった名称を付した使用人である。

取引の相手方は、このような肩書きを有する者を支配人であると信頼して取

---

*38　鴻174頁、近藤89頁。
*39　大隅・総則156頁、弥永74頁。
*40　大隅・総則156頁、近藤90頁、弥永74頁。

引を行うことがありうる。この場合に、民法の表見代理の規定を適用して、相手方の信頼を保護することもできるが、十分な保護とはいえない。そこで、商法24条・会社法13条は、禁反言原則に基づき[*41]、表見支配人は営業所の営業に関して一切の裁判外の行為[*42]をする権限を有するものとみなすと規定する[*43][*44]。よって、表見支配人の行った裁判外の行為の効果が、商人（本人）に帰属することになる。

表見支配人の規定が適用されるためには、以下の4つの要件が充たされなければならない。

第1に、商人の営業所の営業（または会社の本店もしくは支店の事業）の主任者であることを示す名称が使用さていることである。たとえば、支配人、支店長、支社長、営業所長、営業部長・事業部長などの名称である[*45]。

ここでいう「営業所」とは商人の営業活動の中心となる一定の場所のことであり[*46]、判例・学説は営業所としての実質を伴っている必要があるとする[*47][*48]。

第2に、肩書き・名称の使用を本人たる商人が認めていることが必要である。使用人が勝手に肩書き・名称を使用していただけでは要件を満たさない。しかし、そのような場合でも、本人たる商人が知りながら放置した場合（＝黙認した場合）には要件を充たすものといえる[*49]。

---

*41　大隅・総則158頁、石井＝鴻・総則89頁、鴻177頁、近藤90頁。

*42　商法24条・会社法13条は、裁判上の行為については適用されない。禁反言原則を根拠として相手方を保護する必要性が乏しいためである（近藤93頁）。

*43　表見支配人の規定は、支配人でない使用人に適用される規定であるから、支配人の権限が制限されているだけの場合には適用されない。最判昭37・5・1民集16-5-1031〈百選23〉「商法42条〔＝現行商法24条・会社法13条に相当〕は、支配人でない使用人であつて本店または支店の営業の主任者であることを示す名称を附した者は、これをその本店または支店の支配人と同一の権限を有するものとみなす旨の規定であつて、本件のAのように、控訴会社支店の支店長であつて、その営業に関する包括的代理権を有し、ただその権限に制限のある者に対し適用さるべき法規ではない。」。

*44　表見支配人の規定は、商業登記の一般的効力（9条1項、会社908条1項）に優先して適用される（近藤90頁）。

*45　支配人代理、副支配人、支店長代理、副店長、次長、支店庶務課長などの名称は、その上席者が営業所に存在することを示唆しており、表見支配人の名称とは認められない（最判昭29・6・22民集8-6-1170（支店長代理）、最判昭30・7・15民集9-9-1069（支店の庶務課長）、名古屋地判昭57・3・24判タ482-120（副支店長））。

*46　詳しくは、本編第8章第2節3.営業所を参照。

第3に、相手方に悪意[*50]があってはならない（24条但書、会社13条但書）。相手方の悪意は取引の当時を基準に判断される[*51]。なお、条文の文言は相手方の過失に言及していないので、過失を考慮しないとする見解[*52]が存在する。重過失がある場合は相手方を保護すべきでないと解される[*53]。商人の側が相手方の悪意（・重過失）を立証しなければならない[*54]。

第4に、商法24条・会社法13条の文言は、同条が適用されるためには少なくとも「使用人」であることを必要とする。

***47**　最判昭37・5・1民集16-5-1031〔前掲注43〕〈百選23〉「商法42条〔＝現行商法24条・会社法13条に相当〕にいう『本店又ハ支店』とは商法上の営業所としての実質を備えているもののみを指称すると解するのを相当とするから、右のような実質を欠き、ただ単に名称・設備などの点から営業所らしい外観を呈するにすぎない場所の使用人に対し支配人類似の名称を付したからといつて、同条の適用があるものと解することはできない。」、最判昭39・3・10民集18-3-458「高知出張所は、単に機械的に取引を行うにすぎない出先機関たる売店、派出所ないし出張所とは類を異にし、前記販売業務の範囲内では、本店から離れて独自の常業活動を決定し、対外的にも取引をなしうる地位にあつたと認められるというのであるから、このような場合には、右高知出張所は、上告会社の支店と解して妨げなく、右出張所長の名称を付せられていた五十川正信は商法42条〔＝現行商法24条・会社法13条に相当〕にいう表見支配人に該当するとした原判決は首肯しうる。」、田中誠・総則394頁～395頁、鴻178頁、近藤91頁。

***48**　有力説（実質不要説）は、相手方が営業所の実質を調査・判断することは容易ではないため、営業所の外観ないし表示の信頼が認められれば、営業所に該当するとする（大隅・総則159頁、服部298頁）。

***49**　大隅・総則160頁、近藤93頁。

***50**　悪意とは、当該使用人が営業所の営業の主任者でないことを知っていることである。

***51**　最判昭33・5・20民集12-7-1042（裁判所が、表見支配人に関する相手方の悪意の判断は、手形保証のある白地手形を取得するときであり、白地補充のときではないと判示した事案）。田中誠・総則399頁～400頁、石井＝鴻・総則89頁、鴻178頁、近藤93頁。

***52**　東京高判昭30・12・19下民集6-12-2606「商法第42条第2項〔＝現行商法24条・会社法13条に相当〕にいう『悪意』には過失による善意の場合をふくむものではないと解するのが相当である。」、近藤93頁。

***53**　田中誠・総則399頁、大隅・総則161頁、服部308頁。なお、表見代表取締役に関する事案において、最高裁は相手方に重過失がある場合を悪意と同様に扱っている（最判昭52・10・14民集31-6-825）。

***54**　鴻178頁、近藤93頁。

第3節　委任を受けた使用人

商人は、営業規模の拡大に応じて、信用のおける使用人に対して、一定の名称・肩書きを付して、ある程度の裁量を与え、営業に関するある種類または特定の事項（たとえば、仕入れ・販売・貸付け）をまかせることになる。また、一定の名称・肩書きを付された使用人と取引する相手方は、当該使用人にある程度の代理権が与えられていると考えるのが一般的である。このような相手方の信頼を保護しないとなれば、相手方は、取引の都度、使用人の代理権の有無・範囲を確認する必要が生じ、迅速な取引が害される。

そこで、商法25条1項・会社法14条1項は、商人の営業に関するある種類または特定の事項の委任を受けた使用人は、当該事項に関する一切の裁判外の行為をする権限を有すると規定する[*55]。委任を受けた使用人は、一般に、「部長・課長・係長」といった名称の付された使用人である[*56]。

委任を受けた使用人は、通常、商人（本人）によって選任・解任されるが、支配人によっても選任・解任されうる。

なお、商人は、委任を受けた使用人の代理権を制限したとしても、そのことを善意[*57]の相手方に対抗できないとされる（25条2項・会社14条2項）。

第4節　物品販売等店舗の使用人

商法26条・会社法15条は、物品の販売等（販売、賃貸[*58]その他これらに類する

---

*55　支配人の場合と異なり、商人の営業に関するある種類または特定の事項の委任を受けた使用人は、裁判上の行為をする権限を有しない。

*56　大隅・総則162頁、石井＝鴻・総則94頁、鴻179頁、近藤95頁。平成17年改正前商法には「番頭・手代」といった肩書名が例示されていた（平成17年改正前商法43条1項）。

*57　善意とは、代理権に加えられた制限を知らないことである。商法25条2項・会社法14条2項は、第三者の過失について明記していない。相手方の過失を問題としない見解（近藤95頁）、および、重過失を悪意と同視する見解が存在する（大阪高判昭56・12・16判時1054-148、東京地判平6・4・28判時1514-132）。

*58　たとえば、自動車、ビデオ、衣装等を賃貸する行為である。

行為）を目的とする店舗の使用人（＝物品販売等店舗の使用人）はその店舗にある物品の販売等をする権限を有するものとみなすと規定する。

店舗に来店した客は、当然、店舗にいる使用人に店舗にある物品の販売等の代理権が与えられていると信じる。そこで、商人が実際には当該使用人に物品の販売等の代理権を与えていない場合であっても、来店した客（＝相手方）の取引の安全を保護するために、商法26条・会社法15条が設けられている。このため、当該使用人の代理権の範囲は、店舗にある物品の現実の販売等に限られ、販売等の契約の締結は店舗内で行われる必要がある[*59]。

なお、商法26条・会社法15条は相手方を保護するための規定であるから、相手方が悪意[*60]である場合には、商法26条本文・会社法15条本文の規定は適用されない（26条但書、会社15条但書）。

*59　福岡高判昭25・3・20下民集1-3-371、鴻180頁、近藤98頁、弥永80頁。
*60　悪意とは、当該使用人が販売等の代理権を有しないことを知っていることである。

第7章　代理商

第1節　代理商の意義

(ア)　商人は、その営業活動を補助してもらうために、独立した商人を代理商として利用することができる。代理商とは、一定の商人のために、その平常の営業の部類に属する取引の代理または媒介をする者であり、その商人の使用人でないものである（27条括弧書、会社16条）。代理商によって補助される商人を代理商に対して本人と呼ぶ。本人は商人でなければならない[*1]。以下、本人たる商人という。後述するように、代理商も商人である。代理商には、締約代理商と媒介代理商の2種がある。本人たる商人のためにその平常の営業の部類に属する取引の代理を行う者を締約代理商といい、媒介を行う者を媒介代理商という。

(イ)　商法27条・会社法16条所定の「平常」とは、単に多数の個別的行為を処理する義務を負うというのではなく、本人たる商人の営業のために継続的に配慮するという意味である[*2]。「取引の代理」とは、本人たる商人の代理人として相手方との間で契約を締結することである。「取引の媒介」とは、本人たる商人と相手方との間で取引が成立するように尽力することである。

---

*1　本人が商人でない場合、商法・会社法上の代理商に該当しない。本人が商人でない場合は、講学上「民事代理商」と呼ばれる。たとえば、生命保険相互会社（＝商人でない）のために、その平常の営業の部類に属する取引の代理または媒介をする者は、民事代理商である。民事代理商には商法・会社法の代理商の規定が準用・類推適用されることも少なくない（参照、保険業法21条）。

(ウ)　代理商は、一定の商人のために代理または媒介をする者である。不特定の商人のために代理または媒介をする者は代理商にあたらない[*3]。ここでいう一定の商人とは、一人の商人を意味するものでなく、一定であれば複数の商人であってもよい[*4]。

(エ)　代理商は、自己の名をもって商行為の代理または媒介[*5]を行うことを債務の内容として承諾することを業とする者であり、代理商自身が独立した商人である（4条1項、502条11号・12号）。このため、代理商は商業使用人のように商人に従属するものではなく、独立した商人であり、通常、自己の商号や営業所を有し、みずから経費を支出し商業使用人を雇い商業帳簿を備える。

なお実務では、商人の営業を補助する者が、代理商であるのか、商業使用人であるのか、それとも、仲立ちや問屋であるのかを判別することが困難な場合が多い。「代理店」などの名称が使用されていても、そのことは判別の際に決定的な意味をなさない[*6]。特に、代理商と商業使用人の判別が困難である。契約の種類[*7]、営業所の有無[*8]、経費の負担の有無[*9]、報酬の形態[*10]等から総合考慮

---

*2　大隅・総則164頁～165頁、田中誠・総則410頁、石井＝鴻・総則95頁、弥永81頁。商法27条括弧書は「その平常の営業の部類に属する取引の代理又は媒介をする者」と規定し、会社法16条括弧書は「その平常の事業の部類に属する取引」と規定している。平成17年改正前商法は「平常其ノ営業ノ部類ニ属スル取引ノ代理又ハ媒介ヲ為ス者」と規定していた。

*3　不特定の商人を補助する者は仲立人や問屋である。

*4　大隅・総則164頁、田中誠・総則409頁～410頁、石井＝鴻・総則95頁、鴻182頁、近藤100頁、弥永81頁。複数の商人と代理商関係にある者は、乗合代理商と呼ばれる。後述するように、代理商が複数の商人と代理商契約を締結することは、代理商の競業避止義務に抵触するおそれが生じる。

*5　媒介は、商法502条11号の「仲立ち」に該当する。

*6　大判昭15・3・12法学9-1150「当事者が代理店なる名称を附したるもの必ずしも法律上の代理商と一致するとは限らず、かかる名称を有せざるも実質上代理商たる者も存すべき〔ものなり〕」、田中誠・総則409頁、石井＝鴻・総則95頁、近藤101頁。

*7　代理商は、締約代理商であれば本人たる商人との間に委任契約が存在し、媒介代理商であれば準委任関係が存在する。このため、本人たる商人と代理商との間に雇用契約が存在すれば、商業使用人の可能性が高い。

*8　独自の営業所を有していれば代理商の可能性が高く、本人たる商人の営業所を使用していれば商業使用人の可能性が高い。

*9　経費を自己負担していれば代理商の可能性が高く、経費を本人たる商人が負担していれば商業使用人の可能性が高い。

することになろう[*11]。

(オ)　商人が代理商制度を利用する利点として、①営業範囲を容易に拡大または縮小できること、②代理商の有する専門知識・経験・人脈等を利用できること、③定額の俸給制度でなく手数料制度を利用してコストを削減できること、④営業リスク（使用者責任、労使問題など）を抑えることができること等が挙げられる[*12]。

第２節　代理商の種類と法的関係

前述したように、代理商は、本人たる商人のために、取引の代理を行う代理商（＝締約代理商）と取引の媒介を行う代理商（＝媒介代理商）が存在する[*13]。

締約代理商と商人の法的関係は、代理商が商人のために取引の代理（法律行為）の委託を受けるのであるから、委任関係となる。媒介代理商と商人の法的関係は、代理商が商人のために取引の媒介（事実行為）の委託を受けるのであるから、準委任関係となる（通説[*14]）。

第３節　代理商関係の開始

本人たる商人と代理商の法的関係は、委任関係または準委任関係であるため、商法や会社法に別段の定めのない限り、民法の委任に関する規定が適用または準用される（民656条）。

代理商関係は、本人たる商人と代理商との間における代理商契約の締結によって開始する（民643条）。当事者が株式会社の場合、その代表取締役の決定に

---

*10　報酬が手数料制ならば代理商の可能性が高く、報酬が定額の俸給制ならば商業使用人の可能性が高い。

*11　大隅・総則166頁、石井＝鴻・総則95頁、鴻184頁。

*12　石井＝鴻・総則95頁～96頁、鈴木＝田村23頁、鴻181頁～182頁、近藤101頁。

*13　ある代理商が、取引の代理および媒介の両方を行うこともできる（大隅・総則165頁、鴻183頁）。

*14　田中誠・総則409頁、大隅・総則168頁、石井＝鴻・総則96頁、鈴木＝田村23頁、鴻184頁～185頁、近藤103頁、弥永82頁。

よって代理商契約が締結されるが、代理商契約の締結が会社にとって重要な業務執行の決定に該当するときは、取締役会決議が必要となる（会社362条4項柱書）。

第4節　代理商の権限と権利・義務

第1款　代理商の権限と権利

(ア)　代理商が、本人たる商人のために、どのような権限をどのような範囲で有するかは、代理商契約の定めるところによる。締約代理商は契約締結の代理権を有するが、媒介代理商は媒介する権限を有するのみであり、契約締結の代理権を有さない。

(イ)　物品の販売またはその媒介の委託を受けた代理商は、商法526条2項の通知その他売買に関する通知を受ける権限[*15]を有する（29条、会社18条）。

これによって、代理商から物品を購入した相手方またはその媒介を受けた相手方は、当該代理商に対して通知すれば足りることになり、本人たる商人に通知する必要がないことになる。相手方にとっては、本人たる商人にも代理商にも通知できた方が便利であるため、代理商に通知を受ける権限が認められた。

このことは媒介代理商の場合に、特に意味がある。媒介代理商は、代理権を有しないため、本来ならば、相手方が媒介代理商に通知しても本人に通知したことにならないはずである[*16]。しかし、商法29条・会社法18条が、上記のように媒介代理商の受動代理権を規定しているので、相手方が保護される。

(ウ)　代理商は商人であるため、本人たる商人に対して報酬請求権を有する（512条。民648条1項の特則）。また、代理商は、受任者であるため、費用前払請求権および費用償還請求権を有する（民649条・650条）。

---

*15　商人間の売買において、買主は、受領した目的物を遅滞なく検査しなければならず、検査の結果、目的物が契約内容に適合しないときは、直ちに売主にその旨の通知を発しなければ、損害賠償請求や契約の解除等をすることができなくなる（526条1項・2項前段）。

*16　締約代理商は、相手方から通知を受ける権限を有する（民99条2項）。

(エ)　代理商は特別の留置権を有する。すなわち、代理商は、取引の代理または媒介を行ったことにより成立した被担保債権（例、報酬請求権、費用償還請求権など）の弁済期が到来しているときは、その弁済を受けるまで、代理商が本人たる商人のために占有する物または有価証券を留置することができる（31条本文、会社20条本文）[*17]。代理商の留置権は、民法の留置権（民295条）と異なり、被担保債権と留置物との牽連関係を要しない。これは、代理商制度が本人たる商人と代理商の継続的な関係を基礎としているためである[*18]。

被担保債権は、本人たる商人のために行った取引の代理または媒介から生じたことを要する。代理商の業務の性質上、代理商は、いまだ商人の所有に帰さない物品、または、既に他人の所有に帰した物品を商人のために占有することが少なくないため、留置物は商人の所有物である必要はない[*19]。

代理商の留置権（31条本文、会社20条本文）の効果については商法・会社法上に規定がなく、民法の一般原則によることになる。すなわち、代理商は、被担保債権が弁済されるまで留置物を留置することができ（31条本文・会社20条本文、民295条1項）、留置物から生じる果実を収取して被担保債権の優先弁済にあてることができる（民297条1項）。さらに、代理商は留置物の競売権を有する（民執195条）。

民法上の留置権は破産の場合に破産財団に対して効力を失う（破産66条3項）が、代理商の留置権は破産財団に対して特別の先取特権とみなされる（破産66条1項）。

第2款　代理商の義務

(ア)　代理商は、受任者であるため、委任の本旨に従って善良な管理者の注意をもって委任事務を処理する義務（善管注意義務）を負う（民644条）。また、相手方から受け取った物を本人たる商人に引き渡す義務（受取物引渡義務）を負う（民646条）。

---

*17　代理商の留置権は特約で排除できる（31条但書、会社20条但書）。

*18　大隅・総則170頁、田中誠・総則418頁、鴻185頁。

*19　大隅・総則170頁、田中誠・総則419頁、石井＝鴻・総則96頁、鴻188頁、近藤104頁、弥永84頁。

(イ)　代理商は、取引の代理または媒介を行ったときは、遅滞なく、本人たる商人にその旨の通知を発しなければならない（代理商の報告義務。27条、会社16条)。この代理商の報告義務は、本人たる商人からの請求がないときでも、報告をしなければならないと規定される[*20]。代理商の報告義務は、商取引の迅速性の要請（たとえば、本人たる商人が、締約代理商の取得した商品を早急に転売するため、媒介代理商の媒介した相手方と早急に交渉するため）に基づく義務である[*21]。通知事項には、単に「代理・媒介をした」ことのみならず、相手方、時期、内容等を含むと解すべきである。

(ウ)　代理商は、本人たる商人の許可がない場合、自己または第三者のために本人たる商人の営業の部類に属する取引をしたり、本人たる商人の営業と同種の事業を行う会社の取締役・執行役・業務を執行する社員になることが禁止される（代理商の競業避止義務。28条１項、会社17条１項)。これは、代理商が、本人たる商人の営業で知りえた知識を利用して自己または第三者の利益を図り、本人たる商人を害することを防止するためである。

代理商が競業避止義務に違反した場合、代理商または第三者が得た利益の額が、本人たる商人に生じた損害額と推定される（28条２項、会社17条２項)。代理商によって行われた取引の代理または媒介は、それが競業避止義務に違反したとしても、相手方保護の観点から有効と解されている[*22]。

なお、代理商が、複数の商人と代理商契約を締結する際には競業避止義務に抵触するおそれが生じる。このような場合、代理商は、別の商人と代理商契約を締結する際に、先に代理商関係にある本人たる商人の許可を得ることにより、競業避止義務違反を回避することができる（28条１項、会社17条１項)。

---

*20　民法645条の規定する受任者の報告義務は、委任者からの請求があるときに受任者が報告しなければならないとする義務である。したがって、商法27条・会社法16条は、民法645条の特則である。

*21　弥永82頁。

*22　弥永83頁。

第５節　代理商関係の終了

(ア)　代理商契約の終了は、原則として、委任の規定（民651条・653条）に従う。なお、当事者間の特約も有効である。したがって、代理商契約の終了事由は、①契約期間の満了（契約期間の定めのある場合）、②代理商の死亡（民653条1号）、③本人たる商人または代理商が破産手続開始の決定を受けたこと（民653条2号）、④代理商が後見開始の審判を受けたこと（民653条3号）、⑤本人たる商人または代理商による代理商契約の解除（民651条1項）等である。

これらの終了事由については、本人たる商人と代理商の継続的な信頼関係に配慮して、民法の規定が修正されている。すなわち、民法653条1号は委任の終了事由として「委任者……の死亡」を規定するが、代理商関係においては、商法506条が適用されるため、本人たる商人の死亡は代理商契約の終了事由とならない（第3編第2章第3款参照）。

解除（上記⑤）についてであるが、民法651条は当事者のいずれかによる即時解除を認めているが、商法30条1項・会社法19条1項は、契約期間の定めがない場合、いずれの当事者も2か月前に予告をすることにより代理商契約を解除できると規定する[*23]。当該予告後の解除であれば、民法651条2項は適用されず、損害賠償請求は認められないと解される[*24]。なお、特約によって予告の期

---

*23　代理商契約を予告なしで解除した場合であっても、2か月が経過すれば解除の効果が生じると解される（鴻190頁～191頁、近藤105頁）。

*24　東京控判昭2・5・28法律新聞2720-14「本件〔代理商〕契約が存続期間の定めなかりしことは……明白にしてかくのごとき場合においては各当事者は2ヶ月前に予告をなしてその契約を解除することを得べく……商法の規定によりて解除したるときは相手方に対して損害の賠償をなすことを要せず。換言すれば民法第651条第2項本文の規定は右商法の規定による解除の場合にはその適用なきものと解する」、大阪地判昭54・6・29金融商事583-48「右〔代理商〕契約に期間の定めがあったとの点ないしその解約につきやむをえない事由が存在したとの点について主張立証は存しないから、……右契約の解約は、法定の予告期間を経過した後……にその効力を生じたものと解する外はないが、右解約により原告に損害が生じたとしても、この契約の性質上、特別の事情のない限り原則としてその賠償の責めを負うものではないと解すべきである。」、大隅・総則172頁、鴻191頁、近藤106頁、弥永84頁。

間（2か月）を伸縮したり、予告そのものを排除することができる[*25]。

契約期間の定めがあるか否かにかかわらず、やむをえない事由があるときは、いずれの当事者も代理商契約を即時解除することができる（30条2項、会社19条2項）。やむをえない事由とは、代理商契約を継続することが社会通念上著しく不当な場合である。たとえば、代理商の心身の故障、当事者の債務不履行、当事者の不誠実な行為、本人たる商人が営業上重要な失敗をしたこと等である[*26]。

この場合に損害賠償請求ができるかについて争いがあるが、多数説[*27]は、一方に過失があるときは、相手方は損害賠償を請求できるとする（民652条・620条）。

(イ)　本人たる商人が営業を廃止した場合、代理商は営業の存在を前提とするため、代理商契約は終了すると解されている（多数説[*28]）[*29]。

営業譲渡がなされた場合、代理商契約が当然に終了するかについては争いがある。ある学説は、営業譲渡を代理商契約の終了事由と解し、かつ、譲渡人と代理商の関係は譲受人に承継されないとする[*30]。他の学説は、営業譲渡を代理商契約の終了事由と解さずに、譲渡人と代理商の関係は譲受人に承継されるとする[*31]。

代理商が独立した商人であり、本人たる商人との関係が委任関係であること

***25**　横浜地判昭50・5・28判タ327-313「商法は、代理商契約については、代理商関係の継続性と営利性とを考慮し、2ケ月の解約予告期間を要求する特則規定（商法50条1項〔＝現行商法30条1項・会社法19条1項に相当〕）を設ける。もつとも、右規定は任意規定と解すべきであるから、右解約予告期間を伸縮する旨の当事者の合意は有効というべきである。……本件解除約款は商法50条1項所定の解約予告期間を30日に短縮したにすぎず、右条項は任意規定と解すべきこと前述のとおりであり、公序良俗に反して無効な規定であるということはできない。」、鴻190、近藤106頁、弥永84頁。

***26**　鴻191頁、近藤106頁。

***27**　大隅・総則173頁、鴻191頁、近藤106頁、弥永84頁。

***28**　大隅・総則172頁、田中誠・総則420頁、大森214頁、弥永84頁。

***29**　商人による営業の廃止によって、代理商が委託された取引の代理または媒介ができなくなるときは、代理商契約が終了すると解すべきである。たとえば、商人が1つの営業のみを有する場合、当該営業の廃止は、代理商契約の終了となろう。しかし、商人が2つの営業を有する場合に、代理商が2つの営業の取引の代理を委託されていたときは、商人が1つの営業を廃止しても、代理商契約は終了しないと解する。

***30**　田中耕295頁、近藤106頁・87頁。

***31**　大隅・総則146頁・172頁、西原・総則82頁・88頁。

を考慮すると、前者の説（営業譲渡を代理商契約の終了事由と解し、かつ、譲渡人と代理商の関係は譲受人に承継されないとする見解）が正当と思われる。ただし、営業譲渡は本人たる商人の独断によって生じる事由であるから、代理商を保護する観点[*32]も必要と考える。商法・会社法は、代理商契約の期間を定めなかったとき、本人たる商人は、2か月前までに予告をして、契約の解除を行わなければならないと規定する（30条1項・会社19条1項）。この商法30条1項・会社法19条1項の趣旨に鑑みて、代理商は、営業譲渡の2か月前に予告されなかった場合、それによって生じた損害の賠償を請求できると解したい。

*32　当該代理商の営業において、その代理商契約の比重が大きい場合もある。

第8章 営 業

第1節 総 論

営業[*1]は、主観的意義の営業と客観的意義の営業から成る。

主観的意義の営業とは、商人の営業活動のことである。すなわち、商人が営利目的で同種の行為を反復的継続的に行うことを意味する(23条・27条など)。客観的意義の営業とは、一定の営業目的のため組織化され、有機的一体として機能する財産[*2]のことを意味する(16条など)。主観的意義の営業は、営業を活動の面からとらえたものであり、客観的意義の営業は営業を財産的・組織的な面

*1 商法における「営業」という用語は、会社法における「事業」という用語に置き換えられており、商法上の「営業譲渡」は会社法上では「事業譲渡」と呼ばれる(詳しくは、笹久保徹「『営業』と『事業』の同一性についての一考察」法學志林115巻3号93頁(2018年)を参照のこと)。

本章においては、商法上の「営業」と会社法上の「事業」を同一ととらえ、「営業」という用語を使用する(なお、会社についてのみ検討する場合には「事業」という用語を使用する)。

*2 最大判昭40・9・22民集19-6-1600〈百選15〉「商法245条1項1号〔=会社法467条1項1号・2号に相当〕によつて特別決議を経ることを必要とする営業の譲渡とは、同法24条〔=現行商法15条に相当〕以下にいう営業の譲渡と同一意義であつて、営業そのものの全部または重要な一部を譲渡すること、詳言すれば、一定の営業目的のため組織化され、有機的一体として機能する財産(得意先関係等の経済的価値のある事実関係を含む。)の全部または重要な一部を譲渡し、これによつて、譲渡会社がその財産によつて営んでいた営業的活動の全部または重要な一部を譲受人に受け継がせ、譲渡会社がその譲渡の限度に応じ法律上当然に同法25条〔=会社法21条に相当〕に定める競業避止業務を負う結果を伴うものをいうものと解するのが相当である。」。

からとらえたものである。主観的意義の営業と客観的意義の営業は、内的には相互に密接に結びついている。商人が客観的意義の営業を離れて主観的意義の営業を行うことは困難であるし、同時に、主観的意義の営業の蓄積により客観的意義の営業が形成され、主観的意義の営業があることにより単なる財産が客観的意義の営業に変ずるのである[*3]。

第2節　主観的意義の営業

1. 営業の自由と制限

(ア)　営業の自由は、憲法22条1項が保証している。憲法22条1項は、「何人も、公共の福祉に反しない限り、居住、移転及び職業選択の自由を有する。」と規定する。営業の自由は、この職業選択の自由に含まれる[*4]。

(イ)　憲法22条1項が「公共の福祉に反しない限り」と規定するように、営業の自由は絶対的なものではなく、一定の制約を受ける。

たとえば、第1に、一般公法上の理由から一定の営業（あへん煙の吸食器具の輸入・製造・販売など）を規制する規定（刑136条・137条）がある。第2に、一定の営業（飲食営業、質屋営業、古物業、浴場業など）を行う場合における当局の許可が必要とする規定（食品衛生法55条、質屋営業法2条、古物営業法3条、公衆浴場法2条など）がある。第3に、一定の営業（銀行業、信託業、保険業など）を免許営業とする規定（銀行法4条、信託業法3条、保険業法3条など）がある。第4に、身分（裁判官、国家公務員など）を理由として営業を制限する規定（裁判所法52条、国家公務員法103条・104条など）がある。

また、不正競争防止法や独占禁止法は、公正な競争を確保するために一定の規制を行っている。さらに、商法および会社法は、競業を禁じる規定等を設けている（16条・23条・28条、会社12条・17条・21条・356条1項1号）。

---

*3　鴻122頁、近藤109頁。
*4　石井＝鴻・総則79頁、鴻124頁、近藤110頁。

2. 営業能力

(ア)　営業能力とは、自ら営業活動を行う能力のことである[*5][*6]。ある自然人が営業能力を有するか否か、有する場合の範囲はどのようなものかについては、民法の行為能力に関する一般原則に従って判断することになる。商法は、営業能力に関して、取引の安全を考慮し、未成年者などについて若干の特則を規定している。

(イ)　未成年者[*7]が法律行為をするには、原則として、その法定代理人の同意を得なければならない（民5条1項）。同意を得ないでなされた行為は、取り消すことができる（民5条2項・120条）。ただし、法定代理人が一種または数種の営業を許可した未成年者は、許可された営業に関して成人と同一の行為能力を有する（民6条1項）。これを受けて商法は、未成年者が自ら営業を行う際には、未成年者登記をすることを求めている（5条、商登6条2号・35条～39条）。未成年者と取引しようとする第三者は、未成年者登記簿を見ることで、当該未成年者が営業の許可を得ているかを知ることができる。なお、持分会社の無限責任社員となることを許可された未成年者は、社員の資格に基づく行為に関して行為能力者とみなされる（会社584条）。

後見人登記をすると、法定代理人である未成年後見人は、未成年者に代わって営業を行うことができる（6条1項、民859条、商登6条3号・40条～42条）[*8]。なお、法定代理人である親権者が未成年者に代わって営業を行う場合、当然に未成年者を代理して営業を行うことができるのであり（民824条）、登記は必要ない[*9]。

(ウ)　成年被後見人の行った法律行為は、日用品の購入その他日常生活に関す

---

*5　石井＝鴻・総則84頁、鴻131頁、近藤110頁。

*6　営業能力は、営業の権利能力と異なる。営業の権利能力とは、営業に関する権利義務についての帰属主体となりうる能力のことである。自然人は当然に営業の権利能力を有する（近藤110頁）。同様に、法人も、基本的には、営業の権利能力を有するが、自然人としての特性を前提とする権利義務（例えば、生命、身体、親族等に関する権利義務）などは享受できない。

*7　未成年者とは、年齢18歳未満の自然人である（民4条）。

*8　石井＝鴻・総則84頁、鴻132頁、近藤111頁。なお、未成年後見人の代理権の制限は善意の第三者に対抗できない（6条2項）。

*9　田中誠・総則233頁、石井＝鴻・総則84頁、近藤112頁。

る行為を除いて、取り消すことができる（民9条・120条）。成年被後見人は自ら営業を行うことができない[*10]。後見人登記をすると、法定代理人である成年後見人は、成年被後見人に代わって営業を行うことができる（6条1項、民859条、商登6条3号・40条〜42条）[*11]。

(エ)　被保佐人が保佐人の同意を要する行為は、民法13条1項に列挙されている。同意を得ないでなされた行為は、取り消すことができる（民13条1項・4項・120条）。

保佐人が営業を行う場合、営業として行った行為が民法13条1項に列挙される行為に該当し（たとえば民13条1項1号〔元本を領収し、又は利用すること〕・2号〔借財又は保証をすること〕・3号〔不動産その他重要な財産に関する権利の得喪を目的とする行為をすること〕)、当該行為に関して保佐人の同意を得ていなければ、当該行為を取り消すことができることになる。なお、保佐人は法定代理人ではなく、被保佐人に代わって営業を行うことはできない[*12]。

(オ)　被補助人については、補助人の同意を要する行為（＝民13条1項に列挙された行為の一部）が被補助人ごとに異なることになるが（民17条・13条1項)、同意を要する行為を同意なく行えば取り消すことができる（民17条4項・120条)。このため、営業として行った行為について補助人の同意を得る必要がある場合、同意を得ないでなされた当該行為は、取り消すことができることになる。なお、補助人は法定代理人ではなく、被補助人に代わって営業を行うことはできない。

3. 営業所

(ア)　営業所とは、商人の営業活動の中心となる一定の場所のことである。営業所は、内部的に指揮命令が発せられ、外部的に営業活動の中心としてあらわれる場所である[*13]。営業の目的である取引は、多くの場合に営業所で行われる。単に営業の目的である取引や事実行為がなされるに過ぎない場所（たとえば、出張所、派出所、売店、停車場、工場、倉庫など）は、営業所に該当しない。

---

*10　近藤111頁。
*11　近藤111頁。
*12　石井＝鴻・総則84頁、鴻132頁、近藤112頁。
*13　近藤112頁、弥永68頁。

ある学説は、営業所と認められるためには、内部的に指揮命令が発せられるだけでは足りず、外部的にも営業活動の中心、すなわち、営業の目的である取引自体が行われることが必要であるとする[*14]。これに対して、他の学説は、営業の目的である取引自体が営業上の主要な活動と必ずしも一致するわけではないため、取引自体が行われることを営業所の要件とすべきではないとする[*15]。

一定の場所が商法上の営業所とみなされるかは、客観的に判断されるものであり、商人が当該場所をどのように捉えていたかは問題とならない[*16]。たとえば、商人がその場所を「倉庫」と呼んでいたとしても、客観的に一定の要件を満たせば商法上の営業所に該当するし、逆に、客観的に一定の要件を満たさないならば、商人が「営業所」と呼んでいても商法上の営業所に該当しない。

(イ) 商人が複数の営業所を有する場合、営業所を本店と支店に区別することがある。この区別は、営業所間での主従の関係をあらわしている。すなわち、本店とは他の営業所を統括する営業所のことであり、支店とは本店からの指揮命令に従属する営業所のことである[*17]。支店であっても営業所であることにかわりなく、一定の範囲内で独立した営業活動をなしうる。

(ウ) 一定の場所が営業所（会社については、会社法4条により、本店所在地）とされることで、①商行為によって生じた債務の履行場所が決まる（516条）、②管轄する登記所および裁判所が決まる（商登1条の3、民訴4条4項・5条5号、会社911条～929条）、③破産事件、民事再生事件、会社更生事件において、管轄する裁判所が決まる（破産5条1項、民事再生5条1項、会社更生5条1項・2項）、④民事訴訟における書類の送達場所が決まる（民訴103条）などの効果が生じる。また、表見支配人に関する規定（24条、会社13条）の適用の基準となる。

---

*14 大隅・総則174頁、田中誠・総則234頁。
*15 石井＝鴻・総則85頁、鴻133頁。
*16 石井＝鴻・総則85頁、鴻133頁、近藤112頁。
*17 田中誠・総則240頁～241頁、鈴木＝田村18頁、石井＝鴻・総則86頁、鴻133頁。

第3節　客観的意義の営業

第1款　総論

客観的意義の営業とは、一定の営業目的のために組織化され、有機的一体として機能する財産である[*18]。ここには、積極財産のみならず、消極財産も含まれる[*19]。すなわち、動産（商品、機械など）・不動産（土地、建物など）・権利（物権、債権、知的財産権など）・財産的価値を有する事実関係（いわゆる暖簾。営業上の秘訣、得意先・仕入先関係、名声、地理的関係など）・営業上の債務などが含まれる[*20]。

客観的意義の営業は、主観的意義の営業と密接に結びつき、有機的一体として機能することで、営業を構成する個々の財産の価値の総和よりも高い価値をもつことになる。

第2款　営業譲渡の要件

営業譲渡とは、客観的意義の営業を一個の債権契約によって移転することである[*21][*22]。これは、単なる営業用財産の譲渡とは異なる。

営業譲渡の法的性質に関して、多数説[*23]は営業譲渡を事実関係を含めた組織

---

*18　最大判昭40・9・22民集19-6-1600〔前掲注2〕〈百選15〉。大隅・総則290頁、鴻136頁。

*19　大隅・総則290頁、鴻136頁。

*20　大隅・総則290頁～291頁、田中誠・総則204頁、石井＝鴻・総則100頁、鈴木＝田村24頁、鴻137頁、近藤113頁。

*21　大隅・総則301頁、石井＝鴻・総則100頁、鈴木＝田村25頁、鴻140頁・142頁、近藤114頁・115頁、弥永48頁。

*22　営業譲渡の際、商人（会社を除く）相互間の営業譲渡については、商法総則の規定が適用され、会社相互間の事業譲渡については、会社法の規定が適用される。
　会社が商人（会社を除く）に事業譲渡する場合、当該会社を商法の譲渡人とみなして、商法17条から18条の2が適用される（会社24条1項）。
　商人（会社を除く）が会社に営業譲渡する、当該商人を会社法の譲渡会社とみなして、会社法22条から23条の2が適用される（会社24条2項）。

*23　大隅・総則302頁、石井＝鴻・総則101頁、鴻140頁～141頁、近藤115頁。

的営業財産の一括譲渡と解しているが、少数説[*24]は営業譲渡を企業の経営者の地位の交代を目的とする行為と解している[*25]。

営業譲渡は譲渡当事者間の譲渡の意思表示の合致によって成立する[*26]が、譲渡人が株式会社である場合、事業の全部または重要な一部[*27]を譲渡するときに、譲渡会社において株主総会の特別決議が必要となる（会社467条1項1号・2号・309条2項11号）。譲受人が株式会社である場合、譲渡会社の事業の全部を譲り受ける場合には、譲受会社において株主総会の特別決議が必要となる（会社467条1項3号・309条2項11号）。

---

*24　西原・総則101頁。

*25　最高裁は、平成17年改正前商法254条1項1号の規定する営業譲渡（＝会社法467条1項1号・2号が規定する事業譲渡）を扱った事件において、「商法245条1項1号によって特別決議を経ることを必要とする営業の譲渡とは、同法24条〔＝現行の商法15条に相当〕以下にいう営業の譲渡と同一意義であって、営業そのものの全部または重要な一部を譲渡すること、詳言すれば、一定の営業目的のため組織化され、有機的一体として機能する財産（得意先関係等の経済的価値のある事実関係を含む。）の全部または重要な一部を譲渡し、これによって、譲渡会社がその財産によって営んでいた営業的活動の全部または重要な一部を譲受人に受け継がせ、譲渡会社がその譲渡の限度に応じ法律上当然に同法25条〔＝会社法21条に相当〕に定める競業避止業務を負う結果を伴うものをいうものと解するのが相当である。」と判示している（最大判昭40・9・22民集19-6-1600〔前掲注2〕〈百選15〉）。

最高裁および多数説は、平成17年改正前商法245条1項1号（＝会社467条1項1号・2号に相当）によって特別決議を経ることを必要とする営業譲渡は、客観的意義の営業の譲渡であることに加え、法律上当然に平成17年改正前商法25条（＝会社法21条に相当）の競業避止義務を負う結果を伴うものと考える（鈴木竹雄「営業譲渡と総会の決議」『商法研究Ⅲ』86頁以下（有斐閣、1971年）、前田庸『会社法入門〔第12版〕』764頁（有斐閣、2009年））。反対、竹内昭夫『判例商法Ⅰ』160頁（弘文堂、1976年）、鴻142頁。

*26　大隅・総則307頁。

*27　事業の「一部」の意味であるが、譲渡会社においてはその事業全体の一部であるとしても、なお、事業の一部それ自体が客観的に事業として認められなければならない（大隅・総則304頁、鴻141頁、柴田〔第3版〕491頁）。

株式会社が複数の事業を営む場合、会社法467条1項1号所定の「事業の全部」とは、その会社の複数の事業の全部を意味し、複数の事業のうちの1個の事業を譲渡する場合は、467条1項2号所定の事業の「一部」にあたることになる。なお、会社法は、事業の一部の譲渡のうち、特に、「事業の重要な一部の譲渡」について株主総会特別決議が必要と規定している（会社467条1項2号）（大隅・総則305頁、柴田〔第3版〕491頁、弥永49頁）。

なお、持分会社においては、持分会社が譲渡会社である場合も譲受会社である場合も、定款に別段の定めがあるときを除いて、社員の過半数の同意が必要となる（会社590条2項）[*28]。

第3款　営業譲渡の一般的な効果

営業譲渡の譲渡人と譲受人が営業譲渡契約を締結し実行することにより、客観的意義の営業に属する一切の構成要素が譲渡人から譲受人に移転する[*29]。ただし、特約によって、構成要素の一部を除外することができる[*30]。すなわち、譲渡当事者が、営業譲渡契約において、譲渡対象とされる営業から除外したいと考える財産等が特に定められない限り、譲渡される営業を構成する一切の財産、権利・義務、事実関係等が移転すると解される。

なお、譲渡対象とされる営業に従事していた従業員（すなわち譲渡人の従業員）については、当該従業員が、譲渡される営業の必須の構成要素である場合には、譲渡人と従業員の関係は譲受人に承継されると解し、そうでない場合には承継されないと解する。承継される場合には、当該従業員の承諾が必要になると解する（民625条1項）[*31]。

営業譲渡契約の締結によって、譲渡人は、営業を構成する財産等を移転する義務を負うことになる[*32]。営業譲渡は包括承継ではなく、特定承継であるため、営業を構成する各種財産等の移転手続き・対抗要件手続きが必要となる。たとえば、不動産や商号であれば登記（民177条、商15条2項）、動産であれば引渡し（民178条）、知的財産権であれば登録、譲渡人の債務であれば債務引受け（民472条）・譲渡人のためにする弁済の引受け（民474条）・債務者の交替による更

*28　弥永50頁・51頁。

*29　大判明33・11・7民録6-10-42「およそ運送その他の営業を譲渡するにあっては原判決に説明せしごとく店舗貨物債権債務得意先及び商業帳簿等は総てこれを譲渡する通常とす故にこれが反証あらざる限りは総て其譲渡ありたるものと推定せざるべからず」。大隅・総則311頁、石井＝鴻・総則102頁、鴻144頁～145頁、近藤115頁。

*30　大隅・総則303頁・311頁、石井＝鴻・総則102頁、鈴木＝田村25頁注(1)、鴻145頁。特約によって、構成要素の一部を除外した場合、除外後もなお、客観的意義の営業としての一体性は保たれる必要がある。

*31　鴻145頁～146頁。

*32　大隅・総則311頁・326頁、鴻144頁、近藤115頁。

改（民514）、譲渡人の債権であれば債務者への通知・債務者の承諾（民467条）、手形・小切手であれば裏書交付（手形11条以下、小切手14条以下）等が必要となる[*33]。また、事実関係については、得意先・仕入先関係の紹介や営業上の秘訣の伝授等が必要となろう[*34]。

第4款　営業譲渡人の負う競業避止義務

(ア)　営業譲渡がなされた場合、営業譲渡の譲渡人は競業避止義務を負うことになる（16条、会社21条）。譲渡人が負う競業避止義務とは、営業譲渡の当事者が別段の意思表示を示さない限り、譲渡人が、同一および隣接する市町村[*35]の区域内において、営業譲渡の日から20年間、同一の営業を行ってはならないとする義務である（16条1項、会社21条1項）。これは、譲り受けた営業によって得られるであろう譲受人の経済的利益を保護するためである。

営業譲渡の当事者は、特約によって、競業避止義務の対象地域または有効期間を変更できる。また、特約によって、競業避止義務を排除することもできると解されている[*36]。たとえば、特約を定めれば、競業避止義務の対象地域を市町村以下の狭い地域に縮小することも可能であるし、有効期間を25年間に延長することも、1年間に短縮することもできる。ただし、有効期間30年間を超える特約は、30年に限り有効である（16条2項、会社21条2項）。これは、譲渡人の営業の自由を過度に制限しないためである[*37]。

(イ)　譲渡人は、不正競争の目的をもって同一の営業をすることを禁じられる（16条3項、会社21条3項）。不正競争の目的をもって同一の営業をすることは、地域または期間の如何にかかわらず、禁じられていると解される[*38]。不正競争の目的とは、譲受人の営業上の顧客を奪う目的などである[*39]。

(ウ)　譲渡人が競業避止義務に違反した場合、譲受人は、譲渡人に対して、債

*33　大隅・総則312頁、鴻145頁～146頁、近藤116頁、弥永51頁。
*34　鴻146頁、近藤116頁、弥永51頁。
*35　特別区（例、東京都の千代田区など）を含み、政令指定都市（地方自治法252条の19第1項の指定都市）にあっては区または総合区を含む。
*36　大隅・総則315頁、鴻147頁、近藤116頁、弥永52頁。
*37　石井＝鴻・総則103頁、鴻148頁、近藤116頁、弥永52頁。
*38　大隅・総則315頁、鴻148頁、近藤116頁。

務不履行または不法行為に基づく損害賠償を請求できる（民415条・709条）。また、差止請求が認められる場合もある[*40]。

第５款　営業譲渡人の債権者の保護（商号を続用する場合）

(ア)　営業譲渡がなされた場合、譲渡当事者間において除外する旨の特約のない限り、譲渡される営業によって生じた譲渡人の債務（＝譲渡人の負担する債務）は、営業の構成要素として、譲受人に移転する（ただし、債務引受け等の手続きを経なければ、債権者との関係では、譲受人が当然に債務者となるわけでなく、依然として譲渡人が債務者である[*41]）。

営業から生じた譲渡人の債務が特約によって譲受人に移転しない場合に、商法17条１項・会社法22条１項は、譲受人が譲渡人の商号を続用するときは、譲渡人の債権者を保護するため、譲渡人の営業によって生じた債務に関して譲受人もまた弁済責任を負うと規定している[*42][*43]。なお、これによって譲渡人が責任を免れるわけではない。

この譲受人の責任は、譲渡人の債務に関して譲受人が併存的債務引受けをし

---

*39　大判大７・11・６法律新聞1502-22「商法第22条第３項〔＝現行商法16条３項、会社法21条３項に相当〕は営業譲受人の利益を保護せんがために営業譲渡人に一種の制限を加えたる規定にして、営業譲渡人が譲受人の営業上の得意を奪わんとする目的をもって同種の営業をなすがごときは禁止するところなりと解せざるべからず」、鴻148頁、近藤116頁、弥永52頁。

*40　知財高判平29・６・15判時2355-62、田中誠・総則221頁、弥永52頁。

*41　大隅・総則317頁、鴻149頁。

*42　商法17条１項・会社法22条１項は、譲受人が譲渡人の商号を続用した場合における、当該譲受人の責任を規定しているが、裁判所は、譲受人が譲渡人の商号以外でも営業主体を表示する名称等（屋号・略称・標章など）を続用した事案において、同条同項の類推適用を認める傾向にある（最判平16・２・20民集58-２-367〈百選18〉、東京地判平27・10・２判時2331-120）。譲受人が、譲渡人の商号または商号以外の営業主体を表示する名称等（屋号・略称・標章など）を続用した場合について、詳しくは、笹久保徹「商号等を続用する譲受人の責任に関する一考察（一）～（三・完）」法學志林116巻１号21頁（2019年）、４号89頁（2019年）、117巻１号59頁（2020年）を参照されたい。

*43　商法17条１項・会社法22条１項は、営業譲渡の場合における、譲渡人の商号を続用した譲受人の責任を規定しているが、最高裁は、営業が現物出資の目的となった場合や会社分割の目的となった場合にも、商法17条１項・会社法22条１項の類推適用を認める（最判昭47・３・２民集26-２-183、最判平20・６・10判時2014-150〈百選19〉）。

た場合と同一の効果を生じさせ、譲受人および譲渡人は不真性連帯債務の関係になると解される[*44]。したがって、債権者は、譲受人または譲渡人のいずれに対しても弁済を求めることができることになる。また、この譲受人の責任は、譲受人が譲り受けた積極財産の額を限度とするものではなく、無制限であると解されている[*45]。

商法17条1項・会社法22条1項が規定する「譲渡人の営業によって生じた債務」・「譲渡会社の事業によって生じた債務」とは、営業譲渡までに営業から生じた一切の債務を意味すると解され[*46]、取引債務やその不履行による損害賠償債務のみならず、不法行為や不当利得によって生じた債務も含まれる[*47]。また、弁済期の到来していない債務も含まれ[*48]、さらに、営業譲渡がなされた時点において譲受人がその存在を知らなかった債務も含まれると解されている[*49]。

(イ) 譲受人が、譲渡人の商号を続用する場合であっても、営業譲渡後、遅滞なく、譲受人が譲渡人の債務を弁済する責任を負わない旨の登記（＝免責の登記）をしたとき、または、営業譲渡後、遅滞なく、譲受人および譲渡人が、譲受人は譲渡人の債務を弁済する責任を負わない旨の通知（＝免責の通知）を債権者に対してしたときは、商法17条1項・会社法22条1項は適用されず、譲受人は譲渡人の債務を弁済する責任を負わない（17条2項、会社22条2項）。

譲渡人の責任は、営業を譲渡した日後2年以内に、債権者が請求または請求の予告をしないと消滅する（17条3項、会社22条3項）。その後は、譲受人のみが責任を負うことになる。

(ウ) 商法17条1項・会社法22条1項の責任が譲受人に課された理由は、譲渡人の債権者を保護するためである。この点につき、判例および学説上で争いは

---

*44 大隅・総則317頁、田中誠・総則233頁、石井＝鴻・総則104頁、鴻149頁、近藤117頁、弥永56頁。

*45 大隅・総則318頁、鴻149頁。

*46 東京高判昭56・6・18下民集32-5～8-419、東京地判昭60・11・26金融商事756-25、大隅・総則318頁、鴻149頁。

*47 最判昭41・3・18金融商事1-17、東京地判平16・7・26金融商事1231-42、大隅・総則318頁、田中誠・総則233頁、石井＝鴻・総則103頁、鴻149頁。

*48 大隅・総則318頁。

*49 大隅・総則318頁、江頭憲治郎編『会社法コンメンタール（1）』215頁〔北村雅史〕（商事法務、2008年）。

ない。しかしながら、債権者を保護する根拠、すなわち、商法17条1項・会社法22条1項の立法趣旨が何であるかについて、判例および学説上で争いがある。

通説（外観理論説）は、営業譲渡にともなって譲受人が譲渡人の商号を続用した場合に、譲渡人の債権者が、営業譲渡が行われたこと（＝営業主体の交替）を知らないか、または、営業譲渡を知ったとしても譲受人による債務の引受けがあったと信じるであろうから、このような債権者を保護するために、譲受人に弁済責任を課すとする[*50]。最高裁は外観理論説を採用している[*51]。

これに対して、有力説（企業財産担保説）は、債権者保護の根拠を、企業財産が営業上の債務の担保となっていることに求める説である。すなわち、譲渡人の企業財産が営業上の債務の担保となっているため、企業財産が移転すれば、債務を引き受けないことを積極的に表示しない限り、譲受人が併存的債務引受けをしたものとみなして、企業財産の現在の所有者である譲受人にも責任を負わしめたとする[*52]。この説によれば、企業財産の現在の所有者である譲受人が主たる債務者の地位を占めることになるため、営業譲渡後2年の経過による譲渡人の免責（17条3項、会社22条3項）を素直に説明できることになる。

㈣　譲受人が譲渡人の商号を続用する場合、譲渡人の商号と譲受人が続用する商号が完全に同一であるならば、裁判所も、容易に商号続用を認定することができる。しかしながら、実際には多くの事案において、譲受人は譲渡人の商号と若干異なる商号を続用している。

この点に関して、裁判所は、譲渡人の商号と譲受人の使用する商号の厳密な一致を求めていない。譲受人によって使用された商号がどのような商号であれば商号続用が認められるかについては、相当数の判例の蓄積がある。商号続用が認容された事案を分類すると、およそ次のようになる。

第1。会社の種類名の位置を変更した商号に商号続用が認められた事案。

---

*50　矢沢惇「判批」東京大学商法研究会編『商事判例研究（10）昭和34年度』349頁、350頁～351頁（有斐閣、1965年）、鴻149頁。

*51　最判平16・2・20民集58-2-367〔前掲注42〕〈百選18〉、最判平20・6・10判時2014-150〔前掲注43〕〈百選19〉。

*52　服部418頁、近藤光男「営業譲渡に関する一考察」神戸法学年報3号65頁、82頁～83頁（1987年）。

譲受人が譲渡人の商号に含まれる「○○会社」の位置を変更した場合に、裁判所は商号続用を認めている。たとえば、「株式会社北浦ゴルフ倶楽部」（譲渡人の商号）と「北浦ゴルフ倶楽部株式会社」（譲受人の使用した商号）の事案[*53]がある。

第2。会社の種類を変更した商号に商号続用が認められた事案。

譲受人が譲渡人の商号に含まれる会社の種類を変更した場合に、裁判所は商号続用を認めている。たとえば、「鹿島運輸合資会社」（譲渡人の商号）と「鹿島運輸株式会社」（譲受人の使用した商号）[*54]がある。

第3。譲渡人の商号に会社の種類名を付加した商号に商号続用が認められた事案。

譲受人が譲渡人の商号に「○○会社」を付加した場合に、裁判所は商号続用を認めている。たとえば、「鉄玉組」（譲渡人の商号）と「株式会社鉄玉組」（譲受人の使用した商号）[*55]がある。

第4。主要な部分が同一である商号に商号続用が認められた事案。

譲渡人の商号の主要な部分と譲受人の使用する商号の主要な部分が同一である場合に、裁判所は商号続用を認めている。たとえば、「イオキ商事株式会社」（譲渡人の商号）と「イオキ株式会社」（譲受人の使用した商号）[*56]がある。

なお、一部の裁判所は、商号の字句以外の実質的な事情も判断材料としている。たとえば、「第一化成株式会社」（譲渡人の商号）と「第一化成工業株式会社」（譲受人の使用した商号）の事案において、裁判所は、譲渡人と譲受人に関する人的構成上の関連性、営業目的、得意先に対する通知、その引継ぎの有無、営業譲渡の動機等といった諸般の状況を考慮している[*57]。また、「マルト食品興業株式会社」（譲渡人の商号）と「マルショウ食品興業株式会社」（譲受人の使用した商号）の事案において、裁判所は、譲受人が、譲渡人の看板、納品書、および、受領書用紙等をそのまま使用して、外観上、譲渡人と区別がつかないよ

---

*53　東京地判平13・4・11金融商事1129-19、東京高判平13・10・1判時1772-139。
*54　東京地判昭47・8・30判時693-53。
*55　最判昭47・3・2民集26-2-183〔前掲注43〕。
*56　東京地判平21・7・15判タ1319-225。
*57　東京地判昭42・7・12判時496-66。

うな型態で同一営業を行ったことを考慮している[*58]。商号の同一性を判断する際に、商号の字句のみならず、それ以外の実質的な事情をも考慮する上記のような裁判例に対して、学説は批判的である。

第6款　営業譲渡人の債権者の保護（商号を続用しない場合）

(ア)　譲受人が譲渡人の営業から生じた債務を承継せず、かつ、譲受人が譲渡人の商号を続用していない場合であっても、譲受人が譲渡人の営業によって生じた債務を引き受ける旨の広告[*59]をしたときは、譲渡人の債権者は、譲受人に対して弁済の請求をすることができる（18条1項、会社23条1項）。商法18条1項・会社法23条1項の立法趣旨は、外観法理または禁反言とされる[*60]。

商法18条1項・会社法23条1項によって、譲受人の責任が認められる場合に、譲渡人の責任が消滅するわけではない[*61]。譲渡人の責任は、広告がなされた日後2年以内に請求または請求の予告をしない債権者に対して、その期間を経過した時に消滅する（18条2項、会社23条2項）。その後は、譲受人のみが責任を負う。

(イ)「債務を引き受ける旨の広告」とは、具体的にどのような広告であるかが問題となる。広告の中に、明確に、「債務引受け」・「債務を引き受ける」との文字があれば、「債務を引き受ける旨の広告」に該当することになるが、それらの文字が必須ということではない。

この点に関する最高裁の立場は明確でない。昭和29年10月7日判決において最高裁は、新聞広告に「地方鉄道軌道業並に沿線バス事業を……譲受け」と記載されていたことを理由に、上記の事業譲受けの記載が債務を引き受ける趣旨を包含すると解し、当該新聞広告を債務引受けの広告に該当するとしている[*62]。

---

*58　札幌地判昭45・12・25判時631-92。

*59　広告の典型例は、新聞広告、チラシ、テレビコマーシャル、インターネット広告等のように不特定多数の者に対して宛てられたものである。なお、多数説は、ここでの「広告」には多数の債権者等に対する個別的な書状の送付も含むと解する（田中誠・総則235頁、近藤119頁、江頭憲治郎編『会社法コンメンタール（1）』224頁〔北村雅史〕（商事法務、2008年））。

*60　田中誠・総則235頁、大隅・総則320頁、鴻150頁、近藤119頁、弥永58頁。

*61　鴻151頁、近藤120頁。

他方、昭和36年10月13日判決において、最高裁は、A社・B社・C社が事業を廃止して新たに設立されたD社がA社・B社・C社と同一の事業を開始する旨を記載した挨拶状は、「旧三会社〔＝A社・B社・C社〕の債務をD会社において引受ける趣旨が含まれていない」と判示し、当該挨拶状は債務引受けの広告に該当しないとしている[*63]。

挨拶状や事業譲渡の通知といった広告の中に債務引受けという文字が用いられていない場合に、当該広告が「債務を引き受ける旨の広告」と認められるためには、社会通念上、一般的な債権者が、譲受人により債務の引受けがなされたと信じる程度の表記がなされる必要があろう[*64]。

第7款　営業譲渡人の債務者の保護

譲渡人の営業によって生じた債権が営業譲渡により譲受人に移転している場合、債務者が譲受人にした弁済は有効である。譲渡人の債権が譲受人に移転していない場合でも、譲受人が譲渡人の商号を続用したときは、債務者が善意[*65]・無重過失で譲受人にした弁済は有効となる（17条4項、会社22条4項）。これは、外観法理または禁反言に基づくものであり、商号を続用している譲受人を譲渡人と誤認して弁済した譲渡人の債務者を保護するためである[*66]。

営業譲渡によって譲渡人の債権が譲受人に移転していない場合、かつ、譲受人が譲渡人の商号を続用していない場合、営業主体の誤認が生じるおそれは少なく、譲渡人の債務者が譲受人にした弁済は無効である。

第8款　詐害営業譲渡における残存債権者の保護

譲渡人が、あえて自己に不利な対価額等で営業を第三者に譲渡する場合がある（たとえば、倒産が確実になった場合に、後の利益を考慮した譲渡人が、自己保身

---

*62　最判昭29・10・7民集8-10-1795。

*63　最判昭36・10・13民集15-9-2320〈百選20〉。

*64　鴻150頁、近藤119頁。

*65　ここでいう「善意」とは、営業譲渡がなされたことを知らないことである（大隅・総則322頁、近藤120頁、弥永60頁）。

*66　鴻152頁、近藤120頁、弥永60頁。

から、親しい友人や取引先に対して、利益の得られる優良な営業を非常に低額で譲渡するなど）。このような場合に、営業から生じた譲渡人の債務が譲受人に承継されないときは、当該債務の債権者（すなわち、譲渡人の債権者）は、十分な弁済を得られない可能性がある。そこで、商法18条の２第１項・会社法23条の２第１項は、譲渡人が譲受人に承継されない債務の債権者（＝残存債権者）を害することを知って営業を譲渡した場合、譲受人が営業譲渡の効力が生じた時において残存債権者を害することを知らなかったときを除いて、残存債権者は、譲受人に対して、承継した財産の価額を限度として、当該債務の履行を請求できると規定する[*67]。

この譲受人の責任は、譲渡人が残存債権者を害することを知って営業を譲渡したことを知った時から２年以内に請求または請求の予告をしない残存債権者に対しては、その期間を経過した時に消滅し、それ以外の残存債権者に対しては、営業譲渡の効力が生じた日から10年を経過したときに消滅する（18条の２第２項、会社23条の２第２項）。

なお、譲渡人について破産手続開始の決定、再生手続開始の決定、または、更生手続開始の決定があったときは、残存債権者は、譲受人に対して債務の履行を請求できなくなる（18条の２第３項、会社23条の２第３項）。

*67　平成17年会社法制定後、債務超過に陥った会社が、詐害的に会社分割を利用し、優良事業とそれに必要な債務のみを他社に移転し、事業再生を図る事案が頻発した。この場合、分割会社には不採算事業と債務の一部が残され、残された債務の債権者は弁済を受けることができないことになった。これについて、当時は、詐害行為取消請求権（民424条）を利用して会社分割を取り消すことで、残された債権者の救済が図られた（最判平24・10・12民集66-10-3311）。

その後、平成26年会社法改正によって、分割会社に残存する債務の債権者から承継会社・設立会社に対する債務の履行請求権の規定（会社759条４項・761条４項・764条４項・766条４項）が創設され、同時に、類似の問題が生じうる営業譲渡についても同様の趣旨の規制として商法18条の２・会社法23条の２が創設された。

第 3 編

商行為法

第1章　商行為の基礎概念

第1節　商行為総論

商法は、501条から617条までを第二編商行為とし、このうち、501条から521条までを商行為の総則の章とする。商行為の総則の章のうち、絶対的商行為を定める501条、営業的商行為を定める502条、附属的商行為を定める503条については、いずれも、「商行為」の定義を定める規定であり、商法の諸規定が適用されるべきか否かを決定する重要な基礎を定める規定であり、また同時に、行為者が商人といえるか否かを決定する重要な規定である。このことに鑑みて、本章を「商行為の基礎概念」として、上記の3か条を説明する。

商法504条から521条までは、いずれも、当該行為が商行為であること、または、当該行為者が商人であることを要件として、民法の特則を定めるという共通性が認められる。そこで、これらの規定を一括し、「商行為法総則」として次の章で説明する。

第1款　商行為概念

1. 商行為概念の考え方

商法は、法律行為[*1]のうち、特別なものについて特別な効果をもたらせるために、特に商行為という概念を定めている[*2]。ただし理論上、商行為概念の定

*1　商行為は法律行為に限られ、通知・催告のような準法律行為は商行為にならない（石井＝鴻47頁）。ただし、後述するように、附属的商行為は法律行為に限られない（石井＝鴻56頁）。

め方についてはいくつかの考え方があるため、複雑な問題が生じている。

2. 主観主義

最初に、自然人および法人の中から一定の要件を備える者を商人と定め、その商人が行う営業上の法律行為を「商行為」とする考え方がある。主観主義という。

3. 客観主義

主観主義と異なり、最初に、どのような法律行為に特別な効果をもたせることが適切かを考え、そのような行為の客観的性質から「商行為」を定め、この商行為を業として行う者を「商人」と解する考え方がある。これを客観主義という。

4. 折衷主義

主観主義と客観主義を折衷した折衷主義がある。すなわち、最初に、特定の種類の行為は誰が行っても商行為であると定めたうえで、ほかに、商法に特に列挙された種類の行為は営業として行われる場合に限って商行為であると定め、これら両商行為の中のいずれかの行為を業として行う者を「商人」と定める考え方である。さらに、こうして定められた商人が、その営業のためにする行為も商行為（これを附属的商行為という）として認めるものである。わが国の商法は折衷主義である。

第２款　絶対的商行為・相対的商行為・附属的商行為

商行為には、絶対的商行為と相対的商行為（もしくは主観的商行為）が認められる。絶対的商行為は、行為の客観的性質から営利性が強いため商行為と認められるものである（501条）。

相対的商行為（主観的商行為）は、営業的商行為と附属的商行為に分けられる。営業的商行為は、営業としてなされることによって商行為と認められるもの

*2　大隅８頁、石井＝鴻47頁。

（502条）であり、附属的商行為は、商人の営業のためになされることによって商行為と認められるもの（503条）である。

絶対的商行為および営業的商行為は、商人の概念を確定する基礎となっている。すなわち、自己の名をもって絶対的商行為または営業的商行為を営業として行う者が商人とされる（4条1項）。絶対的商行為および営業的商行為を合わせて、基本的商行為という。基本的商行為は法律行為に限られる。ここには、契約（＝合意）および単独行為のいずれも含まれる。

附属的商行為はそれ自体としては営利的性質をもつものではなく、単に商人の営業を補助する行為であることにより商行為として認められる。附属的商行為は必ずしも法律行為に限られない（詳細は第4節を参照）。補助的商行為とも呼ばれる。

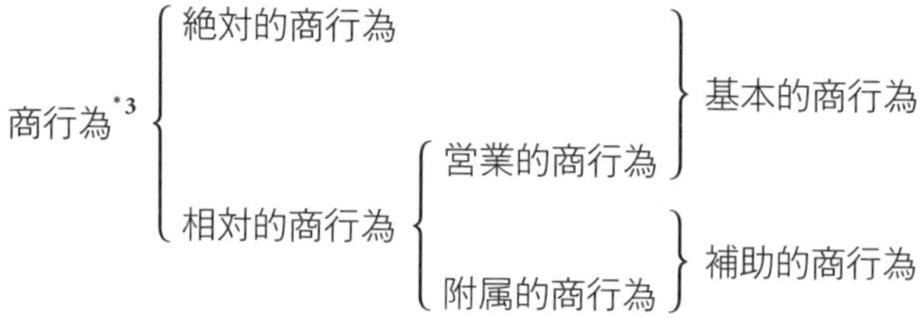

第3款　一方的商行為・双方的商行為

当事者の一方にとってのみ商行為であり、他方にとっては商行為でない場合を一方的商行為という。例としては、一般的な小売商人と消費者との間の売買契約、銀行と非商人との間の金銭消費貸借契約などがある。これらの場合、小売商人や銀行にとっては商行為（501条1号、502条8号）であるが、消費者や非商人にとっては商行為ではない。

当事者の双方にとって商行為である場合を双方的商行為という。例としては、卸売商人と小売商人との間の売買契約、銀行と商人との間の金銭消費貸借契約などがある。これらの場合、卸売商人や銀行にとっても、また、小売商人や商

---

*3　図は西原61頁から。

人にとっても商行為である（501条1号、502条8号、503条）。

商法は、一方的商行為の場合も双方的商行為の場合も、商法の規定を当事者双方に適用すべきものとしている（3条1項）。したがって、商行為を一方的商行為と双方的商行為とに区別する実益はないといえる[*4]。

第2節　絶対的商行為

絶対的商行為とは、商人が行っても非商人が行っても、その行為の客観的性質により、常に商行為とされる法律行為をいう[*5]。営業として行われる必要はない[*6]。絶対的商行為は、非商人が1回限り行う場合でも、商行為となる[*7]。以下に述べるように、商法501条が4種類の絶対的商行為を列挙する。商法501条は限定列挙であり、類推適用や拡張解釈は許されないと解されている[*8]。

第1款　投機購買およびその実行行為（501条1号）

1．総論

将来（＝取得後の将来ということ）において利益を得る目的で譲渡するという意思を有して、現在、動産・不動産・有価証券を有償で取得する行為を「投機購買」という。そして、その取得した動産・不動産・有価証券を対価を得て譲渡する行為を「投機購買の実行行為（または実行売却[*9]）」という。両者を合わせて、投機購買およびその実行行為という。目的物の取得と譲渡は、利益を得るという目的によって内面的に関連していなければならない。すなわち、目的物を取得する行為は利益を得て誰かに譲渡するという意思をもって行われなければならず、目的物を譲渡する行為はそのような意思を実現する行為として行わ

---

*4　石井＝鴻48頁。ただし、商法511条1項、515条の場合には区別する意味がある（第2編第2章第5節第3款参照）。

*5　大隅9頁、田中誠・総則170頁、石井＝鴻49頁、平出33頁、近藤28頁。

*6　田中誠・総則170頁、石井＝鴻49頁、

*7　西原66頁、石井＝鴻49頁、平出33頁。

*8　大隅9頁、田中誠・総則170頁、近藤29頁、平出33頁。

*9　大隅9頁、田中誠・総則171頁、西原67頁～68頁、平出35頁。なお、西原は、換金売却という文言も示している（西原67頁）。

れなければならない[*10]。

結果として投機購買の実行行為が実現できなくても、前半の投機購買は絶対的商行為である[*11]。これに対し、目的物を取得したときの行為が「投機購買」でなければ、目的物を取得価格より高額で売却して利益を得たとしても、その売却は絶対的商行為にならない[*12]。安い価格で目的物を取得し、後に、高い価格で譲渡して、その差額を利益とすることは、営利性を帯びる商取引の最も基本的、古典的かつ典型的な形態といえる[*13]。

2. 目的物

投機購買およびその実行行為の目的物は、動産もしくは不動産の所有権または有価証券上の権利に限られる（501条１号）[*14][*15]。商法501条は絶対的商行為を限定的に列挙しており、類推適用や拡張解釈は許されないから、所有権以外の物権、債権、社員権[*16]、特許権・著作権その他の知的財産権などは、本条所定の投機購買の目的物としては認められない[*17]。

工場財団（工場抵当法14条１項）・鉱業財団（鉱業抵当法３条）・登記した立木（立木１条・２条）などのように特別法によって不動産とみなされるものは、本号所定の不動産に含まれる[*18][*19]。不動産に準じて取り扱われると定められる鉱業権は本号所定の不動産に含まれると解される[*20][*21]。

新株を引き受ける行為が投機購買にあたるかという議論がある。新株成立後

*10　大隅10頁。

*11　近藤30頁。

*12　大隅10頁。

*13　大隅９頁、西原68頁、平出35頁。

*14　大隅10頁、西原68頁、石井＝鴻49頁、平出35頁、近藤30頁。

*15　商法501条１号の有価証券は譲渡自由のものでなければならない（西原69頁）。

*16　有価証券に表章された社員権は目的物として認められるとする立場がある（平出36頁）。譲渡制限の課されていない株券を考えれば、当然、この立場を肯認せざるをえない。

*17　大隅10頁、西原69頁、石井＝鴻50頁、平出35頁。なお、西原は目的物として所有権以外の物権を認める（西原68頁）。

*18　田中誠・総則172頁、石井＝鴻50頁、平出35頁。

*19　本文に反対するのは、鴻85頁、近藤31頁（ただし、登記した立木は商法501条１号の目的物に含まれるとする（近藤30頁））。

の値上がりを予想して投機対象として新株を引き受ける者もいるが、値上がりを期待することなく様々な事情から当該会社への出資を行う者も少なくないと考えられるから、当然に投機購買にあたるとは考えにくい。大審院は投機購買にあたらないとした[*22][*23]。

3. 行為

投機購買において、目的物は有償取得されなければならない（501条1号）[*24]。その実行行為は、有償取得した目的物を利益を得る目的をもって譲渡する行為であるから、当然に有償行為でなければならない[*25]。したがって、贈与もしくは遺贈による取得もしくは譲受け、無主物先占（民239条）、加工（民246条）、または、原始生産（農・林・鉱・漁業など）により原始取得した物品を譲渡する行為は、投機購買の要件を充たさない[*26][*27]。

投機購買の実行行為の法的形式は、売買が典型的であるが、交換、有償消費貸借、有償消費寄託、代物弁済などでもよい[*28]。

投機購買の実行行為たる譲渡としては、取得した物をそのまま譲渡することのほか、この物を原料・材料・部品等として加工しまたはなんらかの製品を製造した後に、譲渡することも含まれる[*29]。したがって、金地金を購入して金製

---

*20　田中誠・総則172頁、西原68頁。大判昭15・3・13民集19-554「商法501条1号にいうところの不動産は広義にして鉱業権のごときものをも包含するものと解するを妥当とす。」。

*21　鉱業権が不動産に含まれないとするのは、大隅10頁・103頁、石井＝鴻50頁、平出36頁。

*22　大判明43・12・13民録16-937（新株の引受け）、大判大4・11・20民録21-1886（新株の引受け）。

*23　大審院を支持するのは、大隅10頁、平出37頁。大審院に反対するのは、田中誠・総則173頁、西原71頁。

*24　大隅9頁、田中誠・総則171頁、西原69頁、平出38頁。

*25　大隅9頁、田中誠・総則171頁、西原69頁、平出38頁。

*26　西原69頁、平出38頁。

*27　投機購買では物を有償取得しなければならないということになると、取得時効によって所有権を得た物も有償取得の要件を充たさないことになる。

*28　大隅9頁（代物弁済に言及なし）、田中誠・総則171頁、西原70頁。

品を製造販売し、部分品を有償取得して他の部分品と結合したうえで新たな製品を製造し販売するような場合、その金地金や部分品等の取得行為は投機購買に、製品の売却行為はその実行行為にあたる。機械工業、紡績業その他いわゆる製造工業が行う原料の購入または製品の販売は、基本的に、投機購買またはその実行行為にあたる[*30]。したがって、土を買い入れて瓦として製造販売する行為[*31]、原木を買い入れて木炭を製造販売する行為[*32]は商行為となる。他方、原始取得した海水から製造した塩の販売[*33]などのように、完成した製品が投機購買によらずに取得した物から製造されたときは、投機購買の実行行為とはいえない[*34]。

4. 投機意思

投機購買であるためには、目的物を購入する時点で最初に金銭を支出し、その後、目的物を譲渡して利益を得る意思、すなわち、投機意思[*35]が存在しなければならない[*36]。投機意思の存否は目的物の有償取得の時を基準時とする[*37]。結果として、実際に利益を得たか否かは考慮されない[*38]。なお、目的物を有償

*29　大隅11頁、田中誠・総則171頁、西原70頁、石井＝鴻50頁、平出39頁、近藤30頁。

*30　大隅11頁、田中誠・総則171頁、平出39頁。

*31　大判昭4・9・28民集8-769〈百選27〉「商法263条1号は利益を得て譲渡す意思をもってする動産の有償取得又はその取得したるものの譲渡を目的とする行為を商行為なりと規定し、右法条はこれら行為につき必ずしもその取得したるものをそのまま他に譲渡することを要件となさざるのみならず譲り受けたる物品をそのまま譲渡するにより利を図ると、これに加工をなしあるいはこれを原料として他の物品を製造し譲渡してもって利益を営むとにより、特にその商行為たると否とを区別すべき理由を認め得ざるをもって右法条所定の商行為は前記の如く土を買い入れこれをもって瓦を製造販売するがごとき営利行為をも包含するものと解するを相当と〔す〕。」。

*32　大判昭14・9・19法律新聞4478-5「営利の目的をもって原木を買い入れ木炭を製造してこれを販売する行為は商行為なり。」。

*33　大判大10・11・4法律新聞1947-22「塩を製造するがごときは原始的生産行為たるにほかならざれば、これを製造して販売するも商行為とならざるや論をまたず。」。

*34　大隅9頁、西原70頁、石井＝鴻49頁、平出39頁。

*35　投機購買の場合、行為者は最初に金銭を支出して目的物を購入するが、この目的物がそれより高い価格で譲渡できるかどうかは不確実である。したがって、行為者は、支出した金額が回収できなくなることや、長期間、回収できなくなるという危険を負担することになる。したがって、ここには「投機」という要素が必ず存在することになる。

取得する時点において投機意思を有することについて、その相手方が認識可能でなければならないと解される[*39]。

第2款　投機売却およびその実行行為（501条2号）

1. 総論

現時点において所有していない動産または有価証券を他人に売却する供給契約を締結すること（投機売却）、および、その履行のために、動産または有価証券を別の他人から有償取得する行為（その実行行為・実行購買）を、投機売却およびその実行行為という[*40]。これは、将来における価格の下落を期待して、または、他からより安い価格で目的物を購入する予定や見込みがあるときに、まず高価で目的物の売却を契約し、その後その目的物を安価で取得し、先になされた譲渡契約を履行し、これによりその差額を利益とする行為である。

ここに供給契約とは、契約締結後一定の時期に目的物の給付を約する有償契約である[*41]。即時売却は本条にあたらない[*42]。

2. 目的物

投機売却およびその実行行為の目的物は、動産の所有権または有価証券上の権利に限られる。不動産は目的物から除外されている[*43]。

---

*36　大隅10頁、田中誠・総則172頁、近藤30頁。なお、営利意思と呼ぶ学説もある（西原67頁・70頁、平出40頁）。

*37　西原70頁、平出40頁、近藤30頁。

*38　大隅10頁、田中誠・総則172頁、西原70頁、平出41頁。大判昭14・2・18法律新聞4391-15「購買物件を譲渡する実行行為により事実上利益を取得すると損失を招くとは絶対的商行為の性質に影響を及ぼすべきものにあらず。従って投機購買をなしたる者が購入価額より低価にて購買物件を他に転売するもこの転売行為が購買行為の実行行為と認むべき以上、絶対的商行為たる性質をうしなうものにあらず。」。

*39　大隅10頁・102頁、田中誠・総則172頁、西原70頁、石井＝鴻49頁、近藤30頁。

*40　大隅11頁、田中誠・総則173頁、西原72頁、石井＝鴻50頁、平出42頁、近藤31頁。

*41　大隅11頁、田中誠・総則173頁、西原72頁、石井＝鴻50頁、平出43頁、近藤31頁。

*42　西原72頁、平出43頁。

*43　大隅11頁、田中誠・総則173頁、西原72頁、石井＝鴻50頁、平出43頁、近藤31頁。

3. 行為

投機売却としては、相手方に目的物を譲渡する供給契約を締結した後に、他の者から動産を取得し、それになんらかの加工を施し、または、それを原料等として新たな製品を製造したうえで相手方に引き渡す場合も含まれる。

4. 投機意思

利益を得る意思（投機意思・営利意思）が要件となるかについては条文上明確ではないが、絶対的商行為は営利の追求を前提とするものであり、また、投機購買との比較から考えても、投機売却について差額から利益を得る意思が供給契約締結の時点で存在することが必要と解される[*44]。なお、供給契約締結の時点において投機意思を有することについて、その相手方が認識可能でなければならないと解される[*45]。

投機売却は、供給契約を締結する時点において、後日、他人から法律行為により有償取得する目的物をもって履行する意思を有していなければならない[*46]。したがって、供給契約締結の時にこの意思を有すれば、後に変更し、自己が以前から所有していた物やたまたま無償取得した物をもって履行したとしても締結された供給契約はやはり投機売却である[*47]。しかし、最初から、後日、無償取得する物、または、原始取得する物もしくは相続等によって取得する物をもって履行する意思でなされた供給契約は投機売却とはいえない[*48]。

第3款　取引所においてする取引（501条3号）

取引所においてする取引とは、取引所という設備を通じてなされる取引であって[*49]、多数の商人が一定の場所に集まって[*50]一定の方式およびルールに従って大量の売買取引が行われ、その目的物は代替性のある商品または有価証券で

---

*44　大隅11頁、田中誠・総則173頁、西原72頁、平出44頁、近藤31頁。
*45　田中誠・総則173頁、近藤31頁。
*46　大隅11頁、西原72頁、平出44頁。
*47　大隅11頁、平出44頁。
*48　大隅11頁、平出44頁。
*49　大隅11頁、石井＝鴻51頁。

ある[*51]。通常は強度の営利性と集団性、反復継続性が認められるものであり、絶対的商行為とされている（501条3号）。現在、商法501条3号に該当する取引所としては、金融商品取引法2条16項所定の金融商品取引所、商品先物取引法2条4項所定の商品取引所がある。

現状において、上記の取引所において行われる取引は営利追求性が高く、大量であり継続的であり反復性があることは明らかであるから、客観的に商行為性が認められる[*52]。

第4款　手形その他の商業証券に関する行為（501条4号）

(ア)　手形その他の商業証券に関する行為は、行為者の商人・非商人を区別することなく、絶対的商行為とされている（501条4号）。商法501条4号所定の手形には、為替手形および約束手形のほかに小切手も含まれる[*53]。

(イ)　手形その他の商業証券に関する行為とは、証券の振出（発行）・裏書・引受け・保証等の証券的行為のみをいう[*54]。証券を目的物とする売買・運送・寄託等のような取引行為を含まない[*55][*56]。

---

*50　インターネットが普及する以前においては、実際に、多数の商人が一定の場所に集まることが必要であったが、現在においては、当然、電磁的方法によって多数の商人の意思表示が特定のコンピュータ等に集中する形態の取引所も包含される。

*51　大隅12頁、田中誠・総則173頁、平出45頁、近藤31頁。

*52　大隅は、現在の商品取引所および金融商品取引所について、その取引所における取引は商人たる会員しか行えないのであり、したがって、商人の行為として商行為になる（附属的商行為（503条））のであるから、取引所においてする取引を絶対的商行為と定める必要はないという（大隅12頁）。西原は「取引所において取引をすることができるのは業者たる会員に限られ（旧証取107条、旧商品取引所法（昭和25年法律239号）77条〔＝現行商品先物取引法97条1項〕）、そして会員が自己のために取引する場合には、すでに商法501条1号2号の投機売買として商行為となり、他人の委託を受けて取引する場合には、委託を受ける取次行為（商法502条11号）も、委託事務処理としての売買行為（商法503条参照）も、ともに商行為となるのであるから、商法501条3号に独立の存在意義は認められない。」と述べる（西原73頁）。石井＝鴻50頁、平出46頁、近藤32頁。

*53　本文の解釈の根拠として昭和7年改正前商法434条が挙げられることが多い（大隅12頁、石井＝鴻51頁、平出47頁）。西原は本文の結論は認めるが、昭和7年改正前商法434条を根拠として挙げることに反対する（西原74頁）。

*54　大隅12頁、田中誠・総則174頁、西原73頁、石井＝鴻51頁、平出48頁、近藤32頁。

(ウ)　商法501条4号所定の「その他の商業証券」とは、商取引の目的とされる有価証券をいうと解されてきた[*57]。しかし、新たな問題が生じていることについて後述する。

平成29年改正前商法の下では、商業証券の理解をめぐって学説が次のように分かれていた。

第1説は、有価証券中、商業的な商品として取引されることを常とするものを商業証券とする[*58]。

第2説は、平成29年改正前商法519条所定の「金銭その他の物または有価証券の給付を目的とする有価証券」を商業証券とする[*59][*60]。

第3説は、ひろく有価証券を商業証券というとする[*61]。

(エ)　現行民法・現行商法の下で学説を検討する。まず、単純にすべての「有価証券」を商業証券とする第3説に従うと、民法520条の2以下の有価証券がすべて商法501条4号所定の商業証券ということになりそうである。そうなると、民法520条の2以下の有価証券についての振出（発行）・裏書等の行為がすべて絶対的商行為になることを意味する。民法の中に規定を置きながら、個々の行為のすべてが絶対的商行為になるというのは、少し奇異な感じがする。また、すべての有価証券が商業証券であるならば、商業証券という用語をわざわ

---

*55　大隅12頁、田中誠・総則174頁、西原73頁、石井＝鴻51頁、平出48頁、近藤32頁。最判昭36・11・24民集15-10-2536「白地小切手の補充権は小切手要件の欠缺を補充して完全な小切手を形成する権利であること、補充権は白地小切手に附着して当然に小切手の移転に随伴するものであること等にかんがみれば、補充権授与の行為は本来の手形行為ではないけれども商法501条4号所定の『手形に関する行為』に準ずるものと解して妨げな〔い〕。」。

*56　大審院は、証券を目的物とする取引行為を含むとした。大判昭6・7・1民集10-498「〔商法163条4号（＝現行商法502条4号）〕の商業証券に関する行為とは、振出裏書等の証券上の行為のみに限らず、ひろく商業証券を目的とする取引を包含するものと解するを相当とす。」。

*57　大隅12頁、西原73頁、近藤32頁。

*58　通説である。近藤は、第1説も第3説も述べる（近藤32頁）。

*59　田中誠・総則174頁。おそらく石井＝鴻51頁。

*60　平成29年改正前商法の下では、有価証券が同法501条4号所定の「その他の商業証券」に該当すると、同法516条2項、517条、518条が適用されるという効果が生じた。

*61　大隅12頁・106頁、西原73頁、平出47頁。

ざ用いる意味がないことになる[62]。

第2説は、平成29年改正前商法518条および519条に依拠するが、しかし、平成29年の商法改正により、両条が削除されたため、第2説が依拠する「金銭その他の物または有価証券の給付を目的とする有価証券（平成29年改正前商法519条）」という概念が実定法から消失した。それでも、上記の内容の有価証券を商業証券と解すべきだと主張することは可能であるが、根拠規定が消失したことにより、第3説との境界が不明瞭になっている。

(オ)　今後の議論を待つところが大きいが、株券、社債券、新株予約権証書、新株予約権付社債券、倉荷証券、および、船荷証券が商業証券に含まれると解することに異論はないと思われる。今後、民法520条の2ないし520条の20が適用される多種多様な有価証券が発生する可能性を考えるとき、これらのすべてが「商業証券」には含まれないと解すべきか、それとも、含まれると解すべきか、あるいは、一部の性質を有するもののみが「商業証券」に含まれると解すべきことになるかが問題となる。

なお、ある有価証券が「商業証券」に含まれると解されたとしても、有価証券のもつ文言証券性から、商法504条および513条1項の適用は排除されるから、解釈論として議論されるべきは商法511条のみということになろう。

第3節　営業的商行為

第1款　総論

(ア)　営業的商行為とは、商法502条が列挙する行為を、その行為主体（これは商人に限られない）が営業として行うときに初めて当該行為が商行為となるものをいう（502条柱書）[63]。商法502条は13種類の営業的商行為を規定する。

「営業としてする」とは、営利の目的をもって同種の行為を集団的・反復的・継続的に行うことをいう[64]。営業とする意図をもって行えば、1回目の行為で

---

*62　同旨、田中誠・総則174頁。

*63　大隅14頁、田中誠・総則175頁、西原76頁、石井＝鴻52頁、平出51頁、近藤33頁。

も営業として行うといえる[*65]。結果的に見て、その後、当該営業が継続的になされたか否か、営利の目的が実現されたか否かは考慮されない。

営業的商行為における「営利の目的」は、絶対的商行為たる投機購買・投機売却における投機意思と異なり、必ずしも収入と支出の差額としての利益の実現を目的とする必要はなく、費用を充足するだけの対価を得ることを目的とすればよいと解されている[*66]。なお、商法502条は営業的商行為を限定的に列挙するものと解されている[*67]。

(イ)　商法502条但書は、もっぱら賃金を得る目的で物を製造しまたは労務に服する者の行った行為は商行為にならないと定める（502条但書）[*68]。

本条但書にいう製造とは、本条2号にいう製造より広い概念であり、人が物に変容を加える一切の場合を含むものである。学説は、本条但書の例として、マッチの箱張り、封筒貼り、麻糸つなぎ、人力車夫、手荷物運搬夫、掃除夫等を挙げる[*69]。これらの行為は小規模であって、商行為法の規定を適用するまでもないから、営業的商行為から除外されたと解される[*70]。したがって、このような者は商行為を営業とする者ではないから商人ではない。

---

*64　大隅14頁、田中誠・総則176頁、石井＝鴻52頁、平出52頁、近藤33頁。大判昭3・5・24刑集7-396「営業とは営利の目的をもって同種の行為を反覆するを指称するものにして必ずしも不特定人に対してなすことの意思あることを要せざるものな〔り〕。」。大判昭14・9・19法律新聞4478-5「営業とは営利の目的をもって同種の行為を継続的になす事業をいうものなるも、もとより主たる業務たると従たる業務たるとを問わず、又、営業より生ずる利益を唯一もしくは主たる所得となすことを要せず。なお、同種にして連続する行為をなす意思ある以上、長期間にわたり間断なくこれを継続することを要するものにあらざると同時に、その営業の範囲の広狭、規模の大小、利益の多寡は商人なりや否やを定むる標準とならざるものと解するを相当とす。」。

*65　田中誠・総則187頁、大隅・総則91頁、平出52頁。

*66　田中誠・総則176頁・187頁、石井＝鴻・総則70頁。平出52頁。もっとも、絶対的商行為における投機意思と、営業的商行為における「営利の目的」とを異なる内容と考えない学説も多い。

*67　大隅14頁、田中誠・総則178頁、西原76頁、石井＝鴻55頁、平出53頁、近藤29頁。大判昭12・11・26民集16-1681「商法264条〔＝現行商法502条〕は営業的商行為につき列挙主義を採れるをもって同条列記の各号に該当せざる行為は、たとい業としてなさるるもあえて商行為を業とするものとなることなきは言をまたず。」。

*68　大隅14頁、田中誠・総則178頁、西原76頁、石井＝鴻52頁、平出53頁、近藤33頁。

*69　大隅14頁。

なお、このような説明に対し、商法501条所定の絶対的商行為および502条1号所定の投機貸借が規模の大小にかかわらず商行為として認められることに鑑みるとき、502条但書の立法理由を規模の大小に求めるのは誤りであり、同条但書所定の行為には、損失を被るかもしれないという危険を冒しながら営利を追求するために資金を投じるという性格が認められないので、商行為から排除したと解すべきだとする見解がある[*71]。

第2款　投機貸借およびその実行行為（502条1号）

商法は、将来において利益を得る目的で目的物を賃貸する、という意思をもって目的物となる動産または不動産を有償取得しまたは賃借する法律行為（投機貸借)、および、このようにして取得したまたは賃借した目的物を他に賃貸する法律行為（その実行行為・実行賃貸）を営業的商行為と規定する（502条1号)。物を賃貸借することが投機の目的となっており、そのため、講学上、「投機貸借」と呼ばれる[*72]。投機貸借およびその実行行為の例としては、貸衣装営業、貸自動車営業、貸家営業等がある。現在では、レンタル業といわれることが多い。特定の機械設備等を必要とする企業に、機械設備等を購入して賃貸するリース業も通常はこれに属する。

目的物の中から有価証券が除かれているのは、それが一般に投機貸借の目的に適しないと認められたためと解されている[*73][*74]。

賃貸すべき目的物は所有権を取得してもよいし賃借した物でもよい。目的物の引渡しを受ける時点で、「将来、利益を得る目的で有償で賃貸する」という意思をもっていることが必要となる[*75]。利益を得る目的は、営業的商行為（502条各号）に共通の要件であり、講学上、「営利の目的」と呼ばれる。営利の目的は、

---

*70　大隅14頁、田中誠・総則178頁、西原76頁〜77頁、石井＝鴻52頁、近藤33頁「これは、502条に該当しても、経営規模が小さいことから商法を適用するのに適しないからである。」。

*71　西原76頁、平出54頁。

*72　大隅14頁、田中誠・総則179頁、西原77頁、石井＝鴻53頁、平出55頁。

*73　大隅15頁、西原77頁、近藤33頁。

*74　田中誠は目的物に有価証券を含める（田中誠・総則179頁)。

*75　大隅15頁、田中誠・総則179頁、平出55頁・56頁、近藤33頁。

前述したように（本節第1款(ア)）、絶対的商行為における投機意思と区別する学説と区別しない学説がある。実行行為の結果、実際に利益を得たか否かは問題にならない。

第3款　他人のためにする製造または加工に関する行為（502条2号）

商法502条2号所定の行為は、他人のために製造または加工を行うことを債務の内容として承諾する法律行為をいう。

製造とは、原材料に労力を加えて性質や用途の全く異なる物を作り出すことをいう。紡績、醸造、機械器具製造等がこれにあたる。加工とは、物の同一性を失わない程度に原材料に変更を加えることをいう。染色[*76]、鍛冶、和洋服の仕立て、委託を受けての食料品の加工等がこれにあたる。

本号所定の「他人のためにする」とは、他人の計算においてするという意味である[*77][*78]。他人のために製造または加工をするとは、他人から原材料の給付を受け、または、他人の計算において原材料を購入して、動産の製造または加工をすることをいう[*79]。

その法的性質は、有償であれば、通常は請負契約である[*80]。契約の当事者になれば本号の要件を充たすのであり、製造加工という事実行為を自ら行うか、他人に行わせるかはいずれでもよいことになる。

なお、原材料を他人から有償取得した後、原材料に製造加工を行って製品を製造し、これを売却するときは、投機購買およびその実行行為として、絶対的商行為（501条1号）となる[*81]。

---

*76　大判大5・6・7民録22-1145「染物業は商法264条2号〔＝現行商法502条2号〕にいうところの他人のためにする物の加工に関する行為を営業とするの意にして、かかる行為をなす者の商人なることは毫も疑を容れざる所な〔り〕」。

*77　大隅15頁、田中誠・総則180頁、西原78頁、石井＝鴻53頁、平出57頁。

*78　大判大10・11・4法律新聞1947-22〔前掲注33〕「商法264条2項〔号の誤り〕〔＝現行商法502条2号〕にいうところの他人のためにする製造とは他人の計算において製造するの趣旨なり」。

*79　大隅15頁、西原78頁、平出57頁、近藤34頁。

*80　大隅15頁、西原78頁、平出57頁。

ところで、多くの教科書では、本条は、他人のために製造または加工を行うことを「引き受ける」行為と説明される。しかし、著者は、「引き受ける」という言葉が日常的な言葉であって法律的に洗練されていないように思われる[*82]。したがって、法律学で用いられる言葉を使うことにより、製造または加工を行うことを債務の内容として承諾する法律行為[*83]と述べることにする（以下、同じ)。なお、この表現においては、反対債権（多くの場合、対価の支払いを求める債権）が必要であることについては、同条柱書の「営業としてするとき」の文言に含まれると考える。

第4款　電気またはガスの供給に関する行為（502条3号）

商法502条3号所定の行為は、電気またはガスの供給を行うことを債務の内容として承諾する法律行為をいう。

電気またはガスの供給のみを行う場合は、有償であれば売買契約であり、設備の貸与を伴う場合は売買と賃貸借の混合契約である[*84]。

石炭を買い入れてガスを製造してこれを有償で供給する行為、天然ガスを買い入れてこれを加工して有償で供給する行為は、絶対的商行為たる投機購買（501条1号）にあたる[*85]。これに対し、炭鉱所有者が無償で得たガスを有償で供給する行為、天然ガスを無償で採掘して有償で供給する行為またはそれを利用して発電し電気を有償で供給する行為は、営業的商行為（502条3号）となる[*86]。

このことから推しはかるとき、太陽光発電、風力発電、潮力発電、地熱発電などの設備を備えて発電を実行し、生産された電気を有償で供給する行為は営

---

*81　田中誠・総則180頁、平出57頁。投機意思と営利の目的に差異を認める立場であれば、本文のようにはいえない。

*82　日常的な言葉とは、概念が緩んでいて、その内容が曖昧になるという危険を含むという意味である。

*83　多くの教科書が用いている「引き受ける」という言葉の意義を法律学において正確に表現すると、「○○する（または○○を行う）ことを債務の内容として承諾する法律行為」ということになる。なお、「承諾」という文言は、民法470条3項後段から借用している。

*84　大隅15頁、西原78頁、石井＝鴻53頁、平出58頁。

*85　田中誠・総則180頁、平出58頁。

*86　田中誠・総則180頁、西原78頁、平出58頁。

業的商行為（502条3号）と解されよう。もっとも、太陽光発電等によって生産された電気をすべて当該個人や当該会社が利用するときは、営利の目的に欠けるから、営業的商行為（502条3号）にはならない。本条の目的物は電気とガスに限られる[*87]。

第5款　運送に関する行為（502条4号）

商法502条4号所定の行為は、運送に関する行為を行うことを債務の内容として承諾する法律行為をいう。ここに、運送とは、物または人を場所的に移動させることである[*88]。特に物品運送においては目的物を保管することも必要とされる[*89]。このことから、古くから曳船《ひきぶね》契約が議論されている。通常、曳かれる船は曳船の保管下にあるとはいえないので運送行為とは認められず、したがって、本号所定の運送に関する行為（502条4号）とは認められない[*90]。

運送の取次ぎに関する行為（運送取扱契約）は、運送に関する行為ではなく、仲立ちまたは取次ぎに関する行為の一種として営業的商行為となる（502条11号）[*91]。

第6款　作業または労務の請負（502条5号）

(ア)　商法502条5号所定の「作業の請負」は、不動産または船舶に関する工事を行うことを債務の内容として承諾する法律行為をいう[*92]。他人のためにする製造または加工が動産を対象とするときは、商法502条2号の営業的商行為に該当することになる。502条5号の例としては、鉄道・道路・橋梁等の建設・補修、整地、家屋の建築・修繕・解体、船舶の建造・修繕等の請負契約がある。

なお、家屋の建築、宅地の造成については、建築、造成等を行った後に販売

---

*87　西原78頁、平出59頁。
*88　大隅16頁、西原79頁、平出60頁、近藤34頁。
*89　運送の章（第9章）を参照されたい。
*90　平出60頁～61頁、近藤34頁。本文の記述に対し、大隅は曳船契約が本号に含まれるとする（大隅16頁）。
*91　西原79頁、平出60頁。
*92　大隅16頁、田中誠・総則181頁、平出61頁、近藤34頁。西原は主として不動産といい、船舶を排除する（西原80頁）。石井＝鴻も不動産のみという（石井＝鴻53頁）。

等によって譲渡して利益を得る意図で行われるのであれば、商法501条1号の投機購買となる。家屋の建売り業者等が営業とする行為は投機購買にあたる。

(イ)　商法502条5号所定の「労務の請負」とは、労働者の供給を行うことを債務の内容として承諾する法律行為をいう[*93]。かつては、職業安定法[*94]により、厚生労働大臣の許可を受けた労働組合等が行う無料のものに限り労働者供給事業が許されていた（職案44条・45条）が、現在は、労働者派遣法[*95]が定める労働者派遣事業が存在しており（職案47条の2）、これが行う行為は本号所定の営業的商行為である。

第7款　出版、印刷または撮影に関する行為（502条6号）

出版に関する行為とは、文書・図画等の著作物を印刷して発売または頒布することを債務の内容として承諾する法律行為をいう（502条6号）[*96]。印刷に関する行為とは肉筆以外の物理力または化学力をもって文書図画を複製することであり、撮影に関する行為とは写真の撮影をすることであり、これらのことを債務の内容として承諾する法律行為をいう（502条6号）。

第8款　客の来集を目的とする場屋における取引（502条7号）

客の来集を目的とする場屋における取引とは、一般の消費者などが来集するに適する物的設備（＝客の来集を目的とする場屋）を用意し、このような場屋において行われるさまざまな取引を構成する法律行為をいう（502条7号）[*97]。さまざまな取引は、契約の性質により、売買、賃貸借、請負、労務の提供、その他これらの混合契約等である。場合によって異なるが、営業形態に着目して、このような個々の契約が営業的商行為とされる。例としては、飲食店、旅館、ホテル、浴場、劇場、遊園地、野球場、ボーリング場、その他の各種の興業場が該当する。

*93　大隅16頁、田中誠・総則181頁、西原80頁、石井＝鴻53頁、平出62頁、近藤34頁。
*94　「職業安定法」（昭和22年法律第141号）。
*95　「労働者派遣事業の適正な運営の確保及び派遣労働者の保護等に関する法律」（昭和60年法律第88号）。
*96　大隅16頁、西原80頁、石井＝鴻53頁、平出63頁。
*97　松本・商行為法35頁、大隅17頁。

平成18年改正前商法502条7号は「客ノ来集ヲ目的トスル場屋ノ取引」と規定していたため、上記のような場屋を一般の客に利用させる行為を営業的商行為と定めた規定と理解する学説が多かった[*98]。しかし、同改正により、文言が「場屋における取引」と改正されたため、「場屋に入場させること」を営業的商行為と理解するのは困難となった。

なお、大審院は、理髪店は商法502条7号にあたらないとした[*99]。多数学説は、大審院の立場に反対する[*100]。

第9款　両替その他の銀行取引（502条8号）

(ア)　商法502条8号所定の「両替その他の銀行取引」は、両替その他の銀行取引を行うことを債権または債務の内容として承諾する法律行為をいう。

本号所定の銀行取引は、金銭または有価証券の転換を媒介する行為と解されている（多数説[*101]、判例[*102]）。転換の媒介とは、銀行による金銭の貸付けであれば、不特定多数の者から預金の受入れ等により資金を取得する受信行為と、こ

*98　松波152頁、西原81頁、石井＝鴻54頁、平出64頁。

*99　大判昭12・11・26民集16-1681「商法264条7号〔＝現行商法503条7号〕にいわゆる場屋の取引とは客をして一定の設備を利用せしむることを目的とする取引を指称するものなるところ理髪業者と客との間にただ理髪なる請負もしくは労務に関する契約存するに止まり、いわゆる設備の利用を目的とする契約存することなきによりこれを目して右場屋の取引となすはあたらず。」。田中誠は大審院の立場を支持する（田中誠・総則182頁）。

*100　大隅111頁、西原82頁、石井＝鴻87頁、平出64頁、近藤35頁。

*101　大隅18頁、田中誠・総則182頁、西原82頁、石井＝鴻54頁、平出67頁、近藤35頁。

*102　大判明37・12・24民録10-1677「商法264條8号〔＝現行商法502条8号〕に銀行取引とあるは法令の規定により銀行において行う所の法律行為をいうものにして……、普通の銀行に関しては明治23年8月法律72号銀行條例の支配を受くべきものとす。しかして同條例1條によれば証券の割引をなし、又は、為替事業をなし、又は、諸預り及び貸付けをあわせなすの行為を銀行取引となすものな〔り。〕」。大判明41・6・25民録14-780「銀行取引とは、銀行業者が営業上通例なすべき行為を示す文詞にして金銭及び信用の融通利用を媒介する点においてその特徴を示し、金銭貸付なる行為につき観察すれば預金その他の方法により収受し借方計算に属する金銭をもって他人の需要に供するごとき融通の媒介となる行為なることを要すればなり。蓋し両替なる行為は異種金銭の交換利用を得せしむるものにして、いわゆる媒介行為たること一点の疑を存せざるも、金銭の貸付にいたりては常に必ず媒介行為たる性質を有し銀行取引にあたるものというを得ず。」

れによって取得した資金を貸付け等により顧客に融通する与信行為との両者を行うことをいう[*103]。

貸金業者の場合、他人等から資金を集めて貸付けを行えば、その行為は銀行取引にあたるが、自己所有の金銭のみを資金源として貸付けを行うときは、本号所定の銀行取引にあたらない[*104 *105]。質物をとって貸付けを行う質屋営業者の場合も銀行取引にあたらないと解される[*106 *107]。

銀行取引の意義については多数説・判例のように受信行為と与信行為をあわせ行うことが必要と解すべきであり、商法502条8号の解釈論としては、商法の適用範囲を明確にするために、これを拡張解釈すべきではない[*108]。

(イ)　銀行以外の会社が金銭貸付行為を行う場合、その行為が502条8号所定の営業的商行為として認められないとしても、会社がその事業としてする行為およびその事業のためにする行為は商行為とされる（会社5条）から、その金銭貸付行為は商行為となる。

これに対し、個人が金銭貸付行為を行う場合、その行為が502条8号所定の営業的商行為として認められないときは、当該個人は商人にならない。そうなると、非商人が行った金銭貸付行為なので商行為とならないことになる[*109]。

第10款　保険（502条9号）

商法502条9号所定の「保険」は、保険者が保険契約者（＝一般の客）と営利保険契約を締結することをいう[*110]。商法502条柱書の要件が充たされれば、保険者の行為は営業的商行為となる。

保険は、同一の経済上の損失の危険の下にある多数の者があらかじめ金銭を

---

*103　大隅18頁、西原82頁、石井＝鴻54頁、平出65頁、近藤35頁。

*104　大隅18頁、西原82頁、石井＝鴻54頁、平出66頁、近藤35頁。

*105　最判昭30・9・27民集9-10-1444「〔貸金業者〕のなす金融行為自体が商行為となるものでもなく、従つてまたかかる貸金業者が商人と認められるものでもない。」。

*106　大隅18頁、西原82頁。

*107　最判昭50・6・27判時785-100〈百選28〉「質屋営業者の金員貸付行為は、商法502条8号の銀行取引にあたらないと解するのが相当である。」。

*108　平出67頁。

*109　平出67頁。

*110　大隅18頁、田中誠・総則184頁、西原83頁、石井＝鴻54頁、平出69頁、近藤36頁。

拠出しておき、これらの者の中のいずれかに一定の事故が生じた場合に一定の金額（＝保険金）を給付して、その者の経済的需要を満足させる制度である[*111]。保険には、営利保険、相互保険、社会保険等がある。このうち、営業的商行為とされる保険は営利保険に限られる[*112]。もっとも、保険業法は、営利を目的としない相互保険会社の保険について、商法504条以下の商行為に関する規定を準用すると規定する（保険業法21条2項）。

第11款　寄託の引受け（502条10号）

寄託の引受けとは、他人のために物を保管することを債務の内容として承諾する法律行為をいう（502条10号）。本号の例としては、倉庫営業者の行為（倉庫寄託の引受け）や車の鍵を預ける形態の駐車場システム（valet parking）などがある。

本条本号の寄託も倉庫寄託（599条）も、種類・品質の同等の物を混合して保管する混合寄託（民665条の2）を含む。なお、倉庫寄託は消費寄託を含まないが、本条本号の寄託は、受寄者が受寄物の所有権を取得し、同種・同質・同量の物を返還すればよいとする消費寄託を含むと解される[*113]。

第12款　仲立ちまたは取次ぎに関する行為（502条11号）

1. 仲立ち

商法502条11号所定の「仲立ち」に関する行為とは、仲立ちに関する行為を行うことを債務の内容として承諾する法律行為をいう。

仲立ちとは、他人間において法律行為が成立するように媒介を行うことをいう[*114]。媒介される他人間の法律行為が商行為であることは必要とされない[*115][*116]。商行為以外の法律行為の媒介を引き受けることを営業として行う者

---

*111　西原83頁、平出69頁、近藤36頁。

*112　大隅18頁、田中誠・総則184頁、西原83頁、石井＝鴻54頁、平出69頁、近藤36頁。営利保険であれば、損害保険、生命保険のいずれでもよい（西原83頁、石井＝鴻54頁）。

*113　大隅19頁、田中誠・総則185頁、平出70頁、近藤36頁。

*114　大隅19頁、石井＝鴻54頁、近藤36頁。

*115　大隅19頁、平出70頁、近藤36頁。

を民事仲立人という[*117]。本人居住用不動産の売買・貸借の周旋、結婚の媒介等を引き受ける行為が本条本号の仲立ちにあたり、その行為を営業として行うときは商行為となり、その営業者は民事仲立人として商人になる（4条1項）[*118]。このほか、一定の商人のために平常その営業の部類に属する取引の媒介を行うことを営業とする媒介代理商（27条）があり[*119]、媒介代理商の行為も本条の仲立ちにあたる。

仲立ちに関する行為であるためには、他人間の法律行為の媒介であることを要件とするから、単に当事者の一方に取引の機会を指示することのみを行う者（指示仲立人）の行為は本条に含まれない。

2. 取次ぎ

商法502条11号所定の「取次ぎ」に関する行為とは、取次ぎに関する行為を行うことを債務の内容として承諾する法律行為をいう。

取次ぎとは、自己の名をもって、他人の計算において法律行為を行うことをいう[*120]。取次ぎの目的たる行為が委託者にとって商行為であることは必要とされない[*121]。取次ぎに関する行為を営業とする場合に、取次ぎの目的たる行為が物品の販売または買入れであれば、その取次業者を問屋といい（551条）、物品運送であれば運送取扱人といい（559条）、その他の法律行為であれば準問屋という（558条）。

取次業者がその引き受けた取次ぎの実行のために第三者と締結する法律行為（実行行為）は、取次業者の附属的商行為であるが、営業的商行為ではない。

第13款　商行為の代理の引受け（502条12号）

商法502条12号所定の商行為の代理の引受けとは、委託者たる本人にとって

---

*116　なお、商法543条が定める仲立人は、不特定の一般人のために商行為の媒介を引き受けることを営業とする者である。

*117　西原84頁。

*118　大隅19頁、田中誠・総則185頁、西原84頁、平出70頁。

*119　田中誠・総則185頁、西原85頁、石井＝鴻54頁、平出70頁、近藤36頁。

*120　大隅19頁、西原85頁、平出70頁、近藤36頁。

*121　大隅19頁、平出70頁。

商行為となる行為についての代理を行うことを債務の内容として承諾する法律行為をいう[*122]。

仲立ちまたは取次ぎの場合と異なり、本条が適用されるためには、代理の目的たる行為は商行為でなければならない[*123]。商行為であれば、絶対的商行為・営業的商行為・附属的商行為のいずれでもよい。

その例としては、特定の商人のために、その営業の部類に属する取引の代理を行うことを営業とする締約代理商（46条）の行為がある[*124]。

第14款　信託の引受け（502条13号）

商法502条13号所定の信託の引受とは、信託の受託者となって信託関係の諸権利を得、諸義務を負うことを債務の内容として承諾する法律行為をいう[*125]。

信託法にいう信託とは、委託者（信託法2条4項）が受託者（信託法2条5項）に信託財産（信託法2条3項）の移転その他の処分を行い、これにより信託財産を受託者に帰属させ、受託者が、信託財産の管理または処分およびその他の当該目的の達成のために必要な行為を行うべきものをいう（信託法2条1項）。したがって、商法502条13号は、自己の名をもってこのような信託の受託者となり、信託の目的達成のために必要な行為を行うことを債務の内容として承諾する法律行為をいう（502条13号）。

第4節　附属的商行為

㋐　商法503条は附属的商行為を規定する。附属的商行為は、その行為を行う者が「商人」であることを前提としており[*126]、商人が「その営業のためにする行為」が附属的商行為とされる（503条1項）。附属的商行為は行為類型が列挙されることなく、行為の種類に制限がない。補助的商行為ともいわれる。附属

*122　大隅19頁、田中誠・総則185頁、西原85頁、石井＝鴻54頁、平出71頁。
*123　西原85頁、平出71頁、近藤37頁。
*124　大隅15頁、西原85頁、石井＝鴻54頁、平出71頁、近藤37頁。
*125　大隅19頁、田中誠・総則185頁、西原85頁、石井＝鴻54頁、近藤37頁。
*126　大隅20頁、平出73頁、近藤37頁。

的商行為は、営業的商行為とともに相対的商行為または主観的商行為とされる。

附属的商行為は、それ自体としては必ずしも営利性を有しない[*127]が、商人がその営業のためにするとき、商法は当該行為を附属的商行為として認め[*128]、商行為法の規定を原則として適用することとした（503条1項）。したがって、非商人が同じ行為を行っても、当該行為は附属的商行為とはならず、商行為法の規定が適用されることにはならない。なお、絶対的商行為はそれ自体の性質上常に商行為であるから、絶対的商行為が附属的商行為であるかを論じる必要は生じない[*129]。これに対し、商法502条に列挙されている行為は、営業としてなされる場合にのみ営業的商行為となるから、これを営業としない商人がその営業のためにするときは、附属的商行為となる[*130]。

(イ)　附属的商行為の主体となる商人は、固有の商人（4条1項）、および、擬制商人（4条2項）である。また、ここにいう商人には、完全商人のほか、小商人が含まれ[*131]、また、公法人たる商人も含まれる[*132]。附属的商行為は、当該行為がなされた時点において、商人である者の行為でなければならない。

(ウ)　法律行為に限定されない。附属的商行為は、法律行為に限られず、通知・催告などの法律的行為[*133][*134]、事務管理[*135]のような準法律行為でもよい[*136]。物品の交付・受領、弁済のような事実行為も附属的商行為として認める学説がある[*137]。なお、不法行為も附属的商行為になると解する学説[*138]があるが、著者は否定したいと考える[*139]。

---

*127　大隅20頁、田中誠34頁、石井＝鴻55頁、平出73頁。
*128　大隅20頁、西原86頁、石井＝鴻55頁、平出73頁。
*129　大隅22頁、西原91頁、平出74頁。
*130　大隅22頁、西原92頁、平出74頁。
*131　大隅21頁、平出74頁。
*132　大隅20頁。
*133　大隅21頁、田中誠30頁、西原62頁。
*134　通知・催告などを附属的商行為として認めないとするのは、田中耕・総則224頁。
*135　大隅21頁、西原62頁・89頁、石井＝鴻56頁、平出83頁。大判昭6・10・3民集10-851。
*136　田中誠29頁、西原62頁・89頁。
*137　西原62頁。
*138　田中誠29頁、西原63頁・89頁。

(エ)　開業準備行為は附属的商行為か。会社については、設立登記のなされる以前において、会社（正確にいえば設立中の会社である）が開業のために行う行為が附属的商行為と認められるかという問題がある。多数説および最高裁は、問題とされた準備行為が基本的行為との関連が認められる以上は、当該準備行為によって商人資格を取得し、その準備行為は、商人の最初の附属的商行為と解すべきであるとする*140。

個人が営業を開始する以前において、個人が開業のために行う行為が附属的商行為と認められるかという問題がある。多数説および最高裁は、会社の場合と同様に解している。ただし、個人の場合には、問題の行為が営業を開始するために行う行為か、それとも、営業とは無関係の行為かが、第三者からは判別できないという問題があり、第三者の保護を考慮して学説が分かれる。

第1説は、営業意思の積極的な表白行為が必要と解する*141。

第2説は、営業意思の実現行為であれば、当該行為は附属的商行為であると解する*142。

第3説は、営業意思が客観的に認識できる状態になれば、当該行為は附属的商行為であると解する*143。著者は、第3説に従う。

(オ)　附属的商行為は、商人が営業のためにする行為である*144。営業のために

---

*139　不法行為を附属的商行為として認めることにより、その効果として商法511条、平成29年改正前商法514条および同法522条が適用されると解する学説があった（田中誠29頁、西原63頁）。商人については、敏速な解決が必要という理由である。しかし、不法行為の被害者の立場から考えるとき、不法行為に基づく損害賠償請求権が商事の短期消滅時効で消滅するのは不当と考えられる。たとえば、自動車による人身事故の場合に、その不法行為に基づく損害賠償請求権について、行為者が非商人であれば民法722条が適用され、行為者が商人であれば平成29年改正前商法522条の商事の短期消滅時効が適用されるということは明らかにおかしい。

*140　大隅21頁、石井＝鴻56頁、平出75頁。最判昭33・6・19民集12-10-1575〈百選2〉「原判決が……、特定の営業を開始する目的で、その準備行為をなした者は、その行為により営業を開始する意思を実現したものでこれにより商人たる資格を取得すべく、その準備行為もまた商人がその営業のためにする行為として商行為となるものとした判断は、正当であ〔る〕。」。

*141　大審院は、当初、表白説を採った。大判大14・2・10民集4-56「商人とは自己の名をもって商行為をなすを業とする者をいう。従って少なくとも1回の商行為をなすことは商人資格発生の要件にあらざれども、商人たる資格の発生するには商行為をなすを業とするの意思を外部に発表することを要するものと解すべきものとす。」。

するとは、商品の売買を行う商人が買主から依頼を受けて当該商品を運送する場合のように、本来の売買という営業自体を遂行するためのものや、または、店舗や営業所の購入・賃借、営業資金の借入れ・立替えその他金融を受ける行為、従業員の雇用（(カ)で述べる）、商品・営業所等に保険を付ける行為等のような営業を補助する行為、さらには取引先への金銭の貸付け・立替えその他金融を得させる行為のような、広く営業に関連し営業の維持便益を図るためにする一切の行為を含む[*145 *146]。有償無償を問わない[*147]。

また、商人が営業用兼住居用の家屋の新築資金を借り入れるように、借入金が営業用のみに使用されるものではない場合も含まれる。

(カ)　労働契約について、最高裁[*148]は附属的商行為性を認めている。反対する

***142** 営業意思実現説を採るものは、松本112頁、田中耕259頁。その後、大審院は、意思実現説に改めた（大判昭６・４・24民集10-289「商人がその営業のためにする行為は商行為なるをもって商人がその営業開始以後営業のためになしたる行為が商行為なるのみならずその営業開始前になしたる準備行為もまた商行為なりと解するを相当とす。けだし特定の営業を開始する目的をもってその準備行為をなしたる者はその行為により特定の営業を開始する意思を実現するものなるをもってその準備行為もまた商人がその営業のためにする行為に包含せらるるをもってなり。」。大判昭16・２・21法律新聞4685-10「商法503条にいうところの営業のためにする行為とは、営業がすでに存在することを要せず、新たに営業を開始せんとする者がその準備のためになす行為をも包含するものなるがゆえに、訴外Ａが貸座敷業を営まんがためにその営業の許可を受くるに必要なる家屋を買い入るる行為及びその家屋を所有するため敷地の賃借権を取得する行為のごときは営業開始の準備行為としてすべて商行為たるものと言うべ〔きなり〕」。）。

***143** 西原87頁、大隅21頁、大隅・総則96頁・128頁、石井＝鴻56頁。現在の最高裁はこの立場である。最判昭47・２・24民集26-１-172「特定の営業を開始する目的でその準備行為をした者は、その行為により営業を開始する意思を実現したものであつて、これにより商人たる資格を取得するのであるから、その準備行為もまた商人がその営業のためにする行為として商行為となる……。その準備行為は、相手方はもとよりそれ以外の者にも客観的に開業準備行為と認められうるものであることを要すると解すべき〔である〕。」。

***144** 田中誠34頁、西原89頁、平出81頁。

***145** 大判大５・12・２民録22-2352「おもうに商法265条１項の商人がその営業のためにする行為、すなわちいわゆる商人の附属的商行為とはその行為が直接に営業のためにする行為、たとえば営業資金の借入れのごときもののみならず営業に関連し営業の維持便益のためにする行為をも包含するものと解すべきものな〔り〕」。

***146** 西原89頁、石井＝鴻56頁、平出82頁、近藤38頁。

***147** 大隅21頁、西原89頁。

学説もある[*149]が、解釈論としては、附属的商行為性を否定する必要はないと解される[*150]。

㈹　株式引受けについて、大審院[*151]および多数学説[*152]は、営業のためにする取引的行為ではないとして、附属的商行為性を否定する[*153]。

㈷　営業のためにする行為であることの推定

個人商人の場合、営業とは無関係な生活に係る行為があるから、個々の行為が営業のためにするものか否かが必ずしも明らかではない。そこで、商法は、取引の安全を図るため、個人商人の行為はその営業のためにするものと推定する規定を設けている（503条2項）。

身分法上の行為等のように、行為自体の客観的性質から営業のためにするものでないことが明らかな場合には、503条2項の推定規定の適用はないが、そうでない場合には503条2項の推定を受けるので、問題の行為が商行為でないと主張する者は、その行為が営業のためにしたものでないことを証明しなければならない[*154]。

なお、会社は営業を離れては存在しない[*155]から、会社が行う行為は、「事業

---

*148　最判昭29・9・10民集8-9-1581（最高裁は、〔株式〕会社と労働組合との間で締結された労働協約に基づく退職金の約定を商行為と解すべきことは商法503条の規定上明らかであると判示した。）、最判昭30・9・29民集9-10-1484「雇傭〔契約〕は〔商人たる〕Yがその営業のためにする行為であると認められ……、商行為となる。」。

*149　大隅22頁。

*150　田中誠35頁、西原89頁、石井＝鴻56頁、平出83頁。

*151　大判明43・12・13民録16-937「株金払込の義務は株式引受によりて生ずるものにして株式の引受が商行為にあらざることは原院判示の如し。」、大判大4・11・20民録21-1886「株式会社の資本は会社構成の一要素をなすものにして、会社設立の場合における株式の引受はもちろん、既設会社が資本増加のために発行する新株式の引受行為はいずれも商行為にあらざることは商法中商行為に関する規定に照らし明な〔り〕」。

*152　田中誠35頁、平出84頁。大隅＝今井・会社法論上231頁、石井＝鴻・会社法上81頁。

*153　西原は認める（西原90頁）。

*154　大隅22頁、田中誠35頁、西原92頁、石井＝鴻57頁、平出87頁、近藤38頁。

*155　田中誠36頁、西原92頁・93頁「大隅教授は、会社も社会的実在として存在し、かつ活動している……、災害や社会的行事における寄附を例示される（大隅23頁）。一応もっともな主張と思われるが、会社の支出はすべて営業会計に関するものとして商業帳簿の記載事項となり、個人のようなポケットマネーはないから、やはり広い意味の営業生活に属するものと解するのが徹底的であろう。」。石井＝鴻55頁、平出75頁、近藤38頁。反対するのは、大隅23頁。

としてする行為」、または、「事業のためにする行為」となり、503条2項の推定規定を適用する余地はない[*156][*157]。

*156 西原92頁、石井＝鴻55頁、平出75頁・87頁、近藤38頁。

*157 なお、以下の判決において、最高裁は、会社の行為に商行為でないものがあるかのような表現をしているが、その点は疑問である。最判平20・2・22民集62-2-576〈百選29〉「会社の行為は商行為と推定され、これを争う者において当該行為が当該会社の事業のためにするものでないこと、すなわち当該会社の事業と無関係であることの主張立証責任を負うと解するのが相当である。なぜなら、会社がその事業としてする行為及びその事業のためにする行為は、商行為とされているので（会社法5条）、会社は、自己の名をもって商行為をすることを業とする者として、商法上の商人に該当し（商法4条1項）、その行為は、その事業のためにするものと推定されるからである（商法503条2項。同項にいう「営業」は、会社については「事業」と同義と解される。）。」。

第2章　商行為法総則

商法504条から521条までは、いずれもある行為が商行為であること、または、ある行為者が商人であることを要件として、民法の法律行為の特則を定めるという共通性が認められる。そこで、本章は、これらの規定を一括し、「商行為法総則」として説明する。学説によっては、これらの規定を、民法総則編、民法物権編および民法債権編に対する特則として説明する試み[*1]や、商行為一般・商人の商行為・商人間の商行為に分けて説明する試み[*2]、契約の成立、債権の担保、代理・委任、および、営利性に分けて説明する試み[*3]などがあるが、必ずしも成功しているとは思われない。このような考察から、本書は、基本的に、商法の条文の順に従って説明を行うことにする。

第1節　商行為の代理・委任に関する特則

第1款　代理における非顕名主義（504条）

(ア)　民法の代理においては、原則として、代理人は「本人のためにすること」を示したうえで意思表示をすることによって初めて本人に対して効力が生ずると定められている（民99条・100条[*4]）。このことを民法における代理の顕名主義という。これに対し、商法は、商行為の代理について非顕名主義を定めている（504条）。すなわち、商法は、商行為の代理、すなわち、本人にとって商行為と

＊1　田中誠80頁以下。
＊2　大隅32頁以下、石井＝鴻57頁以下。
＊3　近藤129頁以下。

なる行為を代理人が代理する場合に、代理人が本人のためにすることを示さないで代理行為を行ったとしても、本人に対し効力が生ずると定めている（504条本文）[*5]。相手方がその行為が代理であることを知らない場合[*6]であっても、本人と代理人との間に代理関係が存在する限り、当該行為は本人に対して効力を生ずる[*7]。この場合、本人は、相手方に対して代理行為が有効であることを主張できる[*8]。

商法504条は、商取引の世界において取引の敏活性・迅速性が重視され、また、多くの場合に取引が大量的・継続的であることが考慮された規定と理解されている[*9]。

(イ)　上記の場合、相手方が代理人を契約者本人と誤信していることが考えられる。そこで、相手方が不測の損害を被らないために、相手方は代理人に対しても履行の請求をすることが認められている（504条但書）。したがって、以上

---

*4　なお、本文の場合のほか、相手方が、代理人が本人のためにすることを知り、または、知ることができたときも、本人に対して効力を生じる（民100条但書）。

*5　田中誠81頁。石井＝鴻58頁、平出100頁、近藤140頁・142頁。最大判昭43・4・24民集22-4-1043〈百選30〉「商法は、本人のための商行為の代理については、代理人が本人のためにすることを示さなくても、その行為は本人に対して効力を生ずるものとして、顕名主義に対する例外を認めている（同法504条本文）。」、最判昭51・2・26金融法務784-33「商法504条但書は、代理人の行為が本人にとつて商行為となる場合において適用されるものと解される。」。

*6　大判明39・5・22民録12-785は、「商法266条前段〔＝現行商法504条〕は相手方が本人のためにすることを知りたるときと否とにかかわらざる規定」と判示する。最判昭44・9・11判時570-77は、「本人のために商行為となる取引においては、代理人が本人のためにすることを示さなくても、その行為が本人に対して効力を生ずるものであることは当裁判所の判例とするところであり（最大判昭和43年4月24日）、このことは相手方が本人のためにすることを知らなかった場合であっても、異ならない。」と判示する。

*7　大隅33頁、石井＝鴻58頁、平出101頁。大判明39・5・22民録12-785〔前掲注6〕。

*8　石井＝鴻58頁。

*9　最大判昭43・4・24民集22-4-1043〔前掲注5〕〈百選30〉「これ〔＝商法504条の定め〕は、営業主が商業使用人を使用して大量的、継続的取引をするのを通常とする商取引において、いちいち、本人の名を示すことは煩雑であり、取引の敏活を害する虞れがある一方、相手方においても、その取引が営業主のためされたものであることを知つている場合が多い等の事由により、簡易、迅速を期する便宜のために、とくに商行為の代理について認められた例外であると解される。」。

の場合には、相手方と本人の間、および、相手方と代理人の間のいずれにも契約関係が成立することになり、相手方はそのいずれかを選択して請求することになる[*10]。

なお、相手方が代理人に履行を請求する場合、相手方が「本人のためにすること」を過失によって知らなかったときであっても、代理人は履行請求を拒否できないと解される[*11]。これに対し、最高裁は、代理人は履行請求を拒否できるとする[*12][*13]。なお、相手方が代理人を選んだ後は、本人は自己へ法律の効果の帰属を主張できない[*14]。

(ウ)　本条は、代理人が代理権を有する場合の規定である。そもそも代理人が代理権を有さない場合については本条の適用はなく、民法の表見代理の問題になる。

(エ)　商法504条は、会社の代表機関が会社のためにすることを示さないで行った行為についても類推適用される[*15]。

第2款　商行為の委任の特則（505条）

商法は、商行為の受任者は委任の本旨に反しない範囲内において、委任を受けていない行為をすることができる、と規定する（505条）。「商行為の受任者」とは商行為を行うべき委任を受けた者の意味であり、委任自体が商行為である必要はない[*16]。

---

*10　大隅33頁～34頁。田中誠二は、本人の債務と代理人の債務は不真正連帯債務になるという（田中誠83頁）。西原122頁、石井＝鴻58頁、鈴木12頁「本人・代理人のいずれにも請求できる」。

*11　田中誠82頁、石井＝鴻58頁。

*12　最大判昭43・4・24民集22-4-1043〔前掲注5〕〈百選30〉「〔商法504条〕但書は善意の相手方を保護しようとする趣旨であるが、自らの過失により本人のためにすることを知らなかつた相手方までも保護する必要はない。」。

*13　最高裁の立場を支持するのは、大隅34頁、西原123頁、平出105頁、近藤141頁・142頁。

*14　石井＝鴻58頁。

*15　大隅34頁、西原123頁、平出100頁、近藤142頁。大判大7・5・15民録24-850「会社の取締役はその代理人なるをもって会社の取締役が会社のためにすることを示さずしてなしたる商行為につき商法266条〔＝現行商法504条〕の適用あること言をまたず。」。

一見すると、商法505条は、商行為の委任を受けた受任者の権限を拡張して、委任を受けていない行為も、状況の変化に応じ臨機応変に行いうることを規定したかのように見える。しかし、民法の委任を受けた受任者についても、民法644条所定の善管注意義務の解釈から、明示の委任はなくとも事情の変化に応じて受任者が適宜適切な処置を行いうるという結論は導かれるのであり、他方、商行為の委任だからといって善管注意義務で許容される以上のことを認める必要はないと考えられる[*17]。したがって、商法505条は、民法644条の趣旨を明確にしただけのものと解するほかない[*18]。

第3款　商行為の委任における本人の死亡（506条）

商行為の委任によって受任者に授与された代理権は、本人の死亡によっては消滅しない（506条）。なお、「商行為の委任による代理権」とは、商法504条の場合と異なり、支配人や商法25条所定の使用人などの選任のように、本人にとって商行為（附属的商行為）である委任によって授与された代理権をいうものと解される[*19]。受任者が商人であるか否かは、商法506条の適用に関係がない[*20]。

本人が死亡した場合、「新しい本人」には、本人の相続人がなる[*21]。「新しい本人」による受任者への代理権授与行為は必要とされない。相続人が複数人いる場合は、相続人間の遺産分割の協議により、「新しい本人」となるべき者が定まることになる（民907条1項）。

---

*16　大隅35頁、西原125頁、平出111頁、近藤142頁。

*17　大隅35頁、田中誠102頁、西原125頁、石井＝鴻59頁、鈴木12頁、平出110頁、近藤142頁。

*18　大隅35頁、西原126頁、石井＝鴻60頁、鈴木17頁、平出110頁、近藤142頁。

*19　大隅35頁、田中誠84頁、西原125頁、石井＝鴻59頁、鈴木12頁、平出108頁、近藤140頁。大判昭13・8・1民集17-1597「商法268条〔＝現行商法506条〕の規定は委任行為自体が委任者より見て商行為なる場合にあらざればその適用なきものと解す」。

*20　西原125頁。受任者が商人の場合としては代理商があり、受任者が非商人の場合として商業使用人がある（西原125頁）。石井＝鴻59頁、平出109頁。

*21　大隅34頁、西原124頁、石井＝鴻59頁、鈴木12頁、近藤140頁「相続人が営業を承継し継続する意思がなく、かつ現実に営業を承継していなくても同様である。」。東京高判平10・8・27高民集51-2-102。

第2節　契約の申込みと承諾に関する特則

第1款　隔地者間における契約の申込みの効力（508条1項）

隔地者間（＝対話者間以外の場合[*22]）において、契約の申込者が相手方に承諾期間を定めずに契約の申込みを行った場合、民法は、申込者が承諾の通知を受けるのに相当な期間を経過するまでは申込みを撤回できないと規定する（民525条1項本文）。これに対し、商法は、同様の場合において申込みを受けた者が相当の期間内に承諾の通知を発しないとき[*23]は、申込みはその効力を失うと規定する（508条1項）。なお、その場合に遅延して到達した承諾は、申込者において、相手方からの新たな申込みとみなすことができる（508条2項、民524条）

商法508条は、当事者のいずれか一方にとって商行為であれば適用される[*24]。

第2款　契約の申込みに対する諾否通知義務（509条）

㋐　民法において、契約は申込みに対し明示的または黙示的な承諾の意思表示があって初めて成立する（民522条1項）。契約の申込みを受けた者が、申込みに対して承諾または拒絶等のなんらかの意思表示をするべき義務を負うことはないから、かりに申込者が申込みとともに、「拒絶の通知がなければ承諾したものとみなす」などといった文言を書き添えたとしても、この文言は法律的に無意味である[*25]。

これに対し、商法は、商人が、平常取引をしている者からその営業の部類に属する契約の申込みを受けたときは、遅滞なく諾否の通知を発しなければならないと規定する（509条1項）。そして、遅滞なく諾否の通知を発しないときは、申込みを承諾したものとみなされる（509条2項）。すなわち、民法と異なり、沈

---

*22　実際に遠隔であっても、電話等で直接交渉している場合は、隔知者間ではなく対話者間と考えられる（近藤130頁）。

*23　承諾の通知について発信主義が採られている（石井＝鴻60頁、鈴木12頁）。

*24　大隅36頁、西原127頁、石井＝鴻61頁、平出115頁。

*25　大隅43頁、西原128頁、石井＝鴻68頁、平出117頁。

黙していると承諾とみなされ、当然に契約が成立することとなる[*26]。したがって、民法に対する特則といえる。

本条は、商取引の敏活性と商取引における相手方の信頼の保護を考慮した規定である[*27]。本条は、承諾期間の定めのない隔地者間における商行為たる契約の申込みに対する承諾についての規定である[*28]。

(イ)　商法509条が適用されるためには、契約の申込みを受けた者が商人でなければならない[*29]。他方、申込者が商人である必要はない。その契約が申込者にとって商行為であるか否かを問わない。申込者は、申込みを受けた商人と平常取引をする関係のある者でなければならない[*30][*31]。商法509条が適用されるためには、申込みのなされた契約が、申込みを受けた商人の営業の部類に属するものでなければならない[*32]。なお、商法509条が適用されるためには、申込みの内容が、申込みを受けた商人の営業とする基本的商行為にあたらなければならないともいわれる[*33]。

---

*26　大隅43頁、鈴木13頁、平出117頁。

*27　田中誠98頁、鈴木13頁。

*28　平出118頁。

*29　大隅43頁、西原128頁、石井＝鴻68頁、平出118頁、近藤132頁。

*30　大隅43頁、西原128頁、平出118頁、近藤131頁。

*31　西原129頁「『平常取引をなす者』とは、従来継続的に取引関係があり、今後も取引の反覆が予想される者のことである。」。契約の申込み以前に１回か２回程度の売買契約があったという事実では、平常取引をしていたとはいえない（大判昭6・9・22商事判例集484頁）。石井＝鴻68頁、平出118頁。

*32　田中誠98頁、西原128頁、石井＝鴻68頁、平出118頁。最判昭和28・10・9民集7-10-1072〈百選32〉（被告・控訴人・上告人Ｙは、原告・被控訴人・被上告人ＸおよびＹがいずれも商人であるから、商法509条により、ＸはＹから借地権抛棄の申込みを受けたのに対し、直ちに諾否を明らかにする義務があるのにこれを怠ったから、Ｘは右申込みを承諾したものとみなされると主張したのに対し、原審判決は「商法509条は商人が平常取引をする者からその営業の部類に属する契約の申込みを受けた場合に関するものであって、ＹはＸと平常取引をする者でもなく、いわんや右借地権抛棄方の申込みがＸらの営業の部類に属するものと認めるべき事由はないから、右主張はそれ自体失当である。」と述べて控訴を棄却した。Ｙが上告したが、最高裁は、原判決の判断は正当と判示した。）。

*33　田中誠98頁、西原128頁、石井＝鴻68頁、近藤131頁。なお、少数説として、平出は、「必ずしも営業として行う基本的商行為に限らず……、営業のために行う附属的商行為でもよいが、日常の業務として行わないものは除かれる」という（平出119頁）。

(ウ)　申込みを受けた商人が、遅滞なく、諾否の通知を発しなかったときは、その商人は、契約の申込みを承諾したものとみなされる（509条2項）。したがって、確定的に契約が成立したことになる。拒否の通知を発信すれば契約は成立しない[*34]。

申込みを受けた商人が正当な事由により申込みを知らなかった場合、または、拒否の通知を発しなかったことにつき過失がない場合には、承諾を擬制されることはないと解される[*35]。申込みを受けた商人が無能力の場合も同様である[*36]。

第3款　送付物品の保管義務（510条）

商法は、商人がその営業の部類に属する契約の申込みを受けたときに、その申込みとともに受け取った物品（たとえば見本）がある場合、その申込みを拒絶したとしても、申込者の費用でその物品を保管する義務が生じると規定する（510条本文）。ただし、その物品の価額が保管費用を償うに足らないとき、または、申込みを受けた商人がその保管によって損害を被るときは、保管する義務は生じない（510条但書）。

申込みは、売買契約の申込みに限られず、問屋に対する販売の委託や、運送業者に対する運送品送付を伴う運送の申込みなども該当する[*37]。申込者が商人である必要はなく、申込みが申込者にとっての商行為である必要もない[*38]。

商人に本条所定の義務が生じるのは、隔地取引の場合に限ると解され[*39]、商人がその営業の部類に属する契約の申込みとともに物品を受け取った場合である[*40]。「申込みとともに受け取った物品」とは、申込みと相前後して受け取った物品のことであって、必ずしも申込みと物品とが同時に到達する必要はない[*41]。商人がこの保管義務[*42]に違反するときは、損害賠償責任を負うことになる[*43]。

---

*34　石井＝鴻69頁、平出119頁。
*35　大隅43頁、西原128頁、平出120頁。
*36　西原128頁、平出120頁。
*37　西原129頁、平出123頁。
*38　西原129頁、平出122頁。
*39　大隅44頁、田中誠99頁、西原129頁、近藤133頁。反対、平出122頁。
*40　平出122頁、近藤132頁。
*41　平出123頁。

第3節　当然の連帯債務・連帯保証

第1款　当然の連帯債務（511条1項）

民法は、1個の債権に数人の債務者がある場合、別段の意思表示がない限り、原則として、各債務者は平等の割合で義務を負うと規定する（民427条）。すなわち、債務は分割債務になる。これに対し、商法は、債務の履行を確実にして債権者の保護を強化し、これにより取引の安全をはかるために、数人の者が1人または全員のために商行為となる行為によって債務を負担するときは、別段の意思表示がない限り、その債務は、当然に当該数人の者の連帯債務になると規定する（511条1項）[*44]。

商法511条1項が適用されるためには、第1に、債務が、債務者の1人または全員にとって商行為となる行為（当然、附属的商行為も含む）によって生じた債務であること[*45]、かつ、第2に、債務が当該数人の債務者の共同の行為によって生じたことが必要と解されている[*46]。債権者も債務者も商人であることを必要としない[*47]。債権者のために商行為であることは求められておらず[*48]、債務者のために商行為であれば本条適用の要件を充たす[*49]。なお債務は必ずしも直接に商行為によって生じたことを要せず、商行為によって生じた契約の解除

---

*42　西原は、保管義務を善管注意義務という（西原129頁、平出123頁）。

*43　大隅44頁、西原129頁、鈴木13頁、平出123頁。

*44　最判平10・4・14民集52-3-813〈百選33〉「共同企業体は、基本的には民法上の組合の性質を有するものであり……、共同企業体の構成員が会社である場合には、会社が共同企業体を結成してその構成員として共同企業体の事業を行う行為は、会社の営業のためにする行為（附属的商行為）にほかならず、共同企業体がその事業のために第三者に対して負担した債務につき構成員が負う債務は、構成員である会社にとって自らの商行為により負担した債務というべきものである。したがって、右の場合には、共同企業体の各構成員は、共同企業体がその事業のために第三者に対して負担した債務につき、商法511条1項により連帯債務を負うと解するのが相当である。」。

*45　大隅37頁、田中誠93頁、鈴木14頁、平出125頁、近藤134頁。

*46　大隅37頁、田中誠93頁、西原131頁、石井＝鴻61頁、平出125頁。

*47　大隅37頁、西原131頁、石井＝鴻61頁、平出125頁。

または債務不履行による原状回復債務や損害賠償債務などのように、商行為によって生じた債務と同一性を有するものでもよい[*50]。

商法511条1項は、債務が、債務者のうち1人にとって商行為であれば、債務者全員の連帯債務になると規定するが、他の債務者にとってその債務が商行為によって生じた債務になると規定しているわけではない。しかし、商法3条2項により、商行為に関する規定が債務者全員に適用され、また、債権者にとって商行為にあたらない場合にも、商法3条1項により債権者についても商法が適用されるから、結局、債権者債務者の全員にとって商行為によって生じた債務として扱われることになる[*51]。しかし、判例・学説はこのような結論を不当と考え、この場合、商法511条1項を適用すべきでないと解している（第2編第1章第5節第3款(ア)）。

第2款　当然の連帯保証（511条2項）

ある債務に保証債務が存在する場合、商法は、主たる債務が主たる債務者の商行為によって生じたとき、または、保証債務が保証人にとって商行為であるときは、主たる債務者および保証人が各別の行為をもって債務を負担した場合でも、別段の特約がない限り[*52]、その債務は当然に連帯保証になると規定する（511条2項）。このことは、保証人について、催告の抗弁、検索の抗弁、および、分別の利益を失わせる効果をもたらせることになる[*53]。

商法511条2項が適用されるためには、第1に、主たる債務が主たる債務者にとっての商行為によって生じた債務であるか、または、第2に、保証が保証人にとって商行為（当然、附属的商行為を含む）であることが必要である[*54]。主

---

*48　田中誠93頁、西原130頁、石井＝鴻61頁、鈴木18頁、平出125頁、近藤134頁。大判明45・2・29民録18-148「その行為が全員はもちろん、1人のためにも商行為たらざるときは、たとえ相手方のために商行為たるときといえども、これ〔＝現行商法511条1項〕を適用すべきにあらざること法文上まことに明白なり。」。

*49　田中誠93頁、西原131頁、鈴木18頁、平出125頁、近藤134頁。

*50　大隅37頁、西原131頁、石井＝鴻61頁、平出125頁、近藤134頁。

*51　平出126頁。

*52　田中誠93頁、西原133頁、石井＝鴻62頁、平出128頁。大判昭13・3・16民集17-423。

*53　田中誠93頁、石井＝鴻62頁、近藤135頁。

たる債務者が商人であることは必要とされない[*55]。保証人が数人いる場合、511条２項の趣旨によれば、各保証人間にも連帯関係が生ずるものと解される[*56]。

なお、商法511条は、商行為によって生じた契約の解除または取消しによって生じた原状回復債務や不当利得返還債務などのように、商行為によって生じた債務と同一性を有するものについても適用される[*57]。

第４節　商行為の営利性

第１款　報酬請求権（512条）

商法は、商人がその営業の範囲内において他人のためになんらかの行為を行ったときは、契約で定めていなくても、相当な報酬を請求する権利が生じると規定する（512条）。

商人の行った行為が、その商人の営業の範囲内であることが必要である[*58]。ここに「営業の範囲内」の意義であるが、商人の行った行為が、その商人の営業の範囲内でなされたものであれば、営業としてなされた行為（営業的行為）でも、営業のためになされた附属的商行為でも、本条の要件を充たすと解されている[*59][*60]。相手方が非商人でも本条が適用される[*61]。例としては、綿布の製造販売を業とする商人が、取引の相手方に金融の便を与えるために約束手形を振り

---

*54　なお、大審院は、債権者にとって商行為である場合にも現行商法511条２項を適用すると判示した。すなわち、大判昭14・12・27民集18-1681「商法273条２項〔＝現行商法511条２項〕にいうところの保証が商行為とは、保証が保証人にとり商行為たるのみならず債権者にとり商行為性を有する場合をも包含するものと解するを相当とす。」。学説は大審院の立場に反対する。すなわち、大隅39頁、田中誠93頁、西原133頁、石井＝鴻62頁、鈴木18頁、平出129頁。

*55　西原133頁、平出129頁。

*56　大隅39頁、田中誠93頁、西原133頁、鈴木15頁。大判明44・5・23民録17-320「数人の保証人ある場合において債務が主たる債務者の商行為によりて生じたるとき又は保証自体が商行為なるときは各保証人をして主たる債務者と連帯すると同時に保証人相互の間にも連帯して債務を負担せしむるの趣旨を含む」。

*57　西原133頁、田中誠94頁、平出129頁。

*58　田中誠100頁、西原117頁、鈴木13頁、平出89頁、近藤143頁。

出して交付したときは、その行為について相当の報酬を請求できるとされた[*62]。

「行為」は、一切の事実上の行動を意味し、法律行為も事実行為も含まれる。たとえば、商品を保管する、または、物品を運搬するといった事実行為も含まれる[*63]。その行為が他人の委託を受けたことは必要でなく[*64]、他人のために事務管理をした場合も、報酬を請求することができる[*65]。

「他人のため」とは、事実上他人の利益のためということを意味する。実際に結果として、その行為が他人の利益にならなくてもよい[*66]。本条所定の報酬請求権のほかに、要件を充たせば、費用償還請求権も生じうる[*67]。

本条は報酬支払請求権が生じることを規定するが、具体的な金額については、「相当な報酬」と表現するにとどまる。

---

*59　田中誠101頁「営業の範囲内というのは、当該の商人の営業上の行為のみならず、その営業上の利益もしくは便宜のために関連してなされた一切の行為を含む。」、西原117頁、平出89頁「その行為が商人の営業の範囲内でなされたものであれば、営業としてなされた行為（営業的行為）であっても、営業のためになされた附属的商行為であってもよく、日常集団的反復的になされるような、営業の部類に属する行為であることは必要でない。」、近藤143頁「ここでいう営業の範囲内とは、広い概念であり、営業行為そのものでなくとも営業のために行われた行為であれば、本条〔＝512条〕が適用される。」。

*60　大判大10・1・29民録27-154「〔現行商法512条の〕営業の範囲内とは商人の目的とする当該営業上の行為のみならずその営業のためにする、換言すれば、その営業の利益もしくは便宜を計るがためにする一切の行為をも包含するものと解する」、大判昭8・9・29民集12-2376「〔現行商法512条の〕営業の範囲内において他人のためにする行為とは商人の目的とする当該営業上の行為のみならずその営業の利益もしくは便宜を計る目的をもって他人のためにする一切の行為をも包含するもの〔なり〕」。

*61　鈴木17頁、平出89頁、近藤143頁。

*62　大判大10・1・29民録27-154〔前掲注60〕、参考判決例として、大判昭8・9・29民集12-2376〔前掲注60〕、東京地判平28・5・13判時2340-83。

*63　大隅44頁、田中誠101頁、西原117頁、石井＝鴻70頁、平出90頁。

*64　石井＝鴻70頁、平出89頁。大判昭8・9・29民集12-2376〔前掲注60〕「前記商法法条〔＝現行商法512条〕は委任の存否を問わずその適用ある規定……なり。」。

*65　大隅45頁、田中誠100頁、西原117頁、平出90頁。

*66　大隅45頁、田中誠101頁、西原117頁、石井＝鴻70頁、平出89頁。

*67　西原117頁、石井＝鴻70頁、平出89頁。大判昭8・9・29民集12-2376〔前掲注60〕「前記法条〔＝現行商法512条〕には明文なきも商人が当該行為をなすにつき立替金旅費その他必要なる費用を支出したるときはその償還を請求するを得るの法意なることはこれを民法650条1項及び702条1項に徴し疑を容るべからず。」。

第２款　消費貸借の利息請求権（513条１項）

民法では、消費貸借契約は特約がない限り無利息である（民589条１項）が、商法は、商人間における金銭消費貸借契約については、契約で定めていなくても、貸主は法定利息（民404条）を請求できると規定する（513条１項）。「営業の範囲内」における金銭消費貸借契約でなければならない[*68]。本条は、商人間の金銭消費貸借契約について適用される[*69][*70]。

第３款　立替金の利息請求権（513条２項）

商法は、商人がその営業の範囲内において他人のために金銭の立替えをしたときは、当該他人に対し、その立替えの日以後の法定利息を請求できると規定する（513条２項）。立替金であれば、それが委任に基づく場合も事務管理に基づく場合も本条が適用される[*71]。立替えが委任または寄託に基づくときは、民法の規定により、受任者または受寄者は利息を請求できる（民650条１項・665条）から、商法513条２項の特則は事務管理の場合に意義があるといわれる[*72]。本条１項の文言と比較して、商人間である必要はなく、相手方は非商人でもよい[*73]。

第５節　流質契約の許容（515条）

民法は、債務者保護の観点からいわゆる流質契約[*74]を禁止している（民349条）が、商法は、商行為によって生じた債権を担保するために質権を設定する

*68　西原119頁、鈴木17頁、平出95頁。多数説に対し、田中誠は、商法513条１項は、本条２項の文言と比較して、「営業の範囲内」という制限を考える必要はないとする（田中誠94頁）。

*69　大隅46頁、鈴木17頁、近藤145頁。

*70　平出は、商人が非商人に貸したときも商法513条１項が適用されるとする（平出95頁）。

*71　大隅45頁、西原118頁、石井＝鴻70頁、鈴木13頁、平出92頁。

*72　平出92頁。

*73　田中誠100頁、石井＝鴻67頁、鈴木17頁、平出93頁。

場合について流質契約を認めている（515条）。「商行為によって生じた債権」とは、債権者・債務者のいずれか一方のみにとって商行為たる行為によって生じた債権であると解し、質権設定行為が商行為であることは必要ないと解する学説[*75]と、債務者が商人であるために債務者にとって商行為となる行為によって生じた債権についての規定であり、質権設定行為も債務者にとって商行為であることを要すると解する学説がある[*76]。

第6節　債務の履行の場所（516条）

民法では、弁済をすべき場所について別段の意思表示がないときは、特定物の引渡しは、債権発生の時にその物が存在した場所で行わなければならないと規定され、その他の弁済は、債権者の現時の住所に持参して行わなければならないと規定されている（民484条1項）。

これに対し、商法は、商行為によって生じた債務の履行場所がその行為の性質または当事者の意思表示によって定まらないときは、特定物の引渡しはその行為の時にその物が存在した場所で行わなければならないと規定され、また、その他の債務の履行は債権者の現在の営業所に、もし営業所のないときはその住所に持参して行わなければならないと規定する（516条）[*77][*78]。

---

*74　流質契約とは、質権設定契約または債務の弁済期前の契約において、債務の弁済として質権者に質物の所有権を取得させたり、その他法律に定めた方法によらないで質物を処分することを可とする旨の契約をいう（大隅40頁、田中誠90頁、西原134頁、石井＝鴻64頁、平出146頁）。

*75　西原134頁、石井＝鴻64頁。

*76　大隅40頁～41頁、田中誠90頁、鈴木18頁、平出147頁、近藤136頁。民法上の流質契約の禁止は債務者を保護するための規定であり、商行為によって生じた債権については、債務者に知識と能力が備わっているから保護する必要がないと考えたことにより商法515条は存在するのであるから、同条の適用にあたっては債務者が商人であることが必要になると解する。

*77　田中誠96頁。

*78　民法484条1項所定の「債権発生の時」と商法516条所定の「行為の時」との差異であるが、基本的に債権は法律行為の時に発生するから両者同一となるが、停止条件付法律行為または始期付法律行為の場合に両者が異なることになる（田中誠96頁、西原140頁、石井＝鴻65頁、鈴木15頁、平出149頁、近藤139頁）。

商法516条は、「商行為によって生じた債務」と規定し、特に制限を設けていないから、当時者の双方または一方が商人であることを必要とせず、商行為（501条～503条）によって生じた債務については本条が適用される[*79]。もちろん、取引と関係のない不法行為に基づく損害賠償債務については、商法516条が適用されることはない[*80]。

なお、法令または慣習により取引時間の定めがあるときは、その取引時間内に限り、債務者は弁済をし、また、債権者は弁済の請求をすることができるとしていた定めが、平成29年改正前商法520条から、現行民法484条２項へ移動した。

第７節　商人間の留置権（521条）

㋐　商法は、商人間において、その双方のために商行為となる行為によって生じた債権が弁済期にあるときは、債権者は、その債権の弁済を受けるまで、債務者との間における当該商行為または他の商行為によって自己の占有に帰した債務者の所有の物または有価証券を留置できると規定する（521条本文）。すなわち、債権者に商人間の留置権[*81][*82]を認めている。

㋑　商法521条所定の商人間留置権が成立するためには、被担保債権について、第１に、その債権者債務者の双方が商人であること、第２に、債権者債務者双方にとって商行為たる行為（双方的商行為）によって生じた債権であること、第３に、弁済期が到来していること、が要件になる[*83]。したがって、債権者が第三者から譲り受けた債権については、本条の商事留置権は生じない[*84]。しか

*79　平出149頁、近藤139頁。

*80　近藤139頁。

*81　多数説は「商人間の留置権」または「商人間留置権」という（平出135頁、近藤136頁）。これに対し、西原は「商人留置権」という（西原135頁）。

*82　商法31条（代理商）、557条（問屋）、562条（運送取扱人）、574条（運送人）、741条２項（海上運送人）、および、521条所定の留置権を、まとめて商事留置権という（西原135頁、平出136頁）。田中誠87頁。

*83　田中誠87頁、西原136頁、平出137頁、近藤136頁。

*84　大隅47頁、田中誠88頁、西原136頁、平出138頁、近藤137頁。

し、相続や合併のような包括承継によって債権を承継した債権者にとって、当該債権についての本条の商人間留置権は消滅しないと解される[*85]。

(ウ)　商法521条所定の商人間留置権が成立するためには、第1に、その目的物がその債務者所有の物または有価証券であること、および、第2に、債権者にとっての商行為[*86]によってその目的物が債権者の占有に帰したものであること、も要件になる。ここにいう「物」は、動産に限られるとする見解もあるが、民事留置権の場合と同様に、不動産も含まれると解される[*87 *88]。

(エ)　民法上の留置権においては、被担保債権と目的物との間に牽連性が必要とされる（民295条1項）が、商法521条所定の商人間留置権については、そのような牽連性は必要とされない[*89]。

したがって、当該債権者と当該債務者の間において、被担保債権となる債権の反対給付等の理由で債権者が占有するに至った物もしくは有価証券、または、そのような理由からではなく債権者が占有するに至った物もしくは有価証券を商事留置権の目的物とすることができる。

(オ)　商法521条所定の商人間留置権は、当事者の特約によって排除できる（521条但書）[*90]。

(カ)　一般的に、留置権者は債権の弁済を受けるまで目的物を留置し（民295条1項）、目的物から生ずる果実を収受して優先的に弁済にあてることができる（民297条）が、一般的な優先弁済権は認められない[*91]。民事留置権が破産財団に対して効力を失う（破産66条3項）のに対し、商法521条所定の商人間留置権を含めて商事留置権はいずれも破産財団に対して特別の先取特権とみなされ（破産66条1項）、別除権が認められている（破産65条2項）。また、会社更生手続においても更生担保権とされている（会社更生2条10項）[*92]。

---

*85　大隅47頁、田中誠88頁、西原136頁。反対説は、平出129頁。

*86　田中誠88頁、大隅48頁、西原137頁、近藤136頁。

*87　田中誠88頁、西原138頁、平出141頁、近藤137頁。

*88　最判平29・12・14民集71-10-2184〈百選35〉「不動産は、商法521条が商人間の留置権の目的物として定める『物』に当たると解するのが相当である。」。

*89　大隅47頁、西原136頁、鈴木15頁、近藤136頁。

*90　大隅48頁、西原137頁、平出144頁、近藤137頁。

*91　大隅49頁、田中誠89頁、西原138頁、平出145頁。

第8節　商事寄託（595条）

商法は、商人がその営業の範囲内において寄託を受けた場合には、報酬を受けないときであっても、善良な管理者の注意をもって寄託物を保管しなければならない、と規定する（595条）。

この規定は、特に場屋営業者や倉庫営業者に限定して適用されるものではなく、ひろく商人一般に適用されるものである。したがって、多くの学説は、商行為法総論を扱う本節で商法595条を説明するが、商法595条が商事寄託の章に収められていることから、本書では、商事寄託を扱う第10章で説明する。

*92　西原138頁、石井＝鴻74頁、平出146頁、近藤137頁。

第３章　商事売買

第１節　総　論

売買契約については民法が多くの規定を設けており、民法の規定は商人・非商人を区別することなく広く適用されるが、商法の規定は、商人と商人との間で締結された双方にとって商行為たる売買契約についてのみ適用される[*1]。商法は、このような商事売買契約について、民法に対する特則を５か条規定している。いずれも任意規定と解されている[*2]。

第２節　売主の供託権および自助売却権

1. 序説

民法では、債務者たる売主が弁済の提供をした場合に、債権者たる買主が受領を拒むとき、または、受領することができないときは、債務者たる売主はその責任を免れるために供託することが認められ（民494条～497条）、さらに、目的物が供託に適さないとき、滅失損傷その他の事由による価格低落のおそれがあるとき、または、その目的物の保存について過分の費用を要するときなどには、裁判所の許可を得て競売を行いその競売代金を供託することができる（民497条）。しかし、競売代金を未払いの売買代金に充当することは認められない。

---

*1　大隅62頁、田中誠128頁、鈴木19頁、平出212頁。たとえば、運送営業者と倉庫営業者との間の附属的商行為にあたる売買契約については商法の諸規定が適用される。

*2　平出212頁。

これに対し、商法は、商取引における迅速完結の要請に応じて、商人間の売買について特則を設け、売主が速やかに目的物の引渡義務から免れるために、売主に供託権および自助売却権（＝裁判所の関与を不要とする競売権）を認め、さらに、競売代金の代金充当権を認めている。売主は、供託権と自助売却権を自由に選択して行使できる[*3]。また、いったん供託をした後にこれを取り消して競売すること、また、受領の催告後に供託することもできる[*4]。なお、上記の権利を行使せず、民法の一般原則により契約を解除して損害賠償を請求することも可能である[*5]。

2. 要件

売主が商法の規定する供託権および自助売却権を有するためには、以下の要件を充たさなければならない。

第1に、当該売買契約が商人間の売買契約であり、両当事者にとって商行為であることが要件となる[*6]。

なお、当事者である商人の代理人が無権代理人かつ非商人である場合、相手方がこの無権代理人に民法117条所定の責任を追及するときには商法524条が適用されると解される[*7]。

第2に、買主が目的物の受領を拒んでいること、または、目的物を受領できないことが要件となる[*8]。買主を確知できない場合も要件を充たすと解される[*9]。買主の責めに帰すべき事由によるか否かを問題としない[*10]。売主の供託権およ

*3　田中誠133頁、西原149頁、石井＝鴻78頁、平出213頁、江頭27頁、近藤147頁。

*4　西原149頁、石井＝鴻78頁、平出213頁。

*5　田中誠133頁、西原150頁、石井＝鴻78頁、平出213頁、近藤148頁。大判大6・12・25民録23-2224「商法286条〔＝現行商法524条〕は買主が目的物を引き取らざる場合において売主にその供託又は競売の権利を認めたるにすぎずして、これがため売買代金を提供し目的物を引き取らざる買主に対し売買契約を解除し損害の賠償を求むる権利を売主に認めたる民法の規定の適用を妨ぐるものにあらず。」。

*6　大隅63頁、田中誠131頁、西原147頁、鈴木19頁、平出214頁。石井＝鴻説・近藤説は、商行為性を要件としない（石井＝鴻77頁、近藤148頁）。

*7　大隅63頁、西原150頁、石井＝鴻77頁、平出214頁、近藤148頁。

*8　大隅64頁、田中誠131頁、西原148頁、石井＝鴻78頁、平出215頁、近藤148頁。

*9　大隅64頁、田中誠132頁、西原148頁、石井＝鴻78頁、平出215頁。

び自助売却権は、売主を目的物の引渡義務から速やかに免れさせるためのものであるから、買主の受領拒絶または受領不能の事実があれば十分となる。このとき、売主があらかじめ履行の提供（民493条）を行っておく必要はない[*11]。売買の目的物は不動産でもよい[*12]。買主が代金支払済みであっても、売主は供託権または自助売却権を行使することができる[*13]。なお、売主は履行の提供を行うことにより買主を遅滞に付して、遅滞による損害賠償を請求することもできる。売買契約の解除もできる[*14]。

3. 供託権

2.で述べた要件が充たされるとき、売主は目的物を供託することができ（民494条～496条、供託法）、目的物の引渡義務から免れることができる（524条1項）。供託をした後、売主（供託者）は、遅滞なく、買主（債権者）に供託の通知をしなければならない（民495条3項、商524条1項後段）。この通知を怠ったことにより、買主（債権者）に損害が生じたときは、売主は損害賠償の責任を負う[*15]。供託にかかる費用は買主が負担する[*16]。なお、民法の原則と異なり、ここでの供託の通知は発信主義と規定されている（524条1項後段）。

4. 自助売却権

2.で述べた要件に加えて、第3に、売主は、買主に対し相当の期間を定めて目的物の受領を催告することが要件となる[*17]。催告は、買主に到達することを要する[*18]。相当の期間とは、買主が目的物を受領すべきか否かを考慮するのに相当と認められる期間をいう[*19]。

---

*10　平出215頁、近藤148頁。

*11　大隅64頁、田中誠131頁、西原148頁、石井＝鴻78頁、平出215頁、近藤148頁。

*12　西原148頁、平出215頁、近藤147頁。

*13　大隅64頁、田中誠132頁、西原148頁、石井＝鴻78頁、平出215頁、近藤149頁。

*14　大隅65頁、

*15　平出217頁。

*16　大隅64頁、石井＝鴻78頁、平出217頁、江頭27頁。

*17　大隅65頁、田中誠132頁、西原149頁、石井＝鴻78頁、鈴木19頁、平出218頁、近藤148頁。

*18　石井＝鴻78頁、平出218頁。

以上の要件が充たされたときは、売主は、目的物を競売することができる(524条1項)。これを自助売却権という[*20]。民法497条所定の競売と異なり、裁判所の許可を得る必要がない[*21]。自助売却権は、目的物の価格が暴落し買主が目的物を引き取らないような場合に有用といわれる[*22]。

催告は競売を行うための前提条件である[*23]。しかし、目的物が損傷その他の事由による価格の低落のおそれがある物であるときは、催告を行うことなく、売主は直ちに目的物を競売に付することができる（524条2項）[*24]。

競売を行った後、売主は買主に遅滞なく通知し（524条1項後段）[*25]、競売代金を供託しなければならない。ただし、すでに売買代金の弁済期が到来しているときは、競売代金の全額または一部を売買代金に充当することができる（524条3項)。この代金充当権は民法に対する特則であって、売主は、競売により目的物の引渡義務を免れ、さらに、代金債権の全部または一部について満足を得ることができる[*26]。競売にかかる費用は買主が負担する[*27]。

第3節　買主の検査義務・通知義務

1．序説

民法によれば、引き渡された目的物が種類、品質または数量に関して契約内容に不適合である場合、買主には履行の追完請求、代金減額請求、損害賠償請求、および、契約の解除が認められる（民562条～566条)。しかし、民法が定める期間内では場合によっては時間が経ちすぎて、売主が目的物の瑕疵を調査し

---

*19　大隅64頁、田中誠132頁、平出218頁。

*20　大隅64頁、田中誠130頁、西原149頁、石井＝鴻78頁、鈴木19頁、平出218頁、江頭27頁、近藤147頁。

*21　西原149頁、石井＝鴻79頁、江頭28頁。

*22　田中誠130頁、石井＝鴻77頁、鈴木19頁。

*23　田中誠132頁。

*24　大隅65頁、田中誠132頁、西原149頁、平出218頁、近藤148頁。

*25　平出218頁。通知がなされなくても競売が無効となることはないが、その場合は、買主に通知をしなかったことに基づく損害賠償責任が生じる（近藤148頁)。

*26　西原149頁、平出219頁、江頭28頁、近藤149頁。

*27　大隅65頁、田中誠132頁、西原149頁、平出218頁。

たり、さまざまな善後策を講じることが困難になる。そこで、商法は、商人である買主が専門的職業人であることを考慮して、買主に以下に述べる義務を課すことにより、商人間の売買契約が迅速に完了することを図っている[*28]。

すなわち、商人間の売買において、買主が目的物を受け取ったときは、買主は遅滞なく目的物を検査し、もし契約内容の不適合があることを発見したときは、直ちに売主にその旨の通知を発しなければならない（526条2項）。かりに、その通知を発しないときは、その不適合を理由とする履行の追完請求、代金減額請求、損害賠償請求、および、契約の解除を行うことができなくなる（526条）。売買の目的物に、受け取った時に直ちに発見できない瑕疵があった場合において、買主が6か月内にその瑕疵を発見したときも、直ちに売主に対してその通知を発しなければならず（526条2項後段）、発しないときは、上と同様の効果をもたらすことになる。

なお、当事者の合意により、検査義務・通知義務を排除することは許される[*29]。

2. 要件

売買契約の買主に、商法の規定する検査義務および通知義務が生ずるのは、以下の要件を充たすときに限られる。

第1に、当該売買契約が商人間の売買契約であり、両当事者にとって商行為であることを要件とする[*30]。

第2に、買主が目的物を現実に受け取ったことを要件とする[*31]。売買の目的物は、特定物でも不特定物でもよい[*32]。目的物を現実に受け取るとは、買主にとって目的物が検査可能な状態になることを意味する[*33]。倉荷証券や船荷証券

---

*28　大隅67頁、田中誠136頁、西原151頁、石井＝鴻79頁、平出221頁、江頭30頁、近藤151頁。

*29　近藤151頁。東京地判平23・1・20判時2111-48〈百選40〉。

*30　大隅67頁、田中誠137頁、西原151頁、平出221頁。石井説は、商行為性を要件としない（石井＝鴻80頁、近藤151頁）。

*31　大隅67頁、田中誠137頁、西原152頁、石井＝鴻80頁、平出222頁、江頭31頁。

*32　大隅67頁、田中誠138頁、西原152頁、石井＝鴻80頁、平出222頁、江頭30頁。最判昭35・12・2民集14-13-2893「商法526条の規定は、不特定物の売買の場合にも、適用があると解するのを相当とする」。なお、鈴木21頁は特定物に限るとする。

*33　大隅67頁、西原152頁、石井＝鴻80頁、平出222頁、近藤152頁。

等の引渡証券の交付を受けることにより目的物の所有権が買主に移転したとしても、買主が現実に目的物その物を受け取るまでは、本条における目的物を受け取ったことにはならない[*34 *35]。なお、買主が、売買契約の履行があったものとして承認し目的物を受領することまでを要するものではない[*36]。

第3に、目的物に契約内容の不適合があることを要件とする。なお、目的物と異なる物の給付があったときは債務不履行の問題になるので、商法526条の適用はないと解される[*37]。

第4に、売主に悪意がないことを要件とする[*38]。悪意とは、売主が目的物の引渡しの時に目的物に契約内容の不適合があることを知っていたことである[*39]。そのような悪意ある売主を保護する必要はないと考えられるから、この場合、買主に通知義務は生じない（526条3項）。したがって、売主が悪意の場合、買主の通知義務は消失し、買主は通知をしなくても、民法の一般原則により、履行の追完請求、代金減額請求、損害賠償請求、および、解約の解除をすることができる（民562条～566条）[*40]。

3. 検査義務・通知義務の内容

買主は、目的物を受け取ると遅滞なく検査をしなければならない（526条1項）。検査をして、目的物に契約内容の不適合があることを発見したときは、直ちに、売主にその旨の通知を発しなければならない（526条2項）。直ちにとは、可及的速やかにという意味であり、通常の取引慣行に照らし、遅滞なく通知すればよい[*41]。

売買の目的物に直ちに発見できない契約内容の不適合がある場合[*42]であって

---

*34　大隅67頁、西原152頁、石井＝鴻80頁、平出222頁。

*35　占有改定により商品を引き渡した場合において買主がいつでも商品の引渡請求をして検査ができるのであれば、占有改定の時から商品を受領したと解される（東京地判平3・3・22判時1402-113）。

*36　平出222頁。

*37　竹田59頁、大隅68頁、西原152頁、平出223頁、江頭30頁。

*38　平出224頁、江頭30頁、近藤152頁。

*39　大隅69頁、田中誠138頁、西原152頁、石井＝鴻80頁、平出224頁、近藤152頁。

*40　大隅69頁、平出224頁。

*41　平出230頁、江頭33頁。

買主が受取り後6か月内にそれを発見したときは、買主は直ちに売主にその旨の通知を発しなければならない。買主は、売主が善後策を講じられるように、契約内容の不適合の種類、状態、数量不足の程度などを通知しなければならない[*43]。なお、民法と異なり、通知は発信主義と解されている[*44]。

4. 検査義務・通知義務違反の効果

法的に重要なのは、検査義務ではなく、通知義務である[*45]。すなわち、検査をして契約内容の不適合を発見したとしても通知をしなければ、買主は契約内容の不適合を理由とする履行の追完請求、代金減額請求、損害賠償請求、および、契約の解除を行うことができなくなる（526条2項前段）[*46]。これに対し、検査をしなくても、検査以外の方法によって契約内容の不適合を知ったときは直ちに通知をすれば、通知義務を履行したことになる[*47]。なお、民法にこのような規定はない。

商法は、商人間の売買契約において、買主に検査義務および通知義務という新たな法定義務を課したことになる。もっとも、この義務を怠ったとしても、買主に損害賠償責任が生じることはなく、買主は民法が定める諸権利を行使できなくなるという効果をもたらす。このような効果をもたらす義務を、一般的に、不完全義務または間接義務という[*48]。

***42**　売買の目的物が鳴門産わかめであるのに、実際にはそれとは異なるわかめが引き渡された事例につき、直ちに発見できない場合にあたるとされた（東京地判平25・1・22判時2202-45）。

***43**　大隅68頁、田中誠140頁、西原153頁、石井＝鴻81頁、平出230頁、江頭34頁、近藤152頁。大判大11・4・1民集1-155「売主をしてあるいは瑕疵なき物と引換うべきかあるいは瑕疵なき物と主張して証拠保全を申請すべきかあるいはその他の臨機の処分をなすべきか等を決意せしめ得べき程度においてその通知をなすことを要し、且つ、これをもって足れりとす。従って単に瑕疵ありと通知したるのみにては未だ十分ならず。なお瑕疵の種類及びだいたいの範囲を通知することを要す。」。東京地判昭56・8・19判時1035-123。

***44**　大隅68頁、田中誠140頁、西原153頁、石井＝鴻81頁、平出230頁。

***45**　西原154頁、平出233頁。

***46**　大隅69頁、田中誠140頁、西原153頁、石井＝鴻81頁、鈴木20頁、平出234頁。

***47**　大隅69頁、田中誠141頁、西原154頁、平出233頁。

***48**　田中誠136頁・140頁、西原153頁、平出234頁。

商法526条2項は、買主が、民法に規定される権利を行使するための前提条件を新たに設けたものであり、売主に民法に規定される責任とは別個の責任を定めたものではない[*49]。したがって、買主に認められる権利の内容等については、民法の一般原則によって定まる[*50]。

第4節　買主の保管義務・供託義務

1. 序説

売買の目的物の契約内容の不適合を理由として買主が売買契約を解除したとき、民法は、各当事者は原状回復義務を負うと規定する（民545条1項本文）[*51]。これに対し、商人間の売買において、買主が検査義務・通知義務を履行し、目的物の契約内容の不適合を理由として契約を解除した場合、買主には、受け取った目的物を保管または供託する義務が課せられる（527条1項本文）。その目的物につき滅失または損傷のおそれがあるときは、裁判所の許可を得てその物を競売し、その代価を保管または供託しなければならない（527条1項本文）。

売主から買主に引き渡した物品が買主の注文した物品と異なる場合、または、その物品が注文した数量を超過する場合、買主は、注文と異なる物品または注文数量を超過する分について、上と同様に、保管・供託し、または競売してそ

---

*49　最判昭29・1・22民集8-1-198「売買の当事者双方が商人である、いわゆる商事売買の場合でも、売買の目的物の瑕疵又は数量の不足を理由として、契約を解除し、又は損害賠償若しくは代金の減額を請求するのは、民法の売買の規定に依拠すべきものである……。商法526条は以上民法で認められた売買の担保責任に基く請求権を保存するための要件に関する規定であつて、民法の規定するところ以外に新な請求権をみとめたものではないのである。」。

*50　最判平4・10・20民集46-7-1129〈百選42〉「商法526条は、商人間の売買における目的物に瑕疵又は数量不足がある場合に、買主が売主に対して損害賠償請求権等の権利を行使するための前提要件を規定したにとどまり、同条所定の義務を履行することにより買主が行使し得る権利の内容及びその消長については、民法の一般原則の定めるところによるべきである。したがって、右の損害賠償請求権は、〔平成29年改正前〕民法570条、566条3項により、買主が瑕疵又は数量不足を発見した時から1年の経過により消滅すると解すべきであり、このことは、商法526条の規定による右要件が充足されたこととは関わりがない。」。平出234頁。

*51　西原157頁、石井＝鴻81頁、鈴木20頁、平出236頁。

の代価を保管・供託しなければならない（528条）。

2. 要件

買主に商法の規定する保管義務・供託義務・競売義務が生ずるためには、以下の要件が充たされなければならない。

第1に、当該売買契約が商人間の売買契約であり、両当事者にとって商行為であることを要件とする（526条・527条1項・528条）[*52]。

第2に、売買契約の履行として受け取った目的物に契約内容の不適合があるため、買主が契約を解除したこと、または、買主に引き渡された物品が注文した物品と異なること、もしくは注文した数量を超過していることを要件とする[*53]。

第3に、売主と買主の営業所ないし住所が同一市町村内[*54]に存在しないことが要件となる。すなわち、ある市町村から異なる市町村への送付売買であることを要件とする（527条4項）。買主の営業所ないし住所が同一市町村内にあれば、売主は直ちに適当な処置を採ることができると考えられるからである[*55]。

第4に、売主に悪意がないことを要件とする[*56]。

3. 保管・供託・通知義務の内容

買主は、売主から受け取った売買の目的物、または売主が買主に引き渡した注文物品と異なる物品もしくは注文数量を超過する物品を保管または供託しなければならない（527条1項本文・528条）。保管または供託にかかる費用は売主が負担する（527条1項本文・528条）[*57]。なお、保管と供託のいずれの方法をとるかは買主の自由である[*58]。

---

*52　大隅70頁、田中誠141頁、西原157頁、平出236頁。石井＝鴻・近藤は、商行為性を要件としない（石井＝鴻82頁、近藤153頁）。

*53　大隅70頁・71頁、田中誠142頁、西原158頁、石井＝鴻82頁、平出237頁、江頭36頁。

*54　東京都の特別区を含む（商法16条1項第2括弧書）。

*55　大隅70頁、田中誠141頁、西原158頁、平出237頁、近藤154頁。

*56　大隅70頁、田中誠142頁、西原158頁、石井＝鴻82頁、平出238頁、江頭36頁、近藤154頁。

*57　大隅70頁、田中誠142頁、石井＝鴻82頁、鈴木21頁、近藤153頁。

*58　大隅71頁、田中誠142頁、西原158頁、石井＝鴻82頁、平出239頁、近藤153頁。

目的物につき滅失または毀損のおそれがあるときは、買主は、裁判所（527条2項）の許可を得て目的物を競売し（民執195条）、その競売代金を保管または供託しなければならない（527条1項但書・528条）。このような競売を緊急売却という[*59]。緊急売却を行ったときは、買主は、遅滞なく、売主に対してその旨を通知しなければならない（527条3項・528条）。

保管期間は、売主が適当な処置を採ることが可能になるまでの一時的な期間と解される[*60]。買主は、保管義務・供託義務・通知義務を履行したことについて報酬を請求できる（512条）[*61]。

4. 義務に違反した場合の効果

商法が定める買主の保管義務・供託義務・競売義務は、売主に対する真正の義務と解されており、買主がこの義務に違反するときは、売主は買主に対し民法の一般原則により損害賠償を請求することができる[*62]。

第5節　確定期売買

1. 序説

売買契約の性質または当事者の意思表示により、一定の日時または一定の期間内に履行を行わなければ、売買契約をした目的を達成できないような売買を確定期売買（定期売買）という[*63]。民法の一般原則によれば、民法542条1項4号所定の定期行為については、当事者の一方が履行期を徒過すると、相手方は履行の催告をせずに契約を解除することができる（民542条1項4号）[*64]。

---

*59　田中誠143頁、西原159頁、石井＝鴻82頁、平出239頁、江頭37頁。

*60　田中誠142頁、西原158頁、平出239頁。

*61　田中誠142頁、平出239頁、江頭37頁、近藤154頁。

*62　大隅71頁、田中誠143頁、西原159頁、石井＝鴻82頁、平出240頁、江頭37頁、近藤155頁。

*63　大隅65頁、田中誠134頁、西原159頁、石井＝鴻83頁、鈴木20頁、平出240頁、近藤149頁。

*64　大隅66頁、田中誠134頁、西原160頁、石井＝鴻83頁、鈴木20頁、平出241頁、近藤149頁。

これに対し、商法が定める確定期売買においては、当事者の一方（たいていの場合、売主）が履行期を徒過すると、相手方が直ちにその履行を請求しない限り、相手方は当然に契約を解除したものとみなされる（525条）。

2. 当然解除の要件

確定期売買の当然解除が認められるためには、以下の要件が充たされなければならない。

第1に、当該売買契約が商人間の売買契約であり、両当事者にとって商行為であることを要件とする[*65]。

第2に、売買契約の性質または当事者の意思表示により、一定の日時または一定の期間内に履行されなければ、契約目的を達成できないことを要件とする。履行期を何月何日と定めただけでは確定期売買とはいえない[*66]。すなわち、確定期売買であることが認識されていたことまたは認識されるべきであったことを要件とする[*67]。

第3に、当事者の一方（多くの場合、売主）が履行を行わないまま、一定の日時または一定の期間を経過したことを要件とする。その経過が当該債務者の責

*65　大隅66頁、田中誠134頁、鈴木19頁・21頁、平出242頁。近藤は商行為性に言及しない（近藤150頁）。

*66　大隅66頁、西原160頁、石井＝鴻84頁、平出243頁、近藤150頁。

*67　たとえば、クリスマス用のケーキであることが一目瞭然である場合や、目的物の引渡日が海外へ向かう貨物船の船積みの最終日であることが当事者間において認識されていた場合などは、明示されていなくても、要件を充たすといえよう。最判昭44・8・29判時570-49〈百選39〉「商人間の売買において、当事者の意思表示により、一定の日時または一定の期間内に履行をなさなければ、契約をなした目的を達することができないときは、その売買は確定期売買と解すべきところ、被上告人嶋田（被告・被控訴人Y）が昭和30年2月9日宮城孟信（訴外A）に対し1,726坪の土地を売却するについては、特飲街をつくるという特殊な事情があり、そのため相場より相当安く売却したわけであるから、Yとしては、土地分譲を業としているかぎり、何時までも安価な土地の提供にしばられることは不本意不合理であるとの立場から、訴外Aの立場も考慮して昭和30年3月10日までに代金全額の支払いがあることに特別の関心を示したものであり、訴外Aもこのことを了解のうえ、同日までに代金を支払うことを約束したことは、原審の適法に確定した事実である。したがって、右売買をもって当事者の意思表示によって、同日までに訴外Aが代金を支払わなければ契約の目的を達することができない確定期売買であるとした原審の判断は相当である。」。平出243頁。

めに帰すべき事由に基づくか否かを問題としない[*68]。単純に、一定の日時または一定の期間を経過したという客観的事実が要件となる。同時履行の抗弁権が問題となる余地はない。

第4に、相手方が直ちにその履行の請求をしなかったことを要件とする[*69]。直ちにとは、履行期と同時、または、その後直ちにの意味である[*70]。この履行の請求には反対給付の履行の提供を伴うことを要しない[*71]。履行の請求の通知は到達を要する。到達しないときは、確定期売買契約は当然解除となる[*72]。

3. 契約の当然解除

以上に述べた要件をすべてみたすときは、当事者の契約解除の意思表示を必要とせず、債権者が売買契約を解除したものとみなされる[*73]。

*68　田中誠136頁、西原160頁、石井＝鴻84頁、平出244頁、近藤149頁。

*69　田中誠136頁、西原161頁、石井＝鴻84頁、平出244頁。

*70　大隅66頁、西原161頁、石井＝鴻84頁、平出244頁。大判明44・6・13民録17-392「商法287条〔＝現行商法525条〕の規定は当事者の一方において履行をなさずしてその時期を経過したるにかかわらず、相手方が直ちに履行の請求をなさざるときは契約を解除したるものとみなすことを定めたるものにして、相手方が契定の時期において履行の請求をなしたる場合はもちろん、時期の経過後といえども直ちにその請求をなしたる場合は契約を解除したるものとみなさざるの趣旨なること法文上明白なり。」。

*71　石井＝鴻84頁、平出244頁。

*72　田中誠136頁、西原161頁、平出244頁。

*73　大隅66頁、田中誠136頁、西原161頁、石井＝鴻83頁、鈴木20頁、平出246頁。

第４章　交互計算

第１節　総　説

交互計算とは、商人が特定の取引先と継続的に取引を行い、相互に多数の債権債務の生成されることが見込まれる場合に、それら多数の債権債務の決済を簡易確実に行うために設けられた制度である[*1]。交互計算の制度は、13世紀頃のイタリアにおいて慣習法として始まり、その後、ヨーロッパ諸国に伝播された制度である[*2]。

第２節　交互計算契約

1．交互計算の意義

交互計算とは、商人と商人または商人と非商人の間に継続的に取引が行われる場合において、一定の期間における、取引から生ずる債権債務の総額について相殺を行い、その残額の支払いのみを行うことを約する契約をいう（529条）[*3]。商法上の特別な契約形態である[*4]。交互計算契約は不要式の諾成契約である[*5]。

---

*1　大隅74頁、西原164頁、石井＝鴻85頁、鈴木22頁、平出285頁。

*2　竹田省「交互計算契約に就て」『商法の理論と解釈』285頁～310頁（有斐閣、1959年）、平出287頁。

*3　大隅72頁・73頁、田中誠147頁、西原165頁、石井＝鴻87頁、鈴木22頁、平出295頁、近藤171頁。

*4　平出298頁。

*5　大隅74頁、田中誠148頁。

2. 交互計算契約の当事者

交互計算契約の当事者は2人であって[*6]、少なくとも一方は商人（小商人を含む）でなければならない[*7]。交互計算は、その当事者たる商人がその営業のために締結するものであり、その商人にとっては附属的商行為となる[*8]。

交互計算契約の当事者は継続して取引を行う関係がなければならず[*9]、さらに、当事者相互間に債権債務の発生することが見込まれなければならない[*10]。このような見込みがあれば、結果的に当事者の一方のみが債権を取得することになっても交互計算契約として問題はない[*11]。

3. 交互計算期間

当事者が約定する一定の期間を交互計算期間という[*12]。交互計算期間は、契約当事者の特約によって定めることができるが、特約がなければ6か月となる(531条)。交互計算期間は交互計算契約の存続期間とは異なる。交互計算期間の満了により、当事者のいずれか一方を債務者とする残額債権が成立する。成立した残額債権は、次の交互計算期間の最初の1項目になる[*13]。

4. 交互計算契約に組み入れられる債権債務

(ア)　当事者間の債権債務が交互計算期間内において交互計算契約の対象になることを、交互計算契約に組み入れられるという[*14]。交互計算に組み入れられ

---

*6　大隅72頁、平出286頁。

*7　大隅72頁、田中誠147頁、西原165頁、石井＝鴻87頁、鈴木22頁、平出295頁～296頁、近藤171頁。非商人と非商人の間で交互計算と同様の契約が締結されても、商法上の交互計算とはいえない（大隅72頁、田中誠147頁、西原167頁、石井＝鴻87頁、平出296頁）。

*8　大隅72頁、田中誠147頁、石井＝鴻87頁、鈴木22頁、平出296頁。

*9　田中誠147頁、西原165頁、石井＝鴻87頁、鈴木22頁、平出296頁。

*10　大隅72頁、田中誠148頁、西原165頁、石井＝鴻87頁、鈴木22頁、平出296頁、近藤171頁。

*11　大隅72頁、西原165頁、石井＝鴻87頁、平出296頁、近藤171頁。

*12　大隅73頁、田中誠148頁、西原165頁、石井＝鴻87頁、平出297頁、近藤171頁。

*13　田中誠156頁、西原174頁、平出297頁。

*14　鈴木23頁。

る債権債務の範囲は、当事者の合意により定めることができる[*15]。そのような特約がないときは、交互計算期間内に当事者間の取引により生じ、かつ、その期間内に弁済されるべき一切の債権債務となる[*16]。ただし、以下の債権債務は除外される[*17]。

①金銭債権以外のものは一括相殺に適さないから除外される。

②取引により生ずるものに限られるから、事務管理・不当利得・不法行為による債権債務や第三者から譲り受けた債権なども除外される。

③取引により生ずる金銭債権であっても、特約または性質上即時にまたは現実に履行することが必要と解される債権は除外される。

④有価証券上の債権のように特殊な権利行使を必要とする債権は除外される。

なお、担保付債権をどのように考えるかについては議論がある[*18]。

(イ)　上記のほか、手形その他の商業証券の授受の対価であるところの債権債務[*19]が交互計算に組み入れられた場合において当該証券の債務者[*20]が弁済をしないときは、当事者は、上記債権債務を一方的に交互計算から除外することができる（530条）。当初、当事者が上記の債権債務を交互計算に組み入れたときは、有価証券が問題なく弁済されることを想定していたわけであるが、手形などの支払いが拒絶されると、多くの場合、相手方が破産することになる。このとき、手形の遡求権を行使したとしても破産債権としてわずかの弁済しか受け

---

*15　大隅73頁、西原165頁。

*16　大隅73頁、田中誠153頁、石井＝鴻88頁、鈴木23頁、平出296頁、近藤171頁。

*17　大隅73頁、田中誠153頁、西原167頁、石井＝鴻88頁、鈴木23頁、平出296頁、近藤171頁。

*18　担保付債権が交互計算に組み入れられ、担保権のみ消滅するとする説（西原170頁、石井＝鴻88頁・92頁）、担保付債権は担保付きでは交互計算に組入れられないとする説（田中誠153頁、鈴木25頁、近藤172頁）、当時者の意思に反しては組入れができないとする説（大隅73頁）、担保付債権は特約がない限り交互計算には組み入れられないが、特約により組み入れられる場合には担保権は残額債権に移るとする説（平出297頁）などがある。

*19　商法530条所定の「手形その他の商業証券から生じた債権及び債務」とは、証券授受の対価としての債権債務をいう（大隅75頁、田中誠153頁、西原170頁、平出303頁）。

*20　商法530条所定の「商業証券の債務者」とは、約束手形の振出人、為替手形の引受人、為替手形および小切手の支払人などと解されている（大隅76頁、平出302頁）。

られないが、他方、授受の対価であるところの債権債務は交互計算の効果より、全額について満足を得られることになり、不衡平になるので、商法は特別な規定を設けている[*21]。

第3節　交互計算の効力

第1款　消極的効力

交互計算契約の消極的効力として、交互計算不可分の原則が認められる[*22]。交互計算不可分の原則により、計算期間中に契約当事者に相互に生ずる個々の債権は、交互計算の中にその1項目として組み入れられることによりいわば凍結状態に入り、交互計算期間末まで支払猶予がなされたのと同一の効果が生じる。当事者は個々の債権を各別に履行請求できず、各別に相殺できず、また、履行期を過ぎても履行遅滞の問題は生ぜず、消滅時効の進行は停止する[*23]。個々の債権について譲渡・質入れ等の処分ができず、また、いったん交互計算に組み入れた債権を任意に取り出すことはできない[*24]。仮に個々の債務について当事者が支払いをしたとしても、当該債務は消滅せず、支払額はそのまま交互計算に組み入れられて、交互計算期間末の相殺に用いられる1項目になる[*25]。

しかし、個々の債権は交互計算に組み入れられることにより直ちに消滅するものではなく、その同一性を維持して交互計算期間の期末まで存続するから、個々の債権について確認の訴えを提起し、または解除権など原契約上の権利を行使することができる[*26]。売買契約の代金債権が交互計算に組み入れられたと

*21　大隅75頁、田中誠153頁、西原170頁、鈴木25頁、平出301頁～302頁。

*22　大隅75頁、田中誠152頁、西原169頁、石井＝鴻89頁、鈴木23頁、平出299頁、近藤172頁。

*23　大隅75頁、田中誠151頁～152頁、西原169頁、石井＝鴻89頁、鈴木23頁・24頁、平出299頁、近藤172頁。

*24　大隅75頁、石井＝鴻89頁、鈴木23頁、平出299頁、近藤172頁。

*25　大隅75頁、西原169頁。

*26　大隅75頁、田中誠154頁、西原169頁、石井＝鴻90頁、鈴木24頁、平出299頁、近藤172頁。

しても、相手方当事者は売買目的物の給付請求を行うことができる[*27]。

平成29年改正前民法の下で、判例・多数説は、交互計算に組み入れられた債権は譲渡が認められず（平成29年改正前民法466条1項但書）、質入れもできず（民343条）、これに違反する譲渡・質入れは第三者に対して無効であり、また第三者による差押えもできないと解していた[*28]。これに対し、有力学説は、交互計算不可分の原則は交互計算契約の当事者のみを拘束し、第三者に対抗できず、交互計算に組み入れられた債権については譲渡も質入れも可能であり、交互計算契約に違反した当事者は相手方当事者に対し損害賠償責任を負うことになると主張した[*29]。

平成29年の民法改正により、民法466条2項が「当事者が債権の譲渡を禁止し、又は制限する旨の意思表示（以下『譲渡制限の意思表示』という。）をしたときであっても、債権の譲渡は、その効力を妨げられない。」と定めるので、上記問題について改めて検討が必要になる。この改正は、平成16年改正前民法466条1項本文「債権ハ之ヲ譲渡スコトヲ得」、同条2項本文「前項ノ規定ハ当事者カ反対ノ意思ヲ表示シタル場合ニハ之ヲ適用セス」の下であっても、交互計算に組み入れられた債権について譲渡も質入れも可能であると解していた有力学説の立場にとって有力な論拠になるように思われる。

---

*27　大隅75頁。

*28　石井＝鴻89頁（第三者の善意悪意を問わない）、鈴木24頁（第三者の善意悪意を問わない）、平出301頁（第三者の善意悪意を問わない）。大判昭11・3・11民集15-320〈百選64〉「交互計算に組み入れたる各個の債権は上記の方法〔＝交互計算契約の特有の方法ということ〕によりてのみ決済せらるべき運命にあるがため、各別にこれを取り立て又これを他人に譲渡すことを得ざるものなればその譲渡不許は当該債権が交互計算契約の下における取引より生じたることの当然の結果にして、当該債権につき当事者間に特に譲渡禁止の契約をなしたるによるものと解すべきにあらず。しからばその譲渡不許は第三者が交互計算契約の成立を知りたると否とを問わず、これをもってその者に対抗することを得べく、すなわちこの場合に民法466条2項但書の適用なきものとす。しかして交互計算に組み入れたる各個の債権が譲渡性を有せざる以上、これを差し押さえることを得ず。従って又これにつき転付命令あるも無効なること自明〔なり〕……。」（第三者の善意悪意を問わない）。

*29　大隅75頁（善意の第三者には制限を対抗できない）、田中誠152頁（第三者の善意悪意を問わない）、西原169頁（善意の第三者には制限を対抗できない）。

第2款　積極的効力

1. 残額債権の成立

交互計算期間が満了すると、その期末において交互計算に組み入れられている債権債務の総額について一括相殺が行われ、その差額について、当事者の一方が他方に対して支払うべき残額債権が新たに成立する[*30]。民法の相殺が行われた場合には、当事者間に存在していたいずれかの債権1つだけが、通常、債権額が縮減された形で残存することになるから、この点において、交互計算は民法上の相殺とは異なることになる。

2. 残額債権の確定

残額債権の成立および確定は、両当事者による計算書の承認によってなされる[*31]。計算書の承認は、交互計算契約に基づく義務としてなされるものであり、両当事者の承認は、交互計算に組み入れられた個々の債権債務を消滅させ、それらとは別個独立の新たな残額債権を成立させる更改的効力を有するものと解されている[*32]。したがって、当事者の一方が計算書の承認を遅滞し、または拒否した場合には残額債権は成立しない[*33 *34]。なお、残額債権は成立した時から時効が進行し[*35]、利息が発生する（533条1項）[*36]。交互計算に組み入れた個々の

---

*30　大隅76頁、田中誠154頁、西原170頁、石井＝鴻91頁、鈴木24頁、平出303頁、近藤174頁。

*31　大隅76頁、田中誠154頁、西原170頁、石井＝鴻91頁、鈴木24頁、平出303頁、近藤175頁。

*32　大隅77頁、田中誠154頁、西原170頁、石井＝鴻92頁、鈴木25頁、平出303頁、近藤175頁。

*33　石井＝鴻91頁、近藤176頁。

*34　本文に対し、平出は、交互計算契約の効果として、交互計算期間の期末において、交互計算に組み込まれたすべての債権債務について自動的に差引き計算が行われ、その結果として、残額債権が生じることになる。両当事者の承認は、すでに成立し存在している残額債権を、争うことができないものとして確定する効力を有すると述べる（平出304頁）。

*35　大隅78頁、田中誠156頁、石井＝鴻92頁、平出306頁、近藤175頁。

*36　大隅77頁、田中誠155頁、西原171頁、石井＝鴻93頁、鈴木25頁、平出306頁、近藤175頁。

債権に個別の利息が生じると定められている場合であっても、なお、残額債権に利息が発生する（533条2項)。このことは、重利禁止の原則（民405条）の例外と解されている[*37]。

3. 残額債権についての不可争力の発生

計算書が承認されると、当事者は、計算書に記載された各項目の債権債務（交互計算に組み入れられた個々の債権債務）について異議を述べることができなくなる（532条本文)。このことは、各項目の債権債務の存否および金額についての異議、一括計算の正否についての異議を述べることができず、その結果、残額債権自体についても争うことができなくなると解される[*38]。

4. 商法532条但書の意義

商法532条但書「ただし、当該計算書の記載に錯誤又は脱漏があったときは、この限りでない。」について解釈が対立する。文理解釈により、計算書の記載に錯誤または脱漏があったときは、計算書の承認後でも、各項目に異議を述べることができると解する立場がある[*39]。これに対し、計算書の承認後においては、承認の効力に影響は生じないが、別途、錯誤または脱漏のあった債権債務を正しいものに修正したうえで、当事者の一方が他方に対し不当利得に基づく返還請求が可能になると解する立場がある[*40]。

なお、計算書の承認行為自体について錯誤、詐欺または強迫などの瑕疵があるときは、民法に従い承認行為自体の取消しを主張することができる[*41]。

5. 残額債権の処理

交互計算が継続する場合、交互計算期間満了時において生成された残額債権は、次の交互計算期間の交互計算に組み入れられる[*42]。

---

*37 大隅77頁、西原171頁、鈴木25頁、平出306頁、近藤175頁。
*38 大隅77頁、田中誠154頁、西原170頁、鈴木24頁、平出307頁、近藤175頁。
*39 田中誠155頁。
*40 大隅77頁、西原170頁、石井＝鴻92頁、鈴木25頁、平出308頁。
*41 大隅77頁、西原170頁、石井＝鴻92頁、平出307頁、近藤175頁。

第4節　交互計算の終了

1. 終了原因

交互計算契約は、存続期間の満了およびその他契約の一般的な終了原因により終了する。そのほか、商法は、各当事者はいつでも交互計算を解除できると規定する（534条前段）。したがって、各当事者は、契約の存続期間を定めた場合でも、または、交互計算期間の途中でも、任意に交互計算契約を解除することができる[*43]。

当事者のいずれかが破産手続開始決定（破産59条1項）・更生手続開始決定（会社更生63条）を受けることも交互計算契約の終了事由である[*44]。

2. 終了の効果

交互計算契約が終了するときは、交互計算期間の途中であっても、直ちに計算を閉鎖して差引計算を行い、その結果、残額債権が成立する[*45]。残額債権者は他方当事者に対し残額債権の支払いを請求することができる[*46]。このことは、交互計算契約の終了が、契約の一般終了原因による場合にも、当事者の任意解約による場合にも、約定の終了原因の発生による場合にも、同様である[*47]。

なお、破産手続開始決定という法定終了原因による場合、破産者が残額債権を有するときは、残額債権は破産財団に属することとなり、相手方が残額債権を有するときは破産債権になる（破産59条2項）[*48]。

---

*42　大隅78頁、田中誠156頁、西原174頁、石井＝鴻93頁、平出308頁、近藤176頁。
*43　田中誠156頁、西原174頁、石井＝鴻93頁、鈴木24頁、平出309頁、近藤176頁。
*44　大隅78頁、田中誠157頁、西原174頁、鈴木24頁、平出309頁、近藤176頁。
*45　鈴木24頁、平出309頁、近藤177頁。
*46　大隅78頁、西原174頁、石井＝鴻94頁、平出310頁。
*47　大隅78頁、石井＝鴻94頁、平出310頁。
*48　田中誠157頁、西原174頁、石井＝鴻94頁。

第５章　匿名組合

第１節　総　論

1. 匿名組合の概要

匿名組合は、なかなか理解しにくい契約形態なので最初におおよそのイメージを述べておきたい。組合という言葉から団体を想起しやすいが、匿名組合は団体ではなく、二当事者間の契約である。

すなわち、匿名組合契約とは、個人商人（商人である法人も可）がなんらかの営業を行い利益を得ていたところ、当該商人が営業規模の拡大を望んで他人から資金等の出資を募り当該他人に対し営業から生じる利益の分配を約するという契約、または、他人が特定の商人を見て当該商人がその営業によってこれから利益を得るであろうと思い、他人が進んで当該商人に資金の出資を申し出てその営業から生じる利益の分配を受けることを約するという契約である。これを匿名組合契約という。匿名組合は、資金関係を秘密にしたい営業者と、営業ないし営業者との関係を秘密にしたい出資者（＝匿名組合員）とが提携するときに便利な制度である。

沿革的には、事業の経営を行う無限責任社員と資金を提供する有限責任社員から構成される合資会社と同じ起源をもつといわれ[*1]、現在でも類似している。

＊1　匿名組合も合資会社も中世イタリアのコンメンダ（commenda）契約を起源とするといわれる。大隅83頁、田中誠161頁、西原175頁～176頁、石井＝鴻95頁、鈴木26頁、平出315頁。

2. 匿名組合の形態

第1に、匿名組合としては、個人商人が個人営業を営んでいたところ、何らかの事情から匿名組合員が出資を行うという素朴な形態が考えられる。第2に、出資を行う匿名組合員の資金力が豊富であるときなどに、営業者と匿名組合員とが共同事業を営んでいるかのように見える形態が考えられる。第3に、さらに発展して、最初から、資金を出資する者が営利を目的とする巧妙なスキーム（仕組み）を構想し、その中で匿名組合を利用することとし、匿名組合たるべき要件を満たすために営業者たる商人を組み込むような形態が考えられる[*2]。学説は、商法企業法論の影響が強いため、匿名組合を共同事業として述べるものが多いが[*3]、それは、第2または第3の形態を念頭に置いていると思われる。しかし、商法は、第1の形態を想定して条文を設けているから、常に、第1の形態から第3の形態までを意識して、匿名組合を考えなければならない。

第2節　匿名組合契約

1. 匿名組合契約

(1)　**二当事者間の契約**　匿名組合契約とは、営業者と匿名組合員の二当事者間の契約[*4]であり、匿名組合員は、営業者の営業のために金銭その他の財産の出資を約束し、営業者は当該営業から生ずる利益を匿名組合員に分配することを約束する契約である（535条）[*5]。

---

*2　たとえば、不動産特定共同事業法2条3項2号「当事者の一方が相手方の行う不動産取引のため出資を行い、相手方がその出資された財産により不動産取引を営み、当該不動産取引から生ずる利益の分配を行うことを約する契約」などがある。

*3　代表的な学説においては、「匿名組合の目的は、資本家と有能な経営者との合作による企業の形成にある。」と述べ（西原175頁）、「匿名組合は、実質的にみれば営業者の企業活動に第三者の資本を結合する方式として共同企業の一形態である。」と述べ（石井＝鴻94頁）、「事業の経営者と資本の提供者とが合体した一種の共同企業形態とみとめることができ〔る〕。」と述べ（鈴木26頁）、「匿名組合は資本と人との結合を図るもので、経済的には、共同企業ということになる。」と述べられる（近藤178頁）。

*4　大隅79頁、西原176頁・178頁、平出316頁、近藤178頁。

*5　大隅79頁、田中誠158頁、西原176頁、石井＝鴻95頁、鈴木25頁、平出315頁～316頁、近藤178頁。

営業者は商人でなければならず[*6]、営業者にとって匿名組合契約の締結は附属的商行為にあたる[*7]。匿名組合員は商人でも非商人でもよい[*8]。営業者および匿名組合員は自然人でも法人でもよい[*9]。

匿名組合員は、営業者の背後に隠れており、その存在は外部に知られず、営業者の債権者を含む第三者に対してはなんらの権利義務を有しない（536条4項）。

営業者は、多数の匿名組合員と匿名組合契約を締結することができる。この場合、営業者とそれぞれの匿名組合員との間に匿名組合員の数に応じて別個独立の匿名組合[*10]が併存することになる[*11]。匿名組合員相互の間に法律関係は存在しない[*12]。匿名組合契約は、有償契約、双務契約、諾成契約である。

⑵　**出資した財産と営業者の財産**　匿名組合員が出資の約束をすることが匿名組合契約の要件である[*13]。匿名組合員が出資した財産は営業者の財産に帰属する[*14]（536条1項）。多くの場合、金銭または物が出資される。所有権に限らず、権利の出資も認められる[*15]。債権や知的財産権の出資も認められる。営業者は、出資された財産と自らの固有の財産とを分け隔てることなく営業活動のために自由に用いることができる。匿名組合員は出資をしなければならない

---

*6　大隅79頁、田中誠159頁、西原177頁、石井＝鴻96頁、鈴木26頁、平出316頁、近藤178頁。金銭貸付けのみを業として行う会社は銀行取引を業としないから商人ではなく、したがって、そのような会社の営業に出資をしても匿名組合契約は成立しない（東京地判昭31・9・14下民集7-9-2526）。

*7　大隅81頁、田中誠162頁、鈴木25頁、近藤179頁。

*8　大隅80頁、田中誠159頁、西原177頁、鈴木27頁、平出316頁、近藤178頁。

*9　大隅80頁、田中誠159頁、西原177頁、鈴木26頁。

*10　近藤は、「営業者は多数の匿名組合員と同一内容の匿名組合契約を締結することができる。」と述べる（近藤178頁）。平出も、同一内容の匿名組合契約という（平出316頁）。しかし、匿名組合契約は営業者と匿名組合員との二当事者契約であり、このような契約が2本以上並立していても、それぞれの匿名組合契約の匿名組合員の間には法的関係は何も存在しないのであるから、それぞれの匿名組合契約の内容が同一である必要は認められない。

*11　大隅79頁、田中誠160頁、西原176頁、平出316頁。

*12　田中誠160頁、西原176頁、平出316頁、近藤178頁。

*13　西原177頁、鈴木27頁。

*14　大隅80頁、田中誠162頁、西原180頁、石井＝鴻96頁・98頁、鈴木27頁、平出317頁・321頁、近藤178頁・180頁。

*15　大隅84頁、西原177頁、平出321頁。

が、営業者が実際に出資することは考えられていない[*16]。営業者は自己に帰属する財産を営業活動に用いるが、このときこれを営業者の出資とは考えられていない。

(3)　**営業者の営業**　　匿名組合において、営業者と匿名組合員との共同事業というものは観念されない[*17]。営業者の営業以外に匿名組合の営業というものは存在しない[*18]。営業はあくまでも営業者が行うものである。営業者は営業上の行為につき営業者の全財産をもって責任を負う[*19]。営業者は、自己の財産の全部または一部を営業のために使用し、自己の全財産を責任財産とする。財産的にも、匿名組合財産というものは存在しない[*20]。

(4)　**利益の分配**　　匿名組合契約においては、必ず、営業から生ずる利益を匿名組合員に分配することが定められなければならない[*21]。ただし、営業から生ずる全利益が分配されることは必要でなく、その最高限が定められてもよい[*22]。匿名組合員への利益の分配は匿名組合契約の要件であるが、損失の分担は定められなくてよい[*23]。

(5)　**信託説**　　匿名組合員が財産を営業者に出資することを、営業者を受託者とする信託の設定と解する学説がある[*24]。しかし、信託は受益者の利益のために受託者が信託財産を管理するものであるが、匿名組合契約は営業者（信託設定と考えれば受託者）の利益のためになされるものであるから、本質的に法制度が異なるものであり、賛成できない。

---

*16　大隅84頁、西原180頁、平出317頁・322頁、近藤180頁。

*17　大隅82頁、鈴木26頁、平出318頁。

*18　近藤178頁。大判大6・5・23民録23-917「〔民法の〕組合事業……の営業は組合員の共同事業に属し、〔他方、〕匿名組合にありて〔は〕営業が当事者の一方の営業にして相手方たる匿名組合員は単にこれに出資し利益の分配を受くるに過ぎざる〔ものなり〕。」。

*19　田中誠163頁、西原180頁、石井＝鴻100頁。大判大5・5・29民録22-1062「匿名組合の名義人たる営業者がその営業につき全責任を負う」。

*20　石井＝鴻100頁、鈴木26頁。

*21　大隅80頁、田中誠160頁「営業から生ずる利益を分配することを要する。」。西原177頁、鈴木27頁、平出317頁、近藤178頁。

*22　大隅80頁、西原177頁、平出318頁。

*23　大隅80頁、田中誠160頁、西原177頁、石井＝鴻96頁、鈴木27頁、平出318頁。

*24　田中誠163頁・168頁。

2. 匿名組合と合資会社

匿名組合と合資会社はしばしば類似したものとなるが、法律上は厳格に差異がある。すなわち、匿名組合は二当事者間の契約であり、定款がなく、団体財産とか共同財産を観念することができず、持分が考えられず、社員も考えられない。匿名組合員は営業上の債務につき営業者の債権者に対し責任を負わない。これに対し、合資会社は社団であり法人であり、定款があり、社員が存在し、法人の財産が存在し、社員はこれにつき持分を有し、有限責任社員も会社債務につき会社債権者に対して責任を負う（会社580条2項）。

3. 匿名組合と民法の組合

民法の組合契約では組合員は団体の構成員になるが、匿名組合契約は二当事者間の契約であり、そもそも団体が観念されないから、団体の構成員は考えられない。民法の組合では団体の存続を前提として、個々の組合員の脱退が規定される（民678条）。これに対し、二当事者間の契約である匿名組合では、一当事者の離脱は契約の解除と構成される（540条）。民法の組合では、組合財産は総組合員の共有となる（民668条）[*25]が、匿名組合では、団体の財産は観念できず、営業者の財産しか存在しない（536条1項）。民法の組合では団体の存在が観念されるため、組合自身の営業が考えられるが、匿名組合では、営業者の営業しか考えられない。民法の組合では、組合の債務は原則として全組合員の連帯債務（しかも無限責任）と考えられるが、営業者の営業から生じる債務について、匿名組合員は責任を負わない（536条4項）。

以上のような差異を踏まえて、匿名組合と民法上の組合とを峻別する学説がある[*26]。これに対し、匿名組合は実質上は営業者と匿名組合員との共同事業であると解して、民法上の組合の規定の中で類推適用が適当なものは類推適用すべきだとする学説がある[*27]。

---

*25　田中誠162頁、近藤179頁。
*26　松本・商行為150頁。
*27　田中誠162頁、平出319頁。

4. 匿名組合と消費貸借

匿名組合員にとっての出資と金銭消費貸借との差異は、理念的には、前者では匿名組合の営業の成果によって定まる金額不確定の利益の分配が約されるのに対し、後者では、確定利息が約束されることである（民587条）。もっとも、消費貸借においても、確定利息に加えて利益の分配を約し、または、確定利息に代えて利益の分配を約すという共算的消費貸借があり、このような共算的消費貸借と匿名組合の出資との区別は困難といわれる。いずれの契約であるかの判断基準としては、営業者に契約所定の営業を実行する義務が定められているか、および、出資者に監視権が認められているかが重要と解されている[*28]。

第3節　営業者の義務

1. 営業遂行の義務

営業者は、匿名組合契約に定められた営業を遂行する義務を負う[*29]。営業者は匿名組合員が出資した金銭ないし財産をその営業に使用する義務を負い[*30]、営業者は営業の遂行にあたって善管注意義務を負う（民671条類推適用、同法644条）という[*31][*32]。営業者には出資という観念がなく[*33]、出資義務もない。

---

*28　大隅81頁、田中誠160頁、西原178頁、鈴木26頁、平出320頁。

*29　大隅81頁、西原181頁、鈴木28頁、近藤181頁。

*30　石井＝鴻99頁、平出322頁。

*31　松本は「匿名組合は組合にあらざるをもって組合に関する規定は当然にはこれに適用なしといえども、……特別の規定なきも組合に関する規定を類推〔する〕」という（松本・商行為154頁）。大隅86頁、西原181頁。石井＝鴻99頁「営業者は、出資を契約で定めた目的に使用する義務、すなわち、営業を善良な管理者の注意をもって執行する義務を負う（民法671条・644条の類推）。」、鈴木28頁。平出も根拠条文として民法671条および民法644条を挙げる（平出322頁）。近藤182頁。田中誠は、匿名組合員の財産出資を信託と理解し、営業者が受託者であることから善管注意義務を導く（田中誠164頁）。

*32　最高裁は、匿名組合の営業者がその営業遂行に関して匿名組合員に対し善管注意義務を負うことを認めたが、その根拠を明らかにしていない（最判平28・9・6判時2327-82〈百選65〉）。

*33　大隅84頁、石井＝鴻96頁。

2. 利益分配の義務

営業者は、契約に定められた営業を行い、そこから生じた利益を契約の定めに従い匿名組合員に分配する義務を負う（535条）。利益の分配および損失の負担については後述する（本章第5節）。

3. 競業避止義務

学説は、営業者の業務遂行については民法の組合の規定を類推適用し、営業者には善管注意義務が課されるので（民671条・644条）、営業者は競業避止義務を負うとする[*34]。営業者がこの義務に違反したときは、匿名組合員に損害賠償請求権が認められる[*35]。なお、匿名組合員は競業避止義務を負わない[*36]。

4. 営業者の地位の譲渡

匿名組合契約は営業者の個人的信用を基礎とするものであるから、匿名組合員の同意がない限り、営業者はその地位を他人に譲渡することはできない[*37]。

第4節　匿名組合員の義務・責任・権利

1. 出資義務

匿名組合員は、営業者に対し、匿名組合契約所定の時期に契約所定の内容による出資義務を負う[*38]。出資の対象は、金銭およびその他の財産に限られており、信用、労務などの出資は認められない（536条2項）。この点は、合資会社の有限責任社員と同様に考えられてる。

*34　大隅86頁、田中誠164頁、西原181頁、石井＝鴻99頁、鈴木28頁、平出323頁、近藤182頁。反対、松本・商行為156頁、竹田89頁。

*35　田中誠164頁、西原181頁、近藤182頁。

*36　田中誠164頁、西原181頁、平出323頁。

*37　田中誠165頁、西原181頁、平出322頁、近藤183頁。

*38　大隅80頁、田中誠163頁、西原177頁・180頁、石井＝鴻98頁、平出321頁、近藤180頁。

2. 氏名名称の使用に伴う責任

匿名組合員が、その氏もしくは氏名を営業者の商号中に用い、または、その商号を営業者の商号として用いることを許諾したときは、取引の相手方保護のために、その使用後に生じた債務について、営業者と連帯して弁済する責任を負う（537条）。商法14条所定の名板貸責任と同じ趣旨（禁反言法理）の定めである[*39]。責任を負う場合でも、匿名組合員は第三者に対する権利を取得することはない[*40]。なお、取引の相手方が、匿名組合員が営業者でないことを知っている（＝悪意）ときは、匿名組合員の責任は生じない[*41]。

3. 営業者に対する営業遂行を求める権利

匿名組合員は、営業者に対し匿名組合契約に定められた営業の開始および営業の継続を請求する権利を有する[*42]。したがって、営業者が営業を開始しない場合、営業を変更した場合、営業を休止した場合、営業の譲渡等を行った場合、または、契約所定の目的でないことに匿名組合員の出資を使用する場合、営業者の債務不履行となり、匿名組合員は営業者に対し損害賠償を請求することができる[*43]。なおこのような場合、匿名組合員は匿名組合契約の解除をすることもできる[*44]。

4. 利益分配請求権

匿名組合員は、営業者に対し、営業から生じた利益の中から匿名組合契約の定めに従った割合の金額を請求する権利を有する（535条）[*45]。利益分配請求権については後述する（本章第5節4.）。

---

*39　西原183頁、石井＝鴻100頁、鈴木27頁、平出328頁、近藤180頁。
*40　田中誠163頁。
*41　田中誠163頁、西原183頁、平出328頁、近藤180頁。反対説は、大隅88頁。
*42　大隅86頁、西原181頁、石井＝鴻99頁、平出322頁、近藤180頁。
*43　大隅86頁、石井＝鴻99頁、平出322頁～323頁。
*44　平出323頁。
*45　田中誠164頁。

5. 業務執行権・代表権

商法536条３項は、「匿名組合員は、営業者の業務を執行し、又は営業者を代表することができない。」と規定する。すなわち、商法は、匿名組合契約において、営業は営業者のみがその業務執行にあたらなければならないと規定している[*46]。現実には、営業者が単独で業務執行している形態から、匿名組合員が複雑な仕組みを構築してその中に匿名組合が組み込まれている形態まで多様な匿名組合が存在するのであるが（本章第１節2.参照）、商法536条３項は、匿名組合員は匿名組合の営業の業務執行権および代表権を有することができないことを明示している[*47]。

沿革としては、匿名組合と合資会社とが同一の祖先をもつこと（第１節1.注1）、および、実際に多くの匿名組合と合資会社が類似物として存在してきたことから、匿名組合員について合資会社の有限責任社員についての規定と同じ趣旨の規定が設けられていることが理解できる。

6. 監視権

5.で述べたように、匿名組合員は業務執行に関与する権限が認められない[*48]。しかし、営業の成果に関して重大な利害関係を有するので、営業の実情を知るために、匿名組合員には営業者に対する監視権（田中誠は監督権という）が認められている（539条）[*49]。すなわち、匿名組合員には、営業年度の終了時に、営業者の当該営業についての貸借対照表の閲覧請求権および謄写請求権（539条１項）が認められ、重要な事由があるときはいつでも裁判所の許可を得たうえで業務状況検査権・財産状況検査権（539条２項・３項）が認められる。

7. 匿名組合員の地位の譲渡

多くの学説は、匿名組合は匿名組合員の人的信用をも基礎とするものであるから、匿名組合員は出資義務を履行した後であっても営業者の同意がない限り

---

*46　鈴木28頁。
*47　鈴木27頁、近藤182頁。
*48　田中誠165頁、西原181頁、石井＝鴻100頁、鈴木27頁。
*49　大隅86頁、田中誠165頁、西原181頁、石井＝鴻100頁、鈴木27頁、平出323頁。

その地位を他人に譲渡することはできないと述べる[*50]。しかし、そもそも匿名組合においては、第三者は匿名組合員の存在すら知らないことが想定されているのであるから、対第三者の関係において匿名組合員の人的信用を基礎とすると述べるのは矛盾する。匿名組合は匿名組合員の人的信用をも基礎とすると述べる説は、前述した（第1節2.）匿名組合の第2または第3の形態のみを念頭に置いているものと思われる。

匿名組合員の権利と義務とを考慮するとき、少なくとも出資義務の履行後であれば、匿名組合員は営業者に対し権利のみを有することになるから、特約のない限り、営業者の同意がなくても、その権利の譲渡は可能と解したい（民466条・467条）。ただし、その場合、利益分配請求権と監視権は一体として移転すると考えなければならない。

第5節　利益の分配・損失の負担

1. 作成されるべき貸借対照表の問題

商法は、二当事者間の契約である匿名組合契約において定められる営業について貸借対照表が作成されることを想定している（539条1項）。

貸借対照表の資産の部には、現金、機械等の動産、不動産、その他の財産が計上され、負債の部には債務等が計上される。資本の部（株式会社の貸借対照表における株主資本の部に相当する）には、まず、匿名組合員が出資した金銭の額および現物出資におけるその金銭評価額が計上される。営業者による具体的な財産権の移転による出資というものは考えられない[*51]が、営業者が当該営業に出資したものとして扱われることになる額が計上される[*52][*53]。これにより、計算上の数値としての総出資額が確定し、匿名組合員の出資額がその何パーセントを占めるかが明確になる。

---

*50　大隅85頁、田中誠165頁（営業者と匿名組合員の相互の信用を重視する）、西原181頁、平出322頁、近藤181頁。

*51　田中誠164頁、西原180頁「営業者の出資という観念もない」、鈴木28頁、平出325頁。

2. 利益額の算出方法

ところで、一営業年度[*54]における利益額をどのように算出すべきかという問題がある。商法は損益計算書に言及していない。考え方は２つある。第１に、株式会社の会計と同様に、期間損益という考え方を採用し、費用収益対応原則に基づく損益計算書を作成し、利益額を算出するという考え方である[*55]。第２は、財産法という考え方に基づき、貸借対照表の資産総額から負債総額を減じて純資産額を導き、純資産額の増額分をもって利益額とするという考え方である[*56]。資産の評価益などは含まない[*57]。

---

*52　大隅87頁「いわゆる〔営業者の〕出資は利益分配の標準を定める必要に出た便宜上の観念にすぎない。その出資には、財産のほか労務をも適当に評価して算入すべきである。」。田中誠164頁、石井＝鴻99頁、鈴木28頁「営業者が資本・労力を投じても、それは、自己の営業に投じたものにすぎないから、出資ではない。もっとも、利益の分配は特約がない限り出資の割合に応じてなされるため（民法674条１項参照）、その関係では営業者が営業に投じた財産および労力を評価した額が営業者の出資とみとめられるが、それは単に計算上のものにすぎない。」。平出は、営業資本の額は、匿名組合員が履行した出資の額と営業者がその営業に投じた財産の額〔および労務の評価額（次注参照）〕との合計額と述べる（平出325頁）。

*53　平出325頁「法律的には営業者には出資または利益分配の観念はないが、匿名組合員に対する利益分配の割合を定めるためには、営業者がその営業に投じた財産額と労務を評価した額との合計額を営業者の出資額と計算して、これと匿名組合員の履行済の出資額とを対比することになる」。

*54　営業年度は特約がない限り１年間である（商法施規７条３項）。なお、大隅87頁、西原181頁、石井＝鴻99頁、鈴木28頁、平出325頁は、平成17年改正前商法33条１項・２項を根拠にする。

*55　西原181頁。

*56　大隅87頁「ここに利益又は損失というのは、……、営業年度の始めと終りとにおける財産額の増減を意味するのである。」、田中誠164頁、石井＝鴻99頁「匿名組合では、株式会社の場合のように維持すべき一定の資本の額という観念はないから、右にいう利益とは、株式会社等における場合（純資産額から資本金額や法定準備金等の積立金額等を控除する）（〔平成17年改正前〕商法290条）と異り、各営業年度における営業による財産増加額そのもの（評価益などを含まない）である。」、鈴木28頁「分配される利益および損失は、当該営業年度において営業により（したがって評価益を含まない）増加または減少した財産額を意味し、会社におけるように資本の額と比較することを要しない。」、平出325頁「利益または損失は、各営業年度の期末における貸借対照表により確定される。」。

*57　大隅87頁「利益としての財産の増加は営業によるものであることを要し、固定財産の価格の騰貴による評価益を包含しない。」、石井＝鴻99頁、鈴木28頁、平出324頁。

3. 分配額の決定の問題

2.で述べたいずれかの方法により一営業年度の利益額が確定すると、その後、匿名組合員に分配される金額をどのように決定するかという問題がある。

匿名組合契約に定めがあればそれに従うことになる[*58]。定めがない場合、多くの学説では、利益額が確定すれば、民法674条1項を準用して、総出資額における匿名組合員の出資額の割合をもって、自動的に匿名組合員の受け取るべき利益分配額が定まると考えられている[*59]。匿名組合契約は、営業者と匿名組合員との二当事者間契約であるから、利益額の中から匿名組合員が受け取るべき金額が定まれば、残りはすべて営業者に帰属することになる[*60]。なお、利益の分配額は、匿名組合契約において営業年度ごとに営業者と匿名組合員との協議によって決めると定めることが可能である[*61]。

4. 利益分配請求権

一営業年度の利益額が確定し、利益の分配割合が定まれば、匿名組合員は、当然に営業者に対し具体的な利益分配請求権を有することになる（535条）[*62]。

5. 損失の分担

匿名組合員が営業の損失を分担することは匿名組合契約の要件ではない[*63]。したがって、匿名組合員が営業の損失を分担するか否か、および、分担する場合のその割合などは、匿名組合契約において自由に定めることができる[*64]。しかし、特に損失を分担しない旨の定めがない限り、損失を分担する義務があるものと推定される[*65]。その割合は、特に定めがないときは、利益分配の割合と同一と考えられている（民674条2項）[*66]。

---

*58　大隅87頁、田中誠164頁、西原181頁（たとえば、営業利益の何割）、平出325頁。
*59　大隅87頁、西原181頁、石井＝鴻99頁、平出325頁、近藤181頁。
*60　石井＝鴻99頁、鈴木28頁。
*61　大隅87頁。
*62　大隅87頁、西原181頁、石井＝鴻99頁、平出325頁。
*63　大隅85頁、西原182頁、石井＝鴻98頁、鈴木27頁、平出326頁。
*64　大隅85頁。
*65　大隅85頁、田中誠164頁、西原182頁、石井＝鴻98頁、平出326頁。

6. 出資額の減少

匿名組合員の出資が損失によって減少したときは、その損失をてん補した後でなければ、匿名組合員は利益の配当を請求することができない（538条）。ある事業年度において損失が生じたとき、損失分担の割合が特に定められていなければ、利益分配の割合と同じ割合で匿名組合員の出資額は減額される[*67]。次期以降の事業年度において利益が生じたとき、匿名組合員は減額された額が利益によっててん補された後に、初めて利益分配を請求することができる（538条）。なお、この定めにより、損失が生じた場合に、匿名組合員が損失額相当の新たな出資義務を負担するものではない[*68]。

7. 営業者の債権者

匿名組合員の出資が損失によって減少したにもかかわらずそのてん補をせずに利益の配当が行われたとき、または、匿名契約終了の際に出資が損失によって減少したにもかかわらず出資の全額が匿名組合員に返還されたとき、営業者の債権者は詐害行為取消権（民424条）の要件を充たせば同取消権を行使できるが、それ以外には、匿名組合員に対し直接になんらかの権利を有することはない[*69]。

第6節　匿名組合契約の終了

⑴　**一般的な終了事由**　匿名組合契約は二当事者間の契約であるから、営業者と匿名組合員との合意による解約により、また、契約についての一般的な終了事由の発生により[*70]、契約は終了する。二当事者間の契約であるから、当然に、匿名組合契約の中で特別の終了事由を定めることもできる。このほか、商法は契約の終了についての特則を設けている。

---

*66　大隅85頁、田中誠164頁、石井＝鴻98頁、鈴木28頁、平出326頁。
*67　大隅85頁、西原182頁、石井＝鴻98頁、鈴木28頁、平出326頁。
*68　大隅85頁、石井＝鴻98頁、近藤181頁、平出327頁。
*69　平出330頁。
*70　大隅88頁、田中誠166頁、西原183頁、石井＝鴻101頁、鈴木27頁、平出329頁。

⑵　**当事者の意思による解約申入れ**　匿名組合契約が存続期間を定めたときは、その期間の満了により匿名組合契約は終了する[*71]。匿名組合契約が存続期間を定めなかったとき、または、ある当事者の終身間を存続期間と定めたときは、各契約当事者は6か月前に予告をすれば、営業年度の終了時に匿名組合契約を解除できる（540条1項）。なお、存続期間を定めたと否とにかかわらず、やむをえない事由があるときは、いつでも当事者の一方から匿名組合契約を解除できる（540条2項）。やむをえない事由としては、匿名組合員の出資義務の不履行、営業者の営業遂行義務や利益分配義務の不履行などの当事者の重要な義務の不履行が考えられる[*72]。

⑶　**当事者の意思によらない匿名組合契約の終了**　商法は、⑵以外の終了事由を定めている。すなわち、①匿名組合の目的である事業が成功したとき、もしくは、成功の不能が確定したとき、②営業者が死亡したとき、もしくは、営業者が後見開始の審判を受けたとき、③営業者もしくは匿名組合員が破産手続開始の決定を受けたとき、以上の場合に匿名組合契約は終了する（541条）。

事業の成功の不能[*73]であるが、営業者が任意に廃業または営業の譲渡をした場合に、匿名組合契約が終了すると解する立場がある[*74]。他方、匿名組合員は営業者に対し営業を継続すべきことを請求する権利を有するから、当然には事業の成功の不能にあたらず、匿名組合契約は当然には終了しないと解する立場がある[*75]。なお、特約により、営業者が死亡しても匿名組合契約は終了せず、営業者の相続人が営業を継続すると定めることができる[*76]。

匿名組合員が死亡したことまたは後見開始の審判を受けたことは、匿名組合契約の当然の終了事由にはならない[*77]。匿名組合員の地位は、原則として、当

---

*71　西原183頁、近藤182頁。

*72　大隅89頁、西原183頁、平出329頁。

*73　平出330頁「成功不能とは、営業免許の取消の場合のように法律上の不能の場合のみならず、事業上の不能の場合を含む。」。

*74　松本・商行為159頁。事実上の絶対不能として契約が終了すると解するのは平出331頁。

*75　竹田98頁～99頁、田中誠166頁「営業者の廃業または営業の譲渡は、告知の事由にはなっても当然終了をきたすものではない。」、大隅89頁、西原184頁、石井＝鴻102頁。

*76　大隅89頁、西原184頁、石井＝鴻102頁、平出331頁。

然に相続人に承継される[*78]。

⑷　**匿名組合契約終了の効果**　　匿名組合契約が終了したときは、営業者は匿名組合員に、匿名組合員がそれまでに出資した額を返還しなければならない（542条本文）[*79][*80]。匿名組合員が出資した金銭等はすべてが単純に営業者の所有するところの財産になるから、匿名組合契約が終了すると、匿名組合員は自らが出資した出資財産の価額の返還請求権を有することになる（542条）。現物出資の場合でも、特約がない限り、金銭評価をしたうえで金銭が返還される[*81][*82]。物の使用権が出資された場合には、使用権の返還請求権とならんで当該物についての物権的返還請求権が認められる[*83]。

出資した額が損失によって減じているときは、特約のない限り、その残額を返還することになる（542条但書）。残額決定の標準時期は契約終了時であって、契約終了時以後に発生した損失は、残額決定につき除外される[*84]。

---

*77　松本・商行為158頁「匿名組合員の死亡又は禁治産は契約終了の原因とならず。是れその個人たる資格は契約の要件にあらずして、当事者の意思は通常その出資のみに重きを置くの旨趣に由るものなり。」、大隅89頁、西原184頁、石井＝鴻102頁「匿名組合員の死亡または禁治産が匿名組合の当然の終了原因と〔は〕ならない」、平出331頁。

*78　平出331頁。

*79　大隅90頁、西原185頁、石井＝鴻103頁、鈴木27頁、平出332頁、近藤183頁。

*80　別の考え方もある。すなわち、石井＝鴻103頁「出資の価額の返還に際し営業者の財産状態を計算するにあたって、営業者の営業に投下された出資が財産に変ったその評価益がどうなるかである。この場合の評価益についても、その計上を否定するのが一般であるが、匿名組合は、その経済的実質において共同企業形態とみるべきものであるから、共同企業の解体による契約終了の最終段階では、匿名組合員がその共同企業に出資者として参加していたという実質を尊重して、営業者の財産の価値の増加分（契約の成立から終了までの間における）を評価益として計上し、それを加えたもので匿名組合員に返還すべき出資の価額を計算する方が合理的であると考える（西原）。」。

*81　名古屋地判昭53・11・21判タ375-112「〔匿名組合〕契約の解除による終了、その他法定事由による終了の場合、右出資によって営業者に帰属した財産は、……、特約のない限り、匿名組合員に復帰せず、営業者は右契約終了の効果として、右出資の価額のみを返還すれば足りるのである（商法541条〔＝現行商法542条本文〕）。」。

*82　大隅90頁、西原185頁、石井＝鴻104頁、平出334頁、近藤183頁。

*83　大隅90頁、田中誠167頁、西原185頁、石井＝鴻104頁、平出334頁。

*84　大判明45・6・1民録18-575「組合契約解除後における損失はこれを斟酌すべきものにあらず。」。同説、大隅90頁、田中誠167頁、西原185頁、石井＝鴻103頁、平出333頁。

(5)　匿名組合契約終了後の営業者　匿名組合契約が終了しても、営業者がその営業を継続することが法律上可能である場合には、営業を継続するかしないかは完全に自由である[*85]。

営業者の破産により匿名組合契約が終了した場合、匿名組合員の出資金等返還請求権は破産債権になり、匿名組合員は、営業者の一般破産債権者と同等に破産配当を受けることになる[*86]。

***85**　大隅90頁、西原185頁、石井＝鴻104頁、平出332頁。
***86**　大隅89頁、西原184頁、石井＝鴻104頁、平出334頁。

第6章　仲立営業

第1節　総　論

1. 仲立人のイメージ

仲立人は理解しにくいので、そのイメージを形成するために、はじめに実際の機能のしかたをおおまかに述べてみたい。

Aが画期的な新商品を製造し、それを小売店や卸《おろし》売店に販売したいと考えるが、具体的にどの地域で誰に対して販売すればよいかがわからないという場合を想定する。このとき、その商品の市場、販売ルート、需要などについて知識のあるPに依頼して、その商品をまとめて購入しそうな者を探してもらうことが考えられる。Pは、上記商品の内容やAが定めた価格・数量、納品時期などの諸情報を、Pが探し出したBに伝え、それらの条件がそのまま承諾されるとは限らないが、Bは、上記商品について、Aと売買契約を締結することに強い関心をいだき、その後、AとBとは、直接にまたはPを通じて連絡を取り合って交渉を進め、最終的に上記商品についての売買契約が締結されたとする。この段階まで進めることが商法502条11号所定の「仲立ち」であり、そのような仲立ちをAからの依頼を受けて実行したPは一般的に仲立人と呼ばれる。なお、上記経緯において、PはAの代理人にもBの代理人にもなっていない。

このような一般的な仲立人は、仲立ちを営業として行えば、商人となる（502条11号、4条）。また、このような一般的な仲立人が商法543条所定の要件を満たせば、同条所定の「仲立人」となる。

2. 仲立人の定義

(1)　**総説**　　以下では、商法543条所定の仲立人の定義を説明する。

商法543条は、仲立人とは他人間の商行為の媒介をすることを業とする者であると規定する[*1]。商法502条11号も仲立ちに言及するが、商法は「仲立ち」についての定義規定を設けていない。学説は、商法502条11号所定の仲立ちとは、他人間の法律行為の媒介をすることと理解する[*2]。商法543条と商法502条11号においては、「商行為の媒介」（543条）と「法律行為の媒介」（502条11号）の違いがある。

(2)　**媒介**　　「媒介」とは、他人と他人の間に介在して、当該他人らを当事者とする法律行為が成立するために尽力することをいう[*3]。このような媒介は事実行為である[*4]。商法543条所定の仲立人は、「媒介」をすること、すなわち、事実行為たる媒介を行うことを債務の内容として承諾するのであるから、委託者と仲立人の関係は準委任契約になる（民656条）[*5]。

他人間の法律行為の媒介をすること、すなわち、仲立ちすることを債務の内容として承諾するという法律行為を営業として行うことにより、同法律行為は営業的商行為となる（502条11号）。仲立人は手数料を得ることを目的として、自己の名においてかかる営業的商行為を継続的反復的に行う者であるから商人となる（4条1項）[*6]。

(3)　**商行為の媒介**　　商法543条所定の仲立人は、他人間の商行為[*7]の媒介

---

*1　大隅91頁、田中誠180頁、西原281頁、石井＝鴻107頁、鈴木29頁、平出339頁、江頭235頁、近藤184頁。

*2　大隅19頁、西原84頁、石井＝鴻54頁、平出70頁、近藤36頁。

*3　鈴木29頁、平出339頁、江頭235頁、近藤185頁。なお、媒介とは他人間に立って当該他人間に法律行為を締結させるよう尽力することと述べる者もいる（大隅91頁、西原281頁、石井＝鴻107頁）。また、媒介とは他人間に立って当該他人間に契約を締結させるよう尽力することと述べる者もいる（田中誠171頁）。

*4　大隅92頁、石井＝鴻107頁、江頭235頁。

*5　西原281頁、鈴木29頁。

*6　田中誠173頁、石井＝鴻107頁、鈴木29頁、平出340頁、近藤185頁。

*7　当事者一方のための商行為で要件を充たすと解される（大隅91頁、西原281頁、鈴木29頁、平出340頁、近藤185頁）。田中誠は、一方的商行為について明言しない（田中誠172頁）。

を行うことを債務の内容として承諾することを業とする者をいう[*8]。他人間の商行為は基本的商行為（絶対的商行為および営業的商行為）に限られる[*9]。

これに対し、基本的商行為以外の法律行為の媒介を行うことを債務の内容として承諾することを業とする者を「民事仲立人」という[*10]。

⑷　**媒介と権利義務の帰属**　媒介は、他人間において法律行為が成立（多くの場合、契約が締結）するように行動するにとどまり、仲立人は媒介により、自ら権利義務を有することはない[*11]。この点が問屋と異なる。

⑸　**委託者は特定者でない他人**　媒介代理商は一定の商人のために媒介を行う者である[*12]。これに対し、仲立人は広く一般的な他人間の商行為の媒介を行う者と解される[*13]。他人間で成立する法律行為が商行為であればよく、その他人が商人であることは必要とされない[*14]。

⑹　**指示仲立人**　取引の相手方を知らせるだけでも媒介といえるかという問題がある。通常、これを行う者を指示仲立人という。指示仲立人を商法543条所定の仲立人として肯定する立場[*15]と、否定する立場[*16]がある。

⑺　**仲立人と問屋・締約代理商・媒介代理商**　問屋は、他人のために行動するが、問屋自身が問屋の氏名名称を使って物品の販売契約や購入契約といった法律行為の当事者になる。締約代理商は、一定の商人（＝本人）のために行動し、自らが当事者の代理人となって契約締結の権限を有し、契約締結まで行う。これらに対し、仲立人は、他人のために行動するが、自らが法律行為の当

---

*8　田中誠173頁「媒介することを業とするというのは、媒介することを引き受けるという法律行為を業とするという意義である」。

*9　附属的商行為の媒介を行うのでは、商法543条所定の仲立人とはいえない（田中誠172頁）。平出は、附属的商行為の媒介でも商法543条所定の仲立人とする（平出341頁）。

*10　大隅91頁、田中誠172頁、西原281頁、石井＝鴻108頁、鈴木29頁、平出340頁、江頭237頁、近藤185頁。

*11　田中誠171頁。

*12　大隅92頁、田中誠172頁、西原281頁、

*13　大隅91頁、田中誠172頁、石井＝鴻108頁、近藤185頁「仲立人に媒介を委託する者は、仲立人にとって特定の者でもよいし、不特定の者でもよい。」。

*14　大隅91頁～92頁、石井＝鴻108頁、平出340頁。

*15　田中誠171頁

*16　平出339頁、江頭236頁。

事者にはならない[*17]。仲立人は、媒介をした当事者間の契約の締結につき、同時に、いずれかの当事者の代理人となることはできない[*18]。媒介代理商は、一定の商人のために媒介を行う者であるが、仲立人は、広く一般の人からの委託に応じて、その者のために行動する[*19]。

第2節　仲立契約

(ア)　商行為の媒介を委託する者と仲立人が締結する契約を仲立契約という[*20]。他方、媒介によって紹介される相手方と仲立人との間に契約関係は存在しない[*21]。

仲立契約には、双方的仲立契約（双務的仲立契約）と一方的仲立契約（片務的仲立契約）がある[*22]。当事者の意思解釈として、特約のないときは、仲立契約は原則として双方的仲立契約と解される[*23]。

(イ)　双方的仲立契約において、仲立人は、委託者のために、求められた契約の成立につき尽力する義務を負い、委託者および相手方は契約の成立に対して仲立人に報酬を支払う義務（＝法定の義務）を負う（550条2項）[*24]。双方的仲立契約は準委任契約と解される[*25]。

(ウ)　一方的仲立契約において、仲立人は、求められた契約の成立について尽

*17　大隅91頁。

*18　大判大4・10・9民録21-1624「自己の名をもって当事者のために契約を締結し又は当事者の代理人として契約を締結するがごときは媒介を超脱する働作にして仲立人のなすあたわざるところなり。されば、仲立人と代理人とは相容れざる観念にして同一人が当事者間の契約の締結につき、仲立人たると同時に代理人たることあたわざるは明瞭なるところとす。」。なお、田中誠は、左記大審院の立場に反対する（田中誠174頁）。

*19　大隅92頁。

*20　大隅92頁、田中誠173頁、石井＝鴻108頁、近藤186頁。

*21　大隅94頁、近藤186頁。

*22　大隅92頁、田中誠173頁、西原281頁、鈴木30頁、平出343頁、近藤185頁。

*23　大隅92頁、田中誠173頁、西原281頁～282頁、石井＝鴻108頁、鈴木30頁、平出343頁。

*24　大隅92頁、西原281頁、石井＝鴻108頁、鈴木30頁、平出343頁、近藤185頁。

*25　大隅92頁、田中誠173頁、石井＝鴻108頁、鈴木30頁、平出343頁、江頭236頁、近藤185頁。

力すべき義務を負わないが、仲立人の尽力により契約が成立したときは、委託者および相手方は仲立人に報酬を支払う義務（＝法定の義務）を負う（550条2項）[*26]。一方的仲立契約は請負契約ではないが[*27]、請負契約に準ずる特殊な契約と解される[*28]。

第3節　仲立人の義務

1. 一般的義務

双方的仲立契約の場合、委託者と仲立人との関係は準委任契約であるから、仲立人は受任者として委託者に対し善良な管理者の注意をもって（民656条・644条）媒介を行わなければならない[*29]。善管注意義務違反によりなんらかの損害が生じれば、仲立人には損害賠償責任が生じる[*30]。仲立人が相手方に対し善管注意義務を負うかについては、多くの学説が明言を避けており、否定的と思われる[*31]。ただし、肯定する立場もある[*32]。

一方的仲立契約の場合、委託者と仲立人との関係は準委任契約ではなく請負契約に準ずると解されるが、この場合もまた、仲立人は、委託者に対し善良な管理者の注意をもって媒介を行わなければならない[*33]。

---

*26　大隅92頁、西原281頁、石井＝鴻108頁、鈴木30頁、平出344頁、近藤186頁。

*27　契約が締結されるためには各当事者の意思決定が必要になり、仲立人の行為のみでは契約締結を実現できないから、仲立人にとって仲立契約が請負契約とはいえない（大隅93頁、田中誠173頁、西原281頁、鈴木30頁）。

*28　大隅94頁、田中誠173頁、西原281頁、石井＝鴻108頁、鈴木30頁、平出344頁、江頭236頁、近藤186頁。

*29　田中誠174頁、石井＝鴻109頁、鈴木30頁、平出344頁、江頭241頁、近藤187頁。

*30　平出345頁。

*31　西原は、商法の規定する特別な義務（545条～549条）については委託者および相手方の双方に対し義務を負うと述べるが、善管注意義務については委託者に対して義務を負うとのみ述べる（西原282頁）。田中誠は、仲立人は委託者および相手方に対し、法定の義務（商法545条～549条）を負うという（田中誠174頁）。近藤は、双方的仲立契約における仲立人は、契約の成立に向けて善良なる管理者の注意を払う義務があると述べる（近藤186頁）。

*32　平出は「媒介行為の相手方たる他方の当事者に対しても公平誠実にその利益をはかる〔ことに〕……つとめなければならない」と述べる（平出345頁）。同旨、江頭242頁。

*33　平出345頁。

2. 見本保管義務

仲立人が媒介を行うにあたり一方の当事者から見本を受け取ったとき[*34]は、媒介により成立した商行為たる契約が完了するまで、両当事者のために見本を保管する義務を負う（545条）[*35]。これは、後日の証拠保全のためである[*36]。

「行為が完了するまで」とは、売買契約が成立した後であって、買主が目的物の給付を承認した時または瑕疵通知期間（526条）を経過した時、契約の解除がなされた時、品質に関する紛争の不発生または紛争の解決が確実になった時までなどと解される[*37]。

見本保管義務は法律上の義務であるから、仲立人は、見本を保管したことについて報酬を請求することはできない[*38]。仲立人が見本保管義務に違反した場合、損害を被った当事者は仲立人に損害賠償責任を追及できる[*39]。なお、媒介を行うにあたり、仲立人が当事者に対し見本交付を請求する義務を負うものではない[*40]。

3. 結約書作成交付義務

媒介の結果として当事者間で契約が成立したときは、仲立人は、遅滞なく、契約当事者の氏名名称・契約の要領（目的物の名称・数量・品質、対価額、履行の方法・その時期・履行場所など）・契約成立の年月日を記載した書面を作成し、仲立人が署名または記名押印したうえ、各当事者に交付しなければならない（546条

*34　商法545条の適用は見本売買のときに限られるとする学説が多いが（大隅95頁、田中誠174頁、鈴木30頁、平出346頁、平出356頁、近藤187頁）、条文には見本売買に限るとする限定がないから、見本売買でなくても仲立人の義務と解したい。また、本条は証拠保全を目的とするものだから、一方当事者が提示した試作品や参考品なども保管すべき対象と考える。なお、見本売買とは、売買の目的物が見本と同一の品質を有することを担保する売買契約をいう。

*35　大隅94頁、田中誠174頁、西原282頁、平出346頁、近藤187頁。

*36　大隅94頁、田中誠174頁、平出346頁、江頭244頁。

*37　大隅95頁、田中誠174頁、西原282頁、鈴木31頁、石井＝鴻109頁、平出346頁、江頭244頁、近藤187頁。田中誠は、「証拠保全の必要が一応はなくなった時まで」という（田中誠174頁）。

*38　石井＝鴻109頁、平出347頁、近藤187頁。

*39　大隅95頁、平出346頁。

*40　石井＝鴻109頁。

1項）[*41][*42]。この書面を結約書という（546条1項柱書）。結約書は、契約成立後に仲立人が作成するものであり、当事者間の契約書本体ではなく、単なる証拠書類にすぎない[*43]。

当事者間の契約が直ちに履行される場合、仲立人は結約書を各当事者に交付しなければならない[*44]。直ちに履行されない場合、すなわち、目的物の給付または代金の支払いが期限付きまたは条件付きの場合[*45]、仲立人は結約書に各当事者の署名または記名押印を得たうえで、その結約書を各当事者に交付しなければならない（546条2項）。当事者の一方が結約書の受領または署名等を拒絶するときは、仲立人は遅滞なく相手方当事者にその旨を通知しなければならない（546条3項）。このような場合、当該当事者は契約内容についてなんらかの異議があることが考えられるから、商法は、そのことを遅滞なく他方当事者に通知して、適切な対応を採らせることを考えている[*46]。

4. 仲立人日記帳の作成義務・謄本交付義務

仲立人は、結約書の法定記載事項（546条1項1号・2号）を記載した帳簿を作成しなければならない（547条1項）。この帳簿を仲立人日記帳という[*47]。当事者が氏名名称の黙秘を命じた場合でも、仲立人日記帳には氏名名称を記載しなければならない[*48]。商法が仲立人日記帳を作成させる趣旨は証拠保全を図るためである[*49]。仲立人日記帳は、他人間の取引に関する証拠を保存するものであ

---

*41　結約書および仲立人日記帳は電磁的記録で作成することが認められている（商法施規10条・11条）。

*42　大隅95頁、田中誠175頁、西原282頁、石井＝鴻109頁、鈴木31頁、平出347頁、近藤187頁。

*43　大隅95頁、田中誠175頁（証拠証書という）、西原282頁、石井＝鴻109頁、平出347頁、近藤187頁。

*44　大隅95頁、西原282頁、石井＝鴻110頁。

*45　目的物の給付は直ちになされるが代金の支払いは後日になされるという場合のように、一方当事者は直ちに履行をするが他方当事者の反対給付は後日になされるという場合は、「直ちに履行をすべきとき」にあたると解される（大隅96頁、西原282頁、石井＝鴻110頁、平出348頁）。

*46　大隅96頁、田中誠175頁、西原283頁、平出348頁、江頭245頁、近藤188頁。

*47　大隅96頁、田中誠175頁、西原283頁、石井＝鴻110頁、平出349頁、近藤188頁。

*48　平出349頁、近藤189頁。

り、仲立人自身の取引を記載するものではないから、商法19条2項所定の商業帳簿ではない[*50]。なお、通説は、商業帳簿の保存期間の定め（19条3項）を類推適用すべきであるという[*51]。

当事者は、仲立人に対し、いつでも仲立人日記帳に記載された関係部分についての謄本交付請求権を有する（547条2項）。氏名名称黙秘義務があるときは、仲立人は黙秘義務対象部分を隠して交付しなければならない（548条）。

5. 氏名名称黙秘義務および介入義務

㈠　**当事者の氏名名称黙秘義務**　当事者の双方または一方が自らの氏名名称を他方の当事者に開示しないように仲立人に命じたときは、仲立人はこれに従う義務を負い、結約書および当事者に交付する仲立人日記帳の謄本にその氏名名称を記載してはならない（548条）。すなわち、いずれかの当事者から命じられたときは、仲立人に当該当事者の氏名名称黙秘義務が生じる[*52]。

㈡　**仲立人の介入義務**　当事者が氏名名称黙秘の命令を発したか否かにかかわらず[*53]、仲立人が当事者に相手方当事者の氏名名称を開示しない場合において、氏名名称不開示の当事者が債務不履行を行ったとき、仲立人は当該当事者の債務を履行する責任を負う（549条）。これを仲立人の介入義務という[*54]。仲立人が介入義務によって当該当事者の債務を代わって履行したとしても、契約は当事者間で成立しているから[*55]、仲立人には相手方当事者に対し反対給付を請求する権利は認められない[*56]。また、仲立人には相手方当事者からの反対給

---

*49　大隅96頁、田中誠175頁、平出349頁、近藤188頁。
*50　大隅96頁、田中誠175頁、西原283頁、石井＝鴻110頁、鈴木32頁、平出349頁、江頭246頁、近藤188頁。
*51　大隅96頁、田中誠176頁、西原283頁、石井＝鴻110頁、鈴木32頁、平出349頁、江頭246頁、近藤188頁。
*52　大隅96頁、石井＝鴻111頁、鈴木31頁、平出350頁。
*53　大隅97頁、石井＝鴻111頁、鈴木31頁、平出351頁、近藤189頁。
*54　田中誠171頁、大隅97頁、西原283頁、石井＝鴻111頁、鈴木31頁、平出351頁、近藤189頁。
*55　大隅97頁、田中誠176頁、西原283頁、石井＝鴻111頁、近藤189頁。
*56　大隅97頁、田中誠176頁、西原283頁、石井＝鴻111頁、鈴木31頁・32頁、平出351頁、江頭247頁、近藤190頁。

付を受領する権限も認められない（544条本文）。この点において、問屋の介入権と異なる[*57]。介入義務を履行した仲立人は、氏名名称が開示されなかった当事者に対し求償できる[*58]。当事者間での契約成立後、仲立人が当事者の氏名名称を開示しても、相手方たる当事者がすでに取得した仲立人に対する債務履行請求権（549条）を失うことはない[*59]。

第4節　仲立人の権利ないし権限

1. 報酬請求権

仲立人は商人であるから、特約の有無を問わず、その行った媒介について委託者に対する相当の報酬請求権が認められる（512条）。この報酬を仲立料という[*60]。仲立人が媒介を行うにあたって支出した費用は当然に仲立料に含まれると解される[*61]。

仲立人の報酬請求権が成立するためには、仲立人の媒介によって当事者間に契約が有効に成立し、その効力が生じたことが要件になる[*62]。契約が履行されたか否かは問題としない[*63][*64]。仲立人の行った媒介行為と契約の成立との間に因果関係があること、および、成立した契約が仲立契約で予定されたものと本質上同一性を有することが必要とされる[*65]。商法は、手続きの慎重を期するた

---

*57　問屋が介入権を行使したときは、委託者と問屋の間で売買契約が締結されることになる。

*58　大隅97頁、田中誠176頁、西原283頁、石井＝鴻111頁、平出351頁、近藤190頁。なお、氏名名称黙秘の命令を発しなかった場合にも求償できる（大隅97頁、平出351頁）。

*59　大隅97頁、平出352頁、江頭247頁、近藤189頁。

*60　大隅97頁、田中誠176頁、西原284頁、石井＝鴻111頁、平出353頁、近藤190頁。

*61　大隅98頁、田中誠176頁、西原284頁、石井＝鴻112頁、鈴木32頁、平出353頁、江頭248頁、近藤191頁。仲立人は、仲立料のほかに、必要となった費用等の償還を請求できない（平出353頁）。

*62　大隅97頁、西原284頁、石井＝鴻111頁、平出353頁、江頭248頁。

*63　大判明41・7・3民録14-820「仲立営業者がその媒介したる商行為につき〔明治44年改正前〕商法308条の手続を終わりたるときは、ここに報酬請求権発生し、媒介行為が後日実行せらるると否とを問わざるをもって通例とす。」

*64　大隅97頁、田中誠176頁、西原284頁、平出353頁、近藤190頁。

*65　大隅97頁、平出353頁。

めに、結約書の交付の手続き（546条）の終了後に、仲立人は報酬を請求できると規定する（550条1項）。

なお、商法543条所定の仲立人の歴史的沿革から、特約または慣習がない限り、仲立人は、各当事者に対し、半額ずつの報酬請求権を有する（550条2項）[*66][*67]。

仲立人を介することによって当事者間で契約締結に至る合意が形成された時点で、媒介契約を解除し、その後、当事者間で契約が締結された場合について、最高裁は、停止条件の成就を妨害したとして、民法130条1項により、仲立人は報酬を請求できるとした[*68]。

2. 給付受領権限

仲立人は、媒介によって成立する商行為たる法律行為の当事者ではなく、また、当事者の代理人でもないから、別段の意思表示または慣習がない限り、仲立人は当事者のために支払いその他の給付を受ける権限を有しない（544条）[*69]。したがって、一方の当事者が仲立人に対し代金の支払いやその他の給付を行ったとしても、その当事者は自己の債務を当然に免れることはできない[*70]。ただし、仲立人に対し氏名商号の黙秘を命じた当事者は、右のような受領権限を仲立人に与える旨の意思表示があったものと解される[*71]。

---

*66　大隅98頁、田中誠176頁、西原285頁、石井＝鴻112頁、鈴木32頁、平出354頁、江頭248頁、近藤190頁。当事者間に仲立料の分担に関する別段の定めがあったとしても、これをもって仲立人に対抗できない（大隅98頁、平出355頁）。

*67　商法550条2項があるから、商法543条所定の仲立人は、委託者でない当事者に対し報酬請求権が認められる。したがって、商法502条11号所定の仲立ちを行った者は、当然には、委託者でない当事者に対し報酬請求権が認められないことになる。

*68　最判昭45・10・22民集24-11-1599〈百選66〉「X（原告・被上告人）の仲介によって間もなく契約の成立に至るべきことを熟知しながら、Xの仲介による契約の成立を避けるためXを排除して直接当事者間で契約を成立させたものであって、Y（被告・上告人）および訴外AにはXの仲介による土地売買契約の成立を妨げる故意があったものというべきであり……、Yは右のとおり契約成立という停止条件の成就を妨げたものであるから、Xは停止条件が成就したものと看做して報酬を請求することができる……。」。

*69　田中誠171頁、石井＝鴻107頁、平出356頁、江頭252頁、近藤191頁。

*70　平出356頁、江頭252頁。

*71　平出356頁。

第7章　問屋営業

第1節　総　論

1. 取次ぎ

商法502条11号は「取次ぎ」に言及するが、商法は「取次ぎ」を定義する規定を設けていない。学説は、「取次ぎ」とは、自己の名をもって他人のために法律行為を行うことと解する[*1]。「自己の名をもって」とは、行為をする者が当該行為の当事者となり、当該行為から生ずる権利義務の主体になることと解される[*2]。「他人のため」とは、ここでは「他人の計算において」と解される。すなわち、取次ぎにおいてなされる法律行為については、法律上は取次ぎを実行する者が権利義務の主体になるが、その経済上の効果は他人に帰属すると解されている[*3]。取次ぎは、特に「間接代理」と呼ばれる[*4]。

2. 問屋

商法は、問屋《といや》とは、自己の名をもって、他人のために、物品の販売または買入れをすることを業とする者をいうと規定する（551条）。したがって、問屋は取次ぎを業として行う者ということになる。ただし、商法502条11号所定の取次ぎはなんらかの法律行為を行うことと解されているのに対し、問屋は、物品

---

*1　大隅19頁・99頁、西原85頁、石井＝鴻54頁、平出361頁、江頭253頁、近藤36頁。
*2　大隅19頁・99頁、石井＝鴻54頁、平出361頁、江頭253頁、近藤36頁。
*3　大隅19頁・99頁、石井＝鴻54頁、平出361頁、江頭253頁、近藤36頁。
*4　田中誠182頁、西原262頁、石井＝鴻115頁、鈴木33頁、平出361頁、近藤193頁。

の販売または買入れを行うことに限定されている（551条）。なお、取次ぎにおける法律行為も、問屋における物品の販売または買入れも商行為であることは要求されない[*5]。

取次ぎは営業的商行為である（502条11号）。取次ぎに関する行為を行うことを業として行うから、問屋は商人である（4条1項）。原則として、問屋は委託者から物品の販売の委託を受ける（これを販売委託という）か、または、委託者から物品の買入れの委託を受ける（これを買入委託という）。証券会社（金融商品取引業者）や商品取引員（商品先物取引業者）が代表的な問屋である。

なお、わが国では、通俗において、小売業に対して卸売業を問屋（とんや）と呼ぶが、商法551条所定の問屋（といや）はこれと無関係である。

第2節　問屋契約（問屋と委託者の関係）

第1款　問屋契約の要件と効果

1. 総論

問屋が委託者との間で、自己（＝問屋）の名において、かつ、委託者の計算において、物品の販売または買入れを行うことを債務の内容とする契約を問屋契約という[*6]。問屋契約は、物品の販売または買入れ（すなわち売買契約）という法律行為を行うことについての委任契約と解される[*7]ので、「問屋と委託者との間の関係については……、委任……に関する規定を準用する。」（552条2項）は当然の規定といえる[*8*9]。

---

*5　大隅19頁・100頁、田中誠183頁。

*6　大隅100頁、平出368頁、江頭258頁。

*7　大隅100頁、田中誠183頁、西原262頁・266頁、石井＝鴻117頁、鈴木34頁、平出368頁、江頭258頁、近藤193頁。

*8　大隅101頁、田中誠183頁「問屋と委託者との間においては、委任に関する規定を準用するとの規定があるが（552条2項）、当然その適用があるもので準用の文字は当らないのである。」、西原266頁「問屋と委託者との間の法律関係は委任にほかならないから、委任に関する規定は準用ではなくて適用であり、準用のあるのは、代理に関する規定のみである。」、石井＝鴻118頁。

問屋は、問屋契約による取次の実行行為として自己の名（＝問屋の氏名名称）をもって第三者（以下、相手方という）と物品の売買契約を締結する[*10]。問屋と相手方との関係は通常の売買契約であるから、問屋は相手方に対し、また、相手方は問屋に対し、売主または買主としての権利義務を有する（552条1項）[*11]。これに対し、委託者は相手方に対して直接に権利義務を有することはない[*12]。

2. 自己の名をもって

問屋は、「自己の名をもって」、委託者のために物品の販売または買入れの売買契約を締結する（551条）。すなわち、問屋は問屋自身の氏名名称を用いてその売買契約の当事者となる。したがって、客観的な視点からは、問屋は売買契約の一方当事者であり、当該売買契約の権利義務の帰属者であるといえる[*13]。この点において、問屋は、仲立人や代理商その他の代理人と異なる。

3. 他人のために

商法551条所定の「他人のために」とは、「他人（＝委託者）の計算において」ということである[*14]。したがって、問屋が当事者となって締結した売買契約から生じる損益のすべてが委託者に帰属し、問屋自身は売買契約がもたらす損失を被らず利益にあずからない[*15]。問屋は、その労務として行った行為について、委託者に報酬を請求できるにすぎない[*16]。

---

*9　最高裁は、「問屋と委託者との法律関係はその本質は委任であり商法552条2項が両者の間に委任及び代理に関する規定を準用すると定めているのは、委任の規定を適用し、代理の規定を準用する趣旨であ〔る〕」とする（最判昭31・10・12民集10-10-1260）。なお、その後、最高裁は、「商品先物取引を受託する商品取引員は、商法上の問屋であり（商法551条）、委託者との間には、委任に関する規定が準用されるから（同法552条2項）、商品取引員は、委託者に対し、委託の本旨に従い、善良な管理者の注意をもって、誠実かつ公正に、その業務を遂行する義務を負う（民法644条）。」と述べる（最判平21・7・16民集63-6-1280〈百選69〉）。

*10　西原265頁、石井＝鴻117頁、鈴木34頁、平出368頁。

*11　大隅108頁、田中誠182頁、西原265頁、石井＝鴻117頁、鈴木34頁、平出368頁。

*12　石井＝鴻117頁、鈴木34頁、近藤195頁。

*13　大隅99頁、田中誠182頁、石井＝鴻115頁、鈴木33頁、平出365頁。

*14　田中誠183頁、石井＝鴻115頁。

*15　石井＝鴻115頁、鈴木33頁。

問屋は、不特定の顧客（＝委託者）のために物品の売買の取次ぎを行うのが通常であるが、特定の商人と継続的関係がある場合もある。委託者が商人であるか否か、また、委託者にとって問屋への委託行為が商行為か否かは、問屋契約成立の要件として問題とならない[*17]。

4. 物品の販売または買入れ

問屋が行う取次ぎの対象は、物品の販売または買入れである[*18]。この点で、準問屋（558条）、運送取扱人（559条）と異なる。なお、「物品」は、動産および有価証券を含む[*19]が、不動産は含まないと解される[*20]。

5. 取次ぎを行うことを業とする

他人のために物品の販売または買入れをすることを業とする（551条）とあるのは、報酬を得ることを目的として、物品の販売または買入れを行うことを債務の内容として承諾する法律行為、すなわち、取次ぎ（502条11号）を行うことを営業とするという意味であって、問屋は、これにより商人となる。その実行行為としての売買契約締結行為は問屋の附属的商行為である[*21]。

第2款　問屋の委託者に対する義務

1. 善管注意義務

委託者と問屋との関係は委任関係であるから、問屋は受任者として善良な管理者の注意をもって委託者のために物品の売買を行い[*22]、買入委託であれば買い入れた物品の保管および委託者への引渡し、販売委託であれば相手方へ引き

---

*16　石井＝鴻115頁、鈴木33頁、平出361頁。

*17　大隅100頁、田中誠183頁、西原262頁、石井＝鴻116頁、平出361頁。

*18　大隅100頁、田中誠183頁、石井＝鴻115頁、鈴木33頁、平出363頁。

*19　最判昭32・5・30民集11-5-854「商法551条の『物品』中には、有価証券を包含すると解する」。大隅100頁、田中誠184頁、西原262頁、石井＝鴻115頁、鈴木33頁、平出363頁、近藤192頁。

*20　田中誠184頁、平出364頁。

*21　大隅100頁、田中誠184頁、西原263頁、石井＝鴻116頁、鈴木34頁。

*22　大隅102頁、石井＝鴻121頁、石井＝鴻124頁、鈴木35頁、平出378頁、江頭262頁、近藤196頁。最判平21・7・16民集63-6-1280〔前掲注9〕〈百選69〉。

渡すまでの物品の保管、および、委託者への代金の引渡しまたは代金債権の譲渡をしなければならない[*23]。

委託者がなんらかの指図をしたときは、問屋はその指図に従う義務を負い[*24]、違反した場合、委託者は問屋の行った売買が自己のためになされたものであることを否認することができ、損害が生ずれば不法行為に基づく損害賠償請求ができる[*25][*26]。

2. 通知義務

問屋が委託者のために物品の販売または買入れを行ったときは、委託者からの請求を待つことなく、遅滞なく、委託者に売買契約内容についての通知を発しなければならない（557条・27条）。委託者からの請求を待たずに通知を発しなければならない点で、民法645条の特則といえる。問屋が通知義務に違反した場合、委託者は問屋に対し損害賠償を請求できるが、当該販売または買入れについての法律上の権利義務は委託者に帰属する[*27]。

---

*23　石井＝鴻121頁、鈴木35頁、平出378頁。

*24　大隅104頁、石井＝鴻121頁、平出379頁、江頭263頁。

*25　最判昭49・10・15金融法務744-30「商品取引所の取引員は法律上の問屋であるから、同人が取引所において自己の名で売買取引をしたときは、委任者の指図に基づかない場合でも、取引自体は法律上の効力を生じ、委託者は、取引員との関係でその取引による計算が自己に帰属することを否認することはできるが、その取引自体を無効とすることはできない。したがつて、取引員が、委託者の依頼に基づき商品の買建をした場合に、委託者の指図に基づかないで右買建玉の反対売買をしたときは、買建玉は決済され、取引員が委託者の指図に基づく買建玉の売却に応ずることのないかぎり、委託者としては、指図による右買建玉の反対売買により得べかりし利益を喪失し、これと同額の損害を被ることがありうるのである。そして、取引員が委託者の指図に基づかないでした反対売買がその外務員の虚偽の報告に因り行われたものであるときは、委託者としては右損害が外務員の不法行為に因り生じたものとして同人に対しその賠償を請求することができるものといわなければならない。……右〔＝不法行為〕請求権と委託者の取引員に対する債務不履行による損害賠償請求権とはその請求原因事実を異にし、両者は競合して存在するものである。」。

*26　石井＝鴻121頁、平出379頁。

*27　田中誠194頁、平出380頁、江頭267頁。

3. 指値遵守義務

通常、委託者は取引の売買価格を問屋に指定する。これを「指値《さしね》売買」という。多くの場合、販売を委託するときは最低価格を指定し、買入れを委託するときは最高価格を指定する。問屋は善管注意義務を負っているから、委託者の指定を遵守しなければならない[*28]。問屋が販売委託において委託者の指値より高く売り、買入委託おいて委託者の指値より安く買い入れた場合、その差額分の利益はすべて委託者に帰属する[*29]。

問屋が販売委託において指値より安く売るときは、委託者の意思表示に反するから、委託者はその取引の効果の自己への帰属を拒否できる[*30]。しかし、問屋がその差額を負担するのであれば委託者の利益は害されないから、そのときは、取引の効果の自己への帰属を拒否できないと規定される（554条）。同様に、問屋が買入委託において、指値より高く買う場合についても、問屋がその差額を負担する限り、委託者は、その取引の効果の自己への帰属を拒否できない（554条）。

指値違反の売買契約締結により委託者に差額以上の損害が生じたときは、問屋はその損害を賠償する責任を負う[*31]。商法554条の規定は、問屋が差額を負担するならば、指値違反の売買であってもその効果が委託者に及ぶということを定めたにとどまり、問屋の委任義務違反の責任を免除するものではないからである。

なお、委託者は問屋に対し差額負担を請求する権利を有するものではない[*32]。問屋が差額負担をする旨の意思表示は、遅くとも、商法557条・27条所定の通知と同時に委託者に到達しなければならない[*33]。

委託者は、取引の売買価格を問屋に一任することもある。これを「成行《なりゆき》売買」という。委託者が指定した価格より安ければ販売するという指図、または、指

*28　大隅104頁、田中誠195頁、平出381頁、江頭264頁、近藤197頁。
*29　大隅105頁、西原269頁、石井＝鴻123頁、平出383頁、江頭264頁。
*30　大隅104頁、西原269頁、石井＝鴻122頁、鈴木35頁、平出381頁、江頭264頁、近藤198頁。
*31　大隅104頁、西原272頁、石井＝鴻123頁、平出383頁、江頭264頁、近藤198頁。
*32　大隅105頁、平出383頁、近藤198頁。
*33　大隅104頁、田中誠195頁、西原269頁、石井＝鴻123頁、平出382頁。

定した価格より高ければ購入するという指図を「逆指値」という。上場している有価証券についての逆指値は相場の乱高下を引き起こす危険が高いため、金融商品取引法はその詳細を政令の制定に委ねることとして規制したいとしている（金融商取162条1項2号）。

4. 履行担保義務

問屋が委託者のために締結した売買契約について、相手方がその債務を履行しないときは、別段の特約または慣習がない限り、問屋は委託者に対して、問屋が自ら債務を履行する責任を負う（553条）。この履行担保責任は、債務の性質上、代替給付が可能な場合に限られ[*34]、債務の履行は、通常、代金の支払いまたは目的物の給付となる。問屋制度の信用を維持し委託者を保護するための規定であり、無過失責任である[*35]。

第3款　問屋の委託者に対する権利

問屋は委託者に対し以下の権利を有する。

1. 報酬請求権

問屋契約に報酬についての定めがないときでも、問屋は商人であるから、委託された販売または買入れを成立させ完了させたときは（民648条の2第1項）、委託者に対し報酬を請求することができる（512条）[*36]。

2. 費用償還請求権

問屋が必要な費用を支出した場合、問屋は、委託者に対し、委任契約における受任者の権利として費用償還請求権が認められる（民650条、商513条2項）[*37]。

---

*34　石井＝鴻122頁、鈴木35頁、平出384頁、近藤197頁。西原は、「〔問屋〕の債務は代替的性質を有するのが常である」と述べるにとどまる（西原270頁）。

*35　田中誠194頁、西原270頁、石井＝鴻122頁、平出385頁。

*36　大隅106頁、田中誠195頁、西原270頁、石井＝鴻124頁、鈴木36頁、平出387頁、近藤199頁。

*37　大隅106頁、田中誠195頁、石井＝鴻124頁、鈴木36頁、平出387頁、近藤199頁。

3. 留置権

委託者が商人であれば商人間の留置権が認められる（521条）が、委託者が非商人の場合を考慮して、問屋には代理商と同様の留置権が認められる（557条・31条）。したがって、問屋は、別段の意思表示のある場合を除き、委託者のために物品の販売または買入れをしたことによって生じた委託者に対する債権（たとえば、報酬請求権、費用償還請求権など[*38]）につき、委託者のために占有する物品を留置することができる。被担保債権は留置の目的物に関して生じたものである必要はない[*39]。

4. 供託権・競売権

委託者が物品の買入れを委託し、問屋が物品を取得した後に、委託者がその物品の受取りを拒絶した場合、または、受け取ることができない場合、問屋には、委託者が非商人であっても、商人間の売買における売主と同様に、その物品を供託する権利および相当の期間を定めて催告した後に競売する権利が認められ、その競売代金をもって委託者に対する債権（報酬請求権、費用償還請求権等）の弁済に充当することができる（556条・524条）[*40]。買入物品が損傷しやすいものであるときは、催告せずに直ちに競売することができる[*41]。

問屋の供託権・競売権は、商人間の売買における売主の供託権・競売権と同様である[*42]から、商事売買の章における説明を参照されたい（第3章第2節参照）。

5. 介入権

(ア)　委託者が問屋に物品の売買を委託する場合、通常、委託者は、問屋が問屋以外の第三者と売買を行うことを想定する。しかし、販売を委託された物品を問屋自身が買ったとしても、委託者の目的は達成されることになる。また、買

*38　平出388頁、近藤199頁。
*39　大隅107頁、田中誠199頁、平出388頁。
*40　大隅106頁、平出389頁。
*41　平出389頁。
*42　平出390頁。

入委託の場合も同様に、買入れを委託された物品について、たまたま問屋自身が当該物品を有するときにそれを売ったとしても、委託者の目的は達成されることになる。ただし、この場合、明らかに問屋は利益相反の立場に立ち、問屋が自己の利益を追求するときは委託者の利益が害されるおそれが生じる。しかし、委託者の利益が害されないことが明らかな場合は、このようなことを認めても問題ないと考えられる。

そこで、商法は、委託された物品について取引所の相場があるものに限り、上記のような問屋の行為を肯認することとした（555条1項）。問屋のこの権利を「介入権」という[*43]。

(イ)　介入権の法的性質は難解である[*44]。買入委託で説明すると、本来、相手方と問屋は売買契約を締結することが予定されているが、問屋と委託者の間に売買契約は予定されていない。しかし、問屋が介入権を行使すると、あたかも問屋と委託者の間に売買契約が成立したような効果が生じる。正確に述べると、介入権を行使すると、その効果として、問屋は、販売委託の場合には買主、買入委託の場合には売主と同一の権利を有し義務を負うということである[*45]。なお、問屋は介入権を行使する義務を負うものではない[*46]。

(ウ)　問屋の介入権行使の意思表示が委託者に到達した時に介入の効果が生じる[*47]。ただし、売買の価格は通知を発した時の取引所の相場によって定まる（555条1項後段）。介入権の行使は形成権と解される[*48]。問屋が介入権を行使した場合、問屋は委託を実行したことになるので、委託者に対し、報酬請求権（555条2項）および費用償還請求権を有することになる[*49]。なお、問屋は、委託者のために善良な管理者の注意をもって介入権を行使しなければならない[*50]。

---

*43　大隅106頁、田中誠195頁、西原271頁、石井＝鴻125頁、鈴木36頁、平出390頁、江頭265頁、近藤200頁。

*44　法的性質の分析について平出が詳細に述べている（平出397頁以下）。

*45　大隅108頁、田中誠196頁、西原272頁、石井＝鴻128頁。

*46　大隅107頁、平出391頁、近藤200頁。

*47　大隅107頁、西原272頁、石井＝鴻126頁、平出393頁、江頭265頁、近藤200頁。

*48　田中誠195頁、西原272頁、石井＝鴻128頁、鈴木38頁、平出395頁、江頭265頁。

*49　大隅107頁、田中誠195頁、西原272頁、石井＝鴻127頁、鈴木36頁、平出395頁、近藤201頁。

委託者が販売先や買入先を指定しているとき、および、委託者が介入権行使を禁止しているときは、問屋は介入権を行使できない[*51]。なお、商品先物取引法212条は呑《のみ》行為[*52]の禁止を定め、商品先物取引業者に対し介入権の行使を禁止している。

第3節　問屋と相手方との関係

問屋と相手方との関係は一般的な売買契約の関係であり[*53]、その効果としての権利義務は問屋に帰属する（552条1項）[*54]。ここで相手方が売買契約を履行しない場合を考えると、問屋も委託者も相手方に対し損害賠償請求を行えないという結果が生じそうに思われる。なぜなら、相手方の債務不履行により実際に損害を被るのは委託者であるが、委託者は相手方に対し直接の法律関係が存在しないから、債務不履行に基づく損害賠償請求権は生じない[*55]。このとき、委託者と問屋との間の取次契約も不履行となるが、この不履行は相手方（＝第三者）の債務不履行によるものであるから、問屋の責めに帰すべき事由とはならず、問屋は委託者に対し損害賠償責任を負わない、そうだとすると、問屋に損害は生じないから債務不履行に基づく損害賠償請求権は生じない[*56 *57]。しかし、このような結論は不当だと考えられ、学説が以下のように論じている。大隅説は、相手方が売買契約を履行しないときは、履行担保義務（533条）に基づき問屋が自ら履行することになり、ここで問屋に損害が生じることになり、したが

*50　大隅107頁・108頁、西原272頁、石井＝鴻126頁、平出394頁、江頭265頁、近藤200頁。

*51　大隅107頁、西原271頁、石井＝鴻125頁、平出392頁、近藤200頁。

*52　問屋である商品先物取引業者が、委託者より商品市場における取引の委託を受けたときに、商品先物取引業者自身が相手方となって売買を成立させることを呑行為（のみこうい）という（平出392頁）。

*53　大隅108頁、田中誠190頁、西原265頁、石井＝鴻129頁、平出365頁。

*54　大隅108頁、田中誠189頁、西原265頁、石井＝鴻129頁、鈴木33頁、平出365頁。

*55　大隅110頁、石井＝鴻130頁、平出366頁、近藤196頁。

*56　大隅110頁、平出366頁。

*57　正確に述べると、問屋には手数料が得られなかったという損害が生じる（石井＝鴻130頁、近藤196頁）。

って、問屋は相手方に対し損害賠償請求ができると述べる[*58]。また、鈴木説は、上記の場合、問屋は自己の名において委託者に生じた損害の賠償を請求できると解すべきであると述べる[*59]。このように解するとき、相手方に債務不履行が生じた場合、問屋は法律上の権利者（債権者）として履行または損害賠償等を請求できる[*60][*61]。相手方が、問屋との売買契約が真実は委託者のために締結されることを知っていても、以上に述べたことは変わらない[*62]。

第4節　委託者と相手方との関係

委託者と相手方（＝問屋が売買契約を締結した相手方）との間には、法律的な関係は生じない[*63]。したがって、相手方が債務不履行をしたとしても、委託者は相手方に対し損害賠償請求を行うことはできない。相手方が、問屋との売買契約が真実は委託者のために締結されることを知っていても、以上に述べたことは変わらない[*64]。

第5節　売買契約の目的物の所有権等の問題

買入委託の場合を想定する。問屋が買入委託の実行としての売買契約によっ

---

*58　大隅110頁。大隅説の難点は、委託者が履行担保請求を行わないときは、問屋に損害が生じないことである。

*59　鈴木36頁。同旨、西原268頁、石井＝鴻130頁（ただし、西原、石井は、理論的な説明をしていない）。

*60　田中誠189頁「相手方の不履行の場合には、法律上の権利者としてその履行またはこれに代る塡補賠償を請求しうる。」。

*61　平出は、通常の取次契約においては、相手方の債務不履行によって委託者に損害が生じたときは、その損害賠償請求を問屋の名において行うことも委託されていると述べる（平出367頁）。近藤は、そもそも委託に基づき問屋が契約の履行を請求すべきであるところ、この場合の損害賠償は契約の履行の代替であるから、問屋の相手方に対する損害賠償請求を認めるべきだと述べる（近藤196頁）。

*62　大隅109頁、鈴木36頁。

*63　大隅110頁、田中誠190頁、西原265頁、石井＝鴻130頁、鈴木34頁、平出366頁、近藤195頁。

*64　西原265頁、平出366頁。

て取得した物品は、問屋と委託者との関係においては当然に委託者に帰属し、問屋があらためて委託者に所有権を移転するといった特別な権利移転手続きをとる必要はないと解されている*65。販売委託の場合においては、問屋が売買契約の対価たる金銭を占有する場合、および、問屋が相手方に対する代金債権を有する場合も同様に解される。

問題は、問屋の一般債権者と委託者との関係においても、同じことがいえるかということである。買入委託の場合、問屋が売買契約の目的物たる物品の引渡しを受けた後に問屋が破産した場合、当該物品は問屋の破産財団に属するか、それとも、委託者の取戻権に服するかという問題が議論されている。かつての学説は、商法552条2項が準用する民法99条の効果は問屋と委託者の関係についてのみ適用され、問屋の一般債権者と委託者との関係には及ばないから、問屋の占有下にある問題の物品（および販売委託の場合の金銭・債権）は委託者の取戻権（破産62条）に服さないと解していた*66。これに対し、近時の有力説は、商法552条2項が準用する民法99条の効果は、問屋の一般債権者と委託者との関係にまで及ぶと解し*67、問題の物品は委託者の取戻権に服することになると述べる*68。最高裁は有力説の立場に立つことを明らかにした*69。本書もこの立場に従う。

なお、販売委託については、委託者は物品を問屋に引き渡した後もその所有権を自己に留保していると解することができ、物品の販売前に問屋が破産した

*65　西原266頁「代理の規定の準用といっても、ただ委託者と問屋との間では、問屋の取得した債権や所有権が特別の移転行為なしに直接に委託者に帰属することを意味するにすぎない。したがって、委託者が第三者に対して権利を主張することは、問屋から権利の移転を受けない以上は、できない結果となる。」、石井＝鴻118頁、鈴木34頁、平出369頁、近藤193頁。大判大12・12・1刑集2-895。

*66　松本・商行為179頁、田中耕114頁。

*67　鈴木竹雄「問屋関係に於ける委託者の地位」法学協会雑誌53巻1号1頁～24頁・4号628頁～655頁（1935年）、鈴木34頁「商法が『問屋と委託者との関係に代理に関する規定を準用する』旨を定めたのは（552条2項）、〔問屋の一般債権者と委託者との関係にまで及ぶ〕趣旨を示そうとしたものと考える。」。

*68　大隅111頁、西原266頁、石井＝鴻120頁、鈴木35頁・37頁、近藤195頁。反対は、田中誠185頁。平出は解釈論としての立場を明確に示すことなく、立法論に委ねるとする（平出372頁）。

場合であれば、委託者は取戻権を有することになる[*70]。物品の販売後に問屋が破産した場合については、有力説においては、委託者は、問屋の有する相手方に対する代金請求権につき取戻権を有すると解することになる[*71]。

第6節　準問屋営業

準問屋は、「物品の販売または買入れ」以外のすべての法律行為の取次ぎを行うことを業とする者である（558条）。ただし、物品運送の取次ぎについては、商法が特に運送取扱営業として規定するので、準問屋から除かれる（559条）。準問屋については問屋に関する規定が準用される。準問屋の例としては、出版、広告契約の取次ぎ、旅客運送契約の取次ぎ、ホテル旅館等の宿泊契約の取次ぎ、賃貸借契約などの取次ぎを挙げることができる[*72]。

---

*69　最判昭43・7・11民集22-7-1462〈百選70〉「問屋が委託の実行として売買をした場合に、右売買によりその相手方に対して権利を取得するものは、問屋であつて委託者ではない。しかし、その権利は委託者の計算において取得されたもので、これにつき実質的利益を有する者は委託者であり、かつ、問屋は、その性質上、自己の名においてではあるが、他人のために物品の販売または買入をなすを業とするものであることにかんがみれば、問屋の債権者は問屋が委託の実行としてした売買により取得した権利についてまでも自己の債権の一般的担保として期待すべきではないといわなければならない。されば、問屋が前記権利を取得した後これを委託者に移転しない間に破産した場合においては、委託者は右権利につき取戻権を行使しうるものと解するのが相当である。」。

*70　大隅112頁、石井＝鴻120頁、鈴木37頁、平出369頁。

*71　田中誠188頁、鈴木37頁。

*72　大隅113頁、田中誠200頁、西原263頁、石井＝鴻116頁、平出364頁、近藤192頁。

第 8 章　運送取扱営業

第 1 節　運送取扱い

運送取扱いとは、物品運送の取次ぎを行うことを意味する[*1]。したがって、運送取扱人とは、自己の名をもって物品運送の取次ぎを行うことを業とする者をいう（559条 1 項）[*2]。物品運送の取次ぎを行うとは、物品運送の委託を受けた運送取扱人が、自己の名をもって、委託者の計算において、運送人と物品運送契約を締結することである[*3]。運送取扱人は、自己の名をもって物品運送の取次ぎを行うことを業とすることによって商人となる（502条11号・4 条 1 項）[*4]。

物品運送であれば、陸上、海上、空中のいずれも運送取扱営業の対象になる[*5]。ただし、旅客運送の取次ぎは運送取扱営業には含まれず、準問屋（558条）に属する[*6]。実際においては、運送取扱人は委託者から代理権を得ておき、取次ぎを行うと同時に、委託者の代理人として運送契約を締結することが多いといわれている[*7]。

---

*1　近藤234頁。

*2　大隅114頁、田中誠201頁、石井＝鴻132頁、鈴木55頁、平出405頁、近藤234頁。

*3　西原295頁、平出405頁。

*4　大隅115頁、田中誠203頁、西原295頁、平出405頁。

*5　西原295頁、平出405頁。

*6　大隅114頁、田中誠201頁、西原295頁、石井＝鴻132頁、鈴木55頁、平出405頁、近藤234頁。

第2節　運送取扱契約

運送取扱契約とは、運送取扱人が自己の名をもって、委託者の計算において、運送取扱人が選定した運送人と物品運送契約を締結することを債務として承諾し、これに対し、委託者が報酬を支払うことを内容とする契約をいう。運送取扱契約には、別段の定めがない限り、問屋に関する規定が準用される（559条2項）。前章で述べた問屋は、自己の名をもって委託者の計算において物品の売買契約を締結するものであるが、運送取扱人は、自己の名をもって委託者の計算において運送人と物品の運送契約を締結する。運送取扱契約は委任契約の一種である[*8]。

第3節　委託者・荷送人

物品の運送を運送人に委託したいと考える委託者は、通常、物品の運送が確実に迅速に安全に行われることを要望する[*9]。そこで、委託者は、そのような要望ないし条件を満たすような運送人を選ぶこと、さらにその選ばれた運送人に運送を委託することを運送取扱人に委託することになる。運送取扱人はそのような委託者の要望を満たすために、委託者のために尽力する商人である[*10]。

なお、委託者は、運送品が引火性、爆発性その他の危険性を有するものであるときは、運送取扱人に対し、その旨および当該運送品の品名、性質その他の当該運送品の安全な運送に必要な情報を通知しなければならない（564条・572条）。その趣旨については、運送営業の章の荷送人の危険物に関する通知義務（第9章第3節3.）の説明を参照されたい。

---

*7　田中誠202頁、石井＝鴻131頁。
*8　大隅115頁、平出409頁、近藤234頁。
*9　鈴木55頁。
*10　鈴木55頁。

第4節　運送取扱人

第1款　総論

運送取扱人は自己の名をもって運送人と物品運送契約を締結するから、運送取扱人は運送人との間で運送契約上の権利を有し義務を負うことになる（559条2項・552条1項）。

なお、従来の体系書では、運送取扱人の業務は、単に運送人と運送契約を締結するだけでなく、運送に必要な各種の手配をすること、たとえば、運送品の梱包をし、梱包を検査し、運送品を計量し、通関手続きにおける必要書類等を調え、運送の経路・運送の方法を選定し、運送人に対しなんらかの指図（582条）を行うことなども運送取扱契約の内容に属すると述べられる[*11]。しかし、これらのうちの多くのものは、運送取扱営業の理論上の範囲から外れており、たまたま実務において行われているにすぎない。上の例でいえば、運送品の梱包の検査は運送品を受け取るときに運送人が行うことが多いであろうし、通関書類等の必要書類を調えるのは、委託者本人や委託者から依頼を受けた別の専門家が行うことも少なくないであろう。このように考えるので、本書の説明は、運送取扱人が行うべき理論上の業務範囲にとどめる[*12]。

なお、到達地において、運送人から運送品を受け取り、その運送品を荷受人に引き渡すことを行う者を到達地運送取扱人と呼ぶことがあるが、この者は、商法上の運送取扱人ではない[*13]。

第2款　運送取扱人の義務

1. 善管注意義務

運送取扱人には問屋に関する規定が準用される（559条2項）。委託者と問屋

*11　大隅114頁、平出402頁。

*12　西原は、運送取扱営業の範囲にとどまらず、本文で述べたような多くの内容を含む営業を「通運業」と名付けて、説明を行っている（西原291頁）。

*13　平出406頁、近藤234頁。

の関係には委任の規定が適用されるから（552条2項）、運送取扱契約は委任契約であり[*14][*15]、運送取扱人は、受任者として善良なる管理者の注意をもってその委任事務たる物品運送の取次ぎを行う義務を負う（民644条）[*16]。具体的に述べると、運送取扱人は、運送品の滅失、損傷、または、延着が生じないように、自己もしくは使用人の運送品の受取り・保管・引渡しについて、運送人もしくは他の運送取扱人の選定について、または、その他の運送の取次ぎについて善管注意義務を負う[*17]。

運送取扱人が運送人を選択する際、運送品の内容、運送の経路、運送人の信用性、商慣習などを考慮して、善良なる管理者の注意をもって適切な運送人を選定しなければならない[*18]。

2. 損害賠償責任

(ア)　一般的な責任（善管注意義務）　運送取扱人が善管注意義務を怠ったことにより委託者に損害が生じたときは、民法の債務不履行に基づく損害賠償責任（民416条）が生じる[*19]。

(イ)　商法560条の意義　商法560条は、民法の債務不履行責任を具体化したものであり、第1に、運送取扱人の責任が過失責任であること[*20]、第2に、運送取扱人が、運送取扱人およびその履行補助者に過失のないことの立証責任を負うことを定めている[*21]。

運送取扱人は、運送人または他の運送取扱人の選択その他の運送取次ぎにつ

---

*14　大隅116頁、田中誠205頁、平出409頁、近藤234頁。

*15　最判昭31・10・12民集10-10-1260「問屋と委託者との法律関係はその本質は委任であり商法552条2項が両者の間に委任及び代理に関する規定を準用すると定めているのは、委任の規定を適用し、代理の規定を準用する趣旨であ〔る〕」。

*16　大隅117頁、石井＝鴻133頁、平出407頁、平出409頁～410頁、近藤236頁。

*17　大隅117頁、石井＝鴻133頁、鈴木57頁、平出410頁。善管注意義務の例としては、運送品が第三者によって差し押さえられたときに、運送取扱人はその旨を委託者に通知すべきであると述べられている（近藤236頁）。

*18　大隅117頁、石井＝鴻134頁、鈴木57頁、平出410頁、近藤236頁。

*19　石井＝鴻133頁、平出410頁。

*20　石井＝鴻133頁、平出413頁、近藤235頁。

*21　石井＝鴻133頁、平出413頁、近藤235頁。

いての過失によって委託者に損害が生ずればその損害賠償責任を負う（560条本文後段）[*22]。

運送取扱人は、運送品の受取り、保管、引渡しにつき、自己または使用人等[*23]の過失によって損害が生ずればその損害賠償責任を負う（560条本文）[*24][*25]。以上の場合において、運送取扱人は、自己および使用人等に過失がなかったことならびに運送人の選択について過失がなかったことの立証責任を負う（560条但書）[*26]。

なお、「受取り」とは、委託者から運送品を受け取ることであり、「引渡し」とは、運送取扱人が運送品を運送人に引き渡すことであり、「保管」とは、運送品を受け取ってから運送人に引き渡すまで運送取扱人の管理下に置くことである[*27]。運送取扱人は、委託者から運送品を受け取って運送人に引き渡すまでは、保管の責任を負う[*28]。

(ウ)　運送取扱人は、運送取扱契約における委託者である荷送人に対して以上に述べた損害損害賠償責任を負う。運送品が到達地に到着するか全部滅失するときは、運送品受取人（荷受人）に対しても委託者に対するのと同一の損害賠償責任を負うことになる（564条・581条）[*29]。

(エ)　損害賠償額については、物品運送における損害賠償の定額化を図るような特別な規定（576条）は存在しないから、民法の一般原則（民416条）に従うことになる[*30]。

---

*22　西原344頁、石井＝鴻133頁、鈴木57頁、近藤235頁。

*23　使用人等とは、運送取扱人の被用者・履行補助者を意味する（石井＝鴻133頁、平出413頁）。

*24　西原344頁、石井＝鴻133頁、鈴木56頁。

*25　運送取扱人は、運送人または他の運送取扱人の選択の適否については責任を負うが、これらの者の過失による行為については責任を負わない（大隅118頁、石井＝鴻134頁、鈴木58頁、平出411頁）。

*26　大隅117頁、田中誠205頁、西原344頁、石井＝鴻133頁、鈴木56頁、平出413頁・414頁、近藤235頁。

*27　石井＝鴻134頁、平出411頁、

*28　大隅117頁、石井＝鴻133頁、石井＝鴻134頁、平出411頁、近藤235頁。

*29　田中誠209頁、平出410頁、近藤236頁。

*30　大隅118頁、田中誠209頁、石井＝鴻135頁、鈴木56頁、平出414頁、近藤236頁。

(オ)　高価品特則の規定（577条）は運送取扱いに準用される（564条・577条）[*31]。

3. 不法行為責任の問題

運送取扱人やその履行補助者が故意・過失ある行為により善管注意義務に違反した場合、運送取扱人に損害賠償責任が生じることは上で説明した。同じ行為が、同時に、不法行為の損害賠償責任を生じさせることを認めるかという問題がある。この問題について、請求権競合説と法条競合説という考え方が対立していること、また、不法行為責任に商法560条が適用されるかということについては、運送の章（第9章第4節第4款5.）で説明するのでそこを参照されたい。

なお、現行商法は、運送取扱人の委託者または荷受人に対する不法行為責任について、高価品の特則の規定（587条・577条）、および、運送人の責任の短期消滅時効の規定（587条・585条）を準用する（564条）。また、運送取扱人およびその被用者の不法行為責任が追及された場合については、減免規定が準用される（564条・587条・588条）[*32]。

4. 免責約款

運送取扱契約における免責約款についての説明は、運送契約における免責約款の説明（第9章第4節第4款6.）を参照されたい。

5. 責任の短期消滅

運送品の滅失、損傷または延着についての運送取扱人の損害賠償責任[*33]は、荷受人に運送品を引き渡した日から、また、運送品の全部滅失の場合には運送品が引き渡されるべきであった日から、1年以内に裁判上の請求がなされないときは消滅する（564条・585条）[*34]。

運送品の引渡しの時、運送品に損傷または一部滅失があることを知っていた

---

*31　大隅118頁、田中誠212頁、石井＝鴻135頁、鈴木56頁、平出418頁、近藤236頁。
*32　近藤237頁。
*33　田中誠210頁、平出419頁。
*34　大隅118頁、石井＝鴻135頁、鈴木56頁、平出419頁、近藤236頁。

ときは、上記の責任は一般の債権の消滅時効期間（民166条1項）の経過により消滅する[*35][*36]。

第3款　運送取扱人の権利

1. 報酬請求権

通常、報酬は運送取扱契約で定められる。なお、運送取扱人は商人であるから、契約で定めていなくても、当然に報酬を請求することができる（512条）[*37]。運送取扱人は、運送品を運送人に引き渡したとき、報酬を請求できる（561条1項）[*38]。運送取扱契約は委任契約であり請負契約ではないから、運送の結果が生じたか否かは、報酬請求権が成立するか否かに関係しない[*39]。

ただし、運送取扱契約で運送賃の金額を定めた場合（これを確定運賃運送取扱契約という[*40]）は、特に運送取扱人としての報酬を定めておかない限り、運送取扱人は報酬を請求することができない（561条2項）。この場合、確定運送賃と運送人に支払う運送賃との差額が運送取扱人の取り分になる[*41]。

2. 費用償還請求権

問屋と委託者との関係には委任の規定が適用されるから（552条2項）、運送取扱人と委託者との関係については民法650条が適用され、運送取扱人が委任事務を処理するために支払った必要な費用（＝委託者のために支払った運送賃やその他の諸費用）は委託者に請求することができる[*42]。

---

*35　最判昭41・12・20民集20-10-2106「商法588条2項および589条の準用する566条3項〔現行商法584条2項所定の『知っていたとき』に相当〕にいう『運送人ニ悪意アリタル場合』とは、運送人が運送品に毀損又は一部滅失のあることを知つて引き渡した場合をいうものと解するのを相当とする。」。田中誠211頁。

*36　学説は、最高裁の立場に反対するものが多かった（大隅118頁、石井＝鴻135頁、西原305頁、平出420頁）。

*37　大隅119頁、石井＝鴻135頁、鈴木56頁、平出422頁、近藤237頁。

*38　大隅119頁、田中誠212頁、西原348頁、石井＝鴻135頁、鈴木56頁、平出422頁、近藤237頁。

*39　田中誠212頁～213頁、平出422頁。

*40　大隅119頁、田中誠213頁、石井＝鴻136頁、鈴木56頁、平出423頁。

*41　大隅119頁、田中誠213頁、平出423頁、近藤237頁。

3. 留置権

運送取扱人は、運送品に関して受け取るべき報酬、付随の費用、運送賃、その他の委託者のために立て替えた金銭に限り、その弁済を受けるまで、運送品について留置権を有する（562条）[*43]。

この場合の留置権は、他の留置権と比較すると以下のような特徴がある。

第1に、商人間の留置権（521条）、問屋・代理商の留置権（557条・31条）と異なり、商法562条所定の留置権では、留置物と被担保債権との牽連関係が要求される[*44]。

第2に、留置物の所有権が誰に帰属するかは問題とされない[*45]。この点は商人間の留置権と異なるが、民法上の留置権（民295条）と同じである。

第3に、商法562条所定の留置権の効力は、商法上の留置権として、別除権（破産66条1項・65条2項）、更生担保権（会社更生2条10項）を有し、民法上の留置権よりも強い。

なお、債権が弁済期にあることが必要か否かが議論されている。大審院は必要とする[*46]。債権が弁済期にあることを要しないとする学説もある[*47]。

そもそも運送取扱人が留置権を行使するためには、運送品を占有する必要があるが、たいていの場合、運送取扱人はすでに運送品を運送人に引き渡しており、運送品を占有していない。この場合、運送取扱人は運送人に対し荷送人の地位に立つと考えることにより、運送中の運送品について間接占有をしており、荷送人としての運送品処分権（580条）の行使により留置権を行使することが認められると解される[*48]。

---

*42　大隅119頁、田中誠213頁、西原347頁、石井＝鴻136頁、鈴木56頁、平出424頁、近藤238頁。

*43　大隅120頁、田中誠213頁、西原349頁、石井＝鴻136頁、鈴木56頁、平出425頁、近藤238頁。

*44　大隅120頁、田中誠213頁、西原350頁、石井＝鴻136頁、平出425頁、近藤239頁。

*45　石井＝鴻136頁、平出425頁、近藤239頁。

*46　大判昭5・4・28法律新聞3125-9「運送人が運送賃の支払なきを理由として運送品を留置するには、運送行為を完了し、運送賃支払請求権の発生したることを要する」。大審院の立場を支持するのは、石井＝鴻136頁、平出438頁、平出427頁、近藤239頁。

*47　大隅120頁。

4. 介入権

運送取扱人は、禁止する旨の特約や特別な指図がない限り、自らが運送人となって運送を引き受けることができる（563条1項前段）。これを運送取扱人の介入権という[*49]。介入権は、商法が特に認めた取次実行の一方法であり、問屋の場合と同じであるが、問屋についての商法555条のように、取引所の相場のある物品とか通知を発するという要件は定められていない。

介入権は形成権の一種と考えられている[*50]。運送取扱人が、委託者に対し明示的または黙示的に介入権行使の意思表示を行い、意思表示が委託者に到達したときに介入の効果が生じる[*51]。介入権の行使にあたり、運送取扱人は善良な管理者の注意を尽くさなければならない[*52]。

介入権を行使した場合、運送取扱人は運送人と同一の権利義務を有することになる（563条1項後段）[*53]。介入権を行使すると、運送取扱人は運送人の法的地位を占めることになるので、介入権を行使した運送取扱人が他の運送人を使って運送させる場合、その運送人は履行補助者になる[*54]。

なお、運送取扱人が委託者の請求により自ら船荷証券または複合運送証券を作成するときは、介入権を行使したものとみなされる（563条2項）[*55]。本来、これらの証券は運送人が作成するものだからである。

5. 運送取扱人の債権についての短期消滅時効

運送取扱人が委託者または荷受人に対して有する報酬請求権等の債権は、行使できる時から1年間行使しないときは、時効によって消滅する（564条・586条）。

---

*48　大隅120頁、田中誠213頁、西原350頁、石井＝鴻136頁、鈴木58頁、平出427頁、近藤239頁。
*49　大隅120頁、田中誠213頁、西原349頁、鈴木56頁、平出427頁。
*50　大隅121頁、石井＝鴻137頁、平出427頁、近藤240頁。
*51　大隅121頁、西原349頁、石井＝鴻137頁、鈴木56頁、平出428頁、近藤240頁。
*52　平出428頁。
*53　大隅121頁、西原349頁、石井＝鴻137頁、鈴木56頁、平出429頁、近藤240頁。
*54　大隅121頁、石井＝鴻137頁、平出429頁、近藤240頁。
*55　西原349頁、石井＝鴻137頁、鈴木56頁、平出428頁、近藤240頁。

第5節　運送品受取人・荷受人[*56]

荷受人は運送取扱契約の当事者ではないが、運送の進行に伴い途中から、運送取扱人との間に法律関係が生じる。すなわち、運送品が到達地に到着すると、その時から、荷受人は運送取扱契約に基づく委託者の権利と同一の権利を取得し[*57]、また、運送の途中で運送品が全部滅失したときは、その時から、荷受人は運送取扱契約に基づく委託者の権利と同一の権利を取得する（564条・581条1項）。他方、荷受人が運送品を受け取ったときには、荷受人は、運送取扱人に対して報酬、運送賃等を支払う義務を負うことになる（564条・581条3項）[*58]。

第6節　相次運送取扱い

1番目の運送人が運送品を運送し、途中地点から2番目の運送人が同じ運送品の運送を引き継ぐような場合には、数人の運送取扱人が同一の運送品について相次いで運送取扱いを行う必要が生じる。このような場合、運送取扱いにはいくつかの形態があるが、これらを総称して広義の相次《そうじ》運送取扱いという。

1. 下請運送取扱い

発送地における1番目の運送取扱人が委託者の委託に応じて運送全体の取次ぎを引き受け、その運送取扱人の業務の全部または一部を2番目以下の運送取扱人に取り扱わせる場合を下請運送取扱いという[*59]。1番目の運送取扱人を元請運送取扱人、2番目以下の運送取扱人を下請運送取扱人という[*60]。委託者と

---

*56　「運送取扱契約上の運送品受取人は通常は運送契約上の荷受人となるが、運送取扱人またはその履行補助者が到達地運送取扱人として運送契約上の荷受人となることもある。」（平出434頁）。

*57　大隅121頁、田中誠209頁、西原342頁、石井＝鴻137頁、鈴木57頁、平出434頁、近藤241頁。

*58　大隅122頁、田中誠214頁、西原342頁、石井＝鴻137頁、鈴木57頁、平出435頁、近藤241頁。

*59　大隅122頁、石井＝鴻138頁、鈴木58頁、平出437頁、近藤242頁。

運送取扱契約を締結するのは元請運送取扱人のみであり[*61]、下請運送取扱人は元請運送取扱人の履行補助者となる[*62]。したがって、元請運送取扱人は委託者に対し、下請運送取扱人の過失によって生じた損害につき全責任を負うことになる。なお、下請運送取扱人が、委託者に対し、不法行為に基づく損害賠償責任を負うことは否定されない[*63]。

2. 部分運送取扱い

発送地における１番目の運送取扱人は、委託者の委託に応じて最初の区間の運送の取次ぎを引き受け、２番目の運送取扱人は委託者の委託に応じて次の区間の運送の取次ぎを引き受ける。以下これを繰り返す場合、各区間における運送取扱いを部分運送取扱いという[*64]。

この場合、数個の運送取扱契約が独立して併存することになり、各運送取扱人はそれぞれ委託者と直接の法律関係をもつことになる[*65]。

3. 中継運送取扱い

(ア)　発送地における１番目の運送取扱人は、委託者の委託に応じて最初の区間の運送の取次ぎを引き受けるが、同時に、２番目以下の運送につき、順次、自己の名をもって委託者の計算において、次の中間運送取扱人を選定してこの者に運送取扱いを委託する。これを中継運送取扱いまたは中間運送取扱いという[*66][*67]。商法564条の規定は、中継運送取扱いの場合に適用すると解されている[*68]。

中間運送取扱人と委託者との間には直接の法律関係はない。１番目の運送取

---

*60　大隅122頁、鈴木58頁、平出437頁、近藤242頁。
*61　大隅122頁、平出437頁、近藤242頁。
*62　大隅122頁、鈴木58頁、平出437頁、近藤242頁。
*63　平出437頁。
*64　鈴木58頁、平出438頁、近藤242頁。
*65　石井＝鴻138頁、鈴木58頁、平出438頁、近藤242頁。
*66　大隅123頁、石井＝鴻138頁、鈴木57頁、平出438頁、近藤242頁。
*67　石井は、中継運送取扱いのみを相次運送取扱いと呼ぶ（石井＝鴻138頁）。
*68　大隅124頁、石井＝鴻138頁、鈴木57頁、平出440頁。

扱人は委託者に対し2番目の運送取扱人の選定について責任を負うが（560条）、同運送取扱人の過失によって生じた損害については責任を負わない[*69]。

(イ)　中継運送取扱いにおいては、中間運送取扱人は、自己への委託者である運送取扱人のために善良なる管理者の注意をもって委任事務を処理しなければならず[*70]、したがって、中間運送取扱人はその委託者たる運送取扱人に代わって適切な指図を行い、運送品処分権や留置権等の権利を行使すべき義務を負う（564条・579条1項）[*71]。

中間運送取扱人は、直接の前者たる運送取扱人以外との間には、原則として、法律関係がないと考えられる[*72]。しかし、中間運送取扱人が前者たる運送取扱人に弁済したときには、中間運送取扱人は前者の権利[*73]を当然に取得することになる（564条・579条2項）[*74]。この場合の前者は直接の前者に限られない[*75]。ここでの弁済には、代物弁済や相殺等も含まれる。

中間運送取扱人が運送人に弁済を行ったときも、前者たる運送取扱人に弁済した場合と同様に、中間運送取扱人は運送人の権利を取得することになると解される[*76]。

---

*69　大隅123頁、平出438頁。

*70　大隅124頁、平出439頁、近藤242頁。

*71　大隅124頁、田中誠212頁、西原352頁、石井＝鴻138頁、鈴木57頁、平出439頁、近藤242頁。

*72　大隅124頁、平出439頁。

*73　前者の権利とは、その運送取扱契約により取得した報酬請求権、立替金支払請求権などの権利である（田中誠212頁）。

*74　大隅124頁、田中誠214頁、西原352頁、石井＝鴻138頁、鈴木57頁、平出440頁、近藤243頁。

*75　大隅124頁、平出440頁、近藤243頁。

*76　大隅124頁、田中誠212頁・215頁、西原352頁、石井＝鴻138頁、平出440頁、近藤243頁。

第９章　運送営業

第１節　総　論

1. 運送

運送とは、物品または旅客（＝人）を、ある場所から別の場所へ移動させることである[*1]。商法は、運送の対象となる人を「旅客」[*2]と規定する（569条２号～４号)。運送は、物品を移動させる物品運送と旅客を移動させる旅客運送に分けられる。運送は、物品または旅客を、陸上（地中)、海上（海中)、空中のいずれの空間を使って移動させるかにより、陸上運送、海上運送、航空運送に分けられる。

2. 運送契約

運送契約は、物品または旅客をある場所から別の場所へ移動させるという事実的行為の完成を目的とする請負契約（民632条）の一種である[*3]。運送契約において、運送人は物品または旅客を運送する債務を負担するが、運送人本人が実際にその運送を行う必要はなく、履行補助者等を利用して行ってもよいと解されている[*4][*5]。

---

*1　大隅126頁、西原294頁、平出442頁、近藤203頁。

*2　通勤通学のために電車に乗る人を旅客と称することには違和感を覚えるが、法文が用いている文言なので法律用語として理解されたい。

*3　大隅130頁、田中誠220頁、西原299頁、石井＝鴻143頁、鈴木38頁、平出447頁、江頭296頁、近藤203頁。

*4　西原295頁、平出447頁、江頭296頁、近藤206頁。

3. 運送人

運送人とは、陸上・海上・航空において、物品または旅客を移動させることを債務の内容として承諾すること（＝引受け）を業とする者をいう（569条1号）。商法が、「運送の引受け」という文言を用いていることから、運送契約を締結した者が実際に運送を行わず、下請の運送業者等に運送を委託するときも、契約した者が商法上の運送人と解される[*6]。

運送に関する行為は営業的商行為であり（502条4号）、運送人は業として運送することを債務の内容として承諾する（＝引受け）（569条1号）から、運送人による運送の引受けは商行為となる[*7]。したがって、運送人は商人である（4条1項）[*8]

4. 物品および旅客

物品とは、動産および有価証券を意味する[*9][*10]。人以外の生き物も含まれる[*11]。旅客とは、運送される自然人をいう。旅客運送についての詳細は、本章第8節を参照されたい。

5. 陸上運送・海上運送・航空運送

陸上運送とは、陸上における物品または旅客の運送をいう（569条2号）[*12]。海

---

*5　運送人が第三者と運送契約を締結してその者に運送をさせる場合には、運送取扱人に近似するが、運送人は自己の計算においてこれを行う点において、運送取扱人と異なることになる（田中誠220頁）。

*6　大隅129頁、石井＝鴻142頁、平出447頁、近藤203頁。

*7　西原295頁、平出446頁「旅館（すなわち運送人でない）が自動車でなす客の送迎のように、それ自体によって利益を得ることを目的とせず、他の営業に付随して行う者は、運送の引受を営業とする者とはいえず、運送人にはならない。」、同旨、大隅129頁、西原295頁、近藤203頁。

*8　大隅129頁、田中誠219頁、西原295頁、石井＝鴻142頁、鈴木39頁、平出446頁、近藤203頁。

*9　松本・商行為220頁、大隅129頁、田中誠218頁、西原299頁、平出446頁。

*10　信書の運送も物品運送に含まれる（大隅128頁、田中誠218頁、石井＝鴻139頁、平出442頁）。

*11　松本・商行為220頁、大隅129頁。

*12　平出443頁、近藤203頁。なお、地下鉄を営業する会社は陸上運送の運送人である（田中誠219頁、石井＝鴻141頁）。

上運送とは、船舶（684条で定義する船舶[*13]、および、747条の定める非航海船[*14]）による物品または旅客の運送をいう（569条3号）。平成30年改正前商法569条は、湖川港湾において船舶により物品または旅客を運送するときは陸上運送の規定を適用するとしていたが、現行商法569条はそのような運送について海上運送の規定を適用することにしている。商法は、原則として船舶所有者が海上企業者であると考えており、海上運送を業とする者は船舶所有者となる[*15]。航空運送とは、航空機による物品または旅客の運送をいう（569条4号）。

第2節　物品運送契約

物品運送契約は、運送を委託された特定の物品を運送人の保管の下に置き、ある場所から別の場所へ移動することを運送人が債務の内容として承諾し、荷送人がその目的達成に対し運送賃を支払うことを約する不要式[*16]な双務契約であり、荷送人と運送人の合意によって成立する諾成契約[*17]である。なお、物品運送の場合、場所的移動に加えて、その目的物が運送人の保管の下に置かれる必要がある[*18]。

運送契約における当事者は、運送の委託者である荷送人と運送人である。荷

---

*13　商法684条で定義する船舶とは、商行為をする目的で航海の用に供する船舶（端舟その他艪櫂（ろかい）のみをもって運転し、または主として艪櫂をもって運転する舟を除く）を意味する。

*14　商法747条の定める非航海船とは、商行為をする目的で専ら湖川、港湾その他の海以外の水域において航行の用に供する船舶（端舟その他艪櫂（ろかい）のみをもって運転し、または主として艪櫂をもって運転する舟を除く）を意味する。

*15　西原298頁、鈴木111頁。

*16　最判昭30・1・27民集9-1-42「特別規定があるからというて鉄道による貨物の運送契約は荷送人において法定の運送状を提出しなければ成立しない、いわゆる要式契約であると断定することはできないのであって、もとより鉄道業者がかかる運送状の提出なきに拘らず任意運送の申込みを受諾することを妨げるものではない。」

*17　大隅131頁、田中誠221頁、西原300頁、石井＝鴻143頁、鈴木40頁、平出447頁、江頭296頁、近藤205頁。

*18　大隅129頁、田中誠219頁、西原299頁、石井＝鴻142頁、平出446頁。旅客の車内（機内）持込手荷物は、旅客自身が保管するから、物品運送にあたらない（平出446頁）。近藤205頁。

受人は契約の当事者ではないが、物品が到達地に到着した後は、荷受人は商法が定める権利を取得する（581条1項）[*19]。

第3節　荷送人

第1款　荷送人の権利

荷送《におくり》人は運送人に対し、物品運送契約に基づいて物品の運送を請求する権利を有する。このほか、荷送人は、運送人に対し、運送の中止、荷受人の変更、その他の処分を請求する権利を有する（580条前段）。この権利を「運送品処分権」といい、運送人はこれに従う義務を負う[*20]。詳しくは後述する（第4節第3款2.）。

なお、運送品が到達地に到着し、荷受人が運送品の引渡しを請求したとき、または、荷受人が運送品についての損害賠償を請求したときは、荷送人は運送人に対し運送品処分権を行使できなくなる（581条2項）[*21]。

第2款　荷送人の義務

1.　運送品引渡義務

物品運送契約は諾成契約であり、荷送人は、物品運送契約に従い、運送人に特定の物品を引き渡す債務を負う[*22]。

2.　送り状交付義務

㈠　運送人が請求すれば、荷送人は送り状[*23]を作成し運送人に交付しなければならない（571条）。送り状の作成・交付は運送契約の成立要件ではない[*24]。送

---

*19　大隅130頁、西原300頁、近藤205頁。

*20　西原301頁、石井＝鴻145頁、鈴木41頁、近藤219頁。

*21　平成30年改正前商法582条2項は「荷送人ノ権利ハ……消滅ス」と規定していたが、学説は一致して、荷送人の権利（処分権）は荷受人の権利に劣後するの意味と解していた（大隅145頁、西原301頁、鈴木47頁、平出496頁）。

*22　物品運送契約の定めにより、荷送人が特定の場所まで物品を持参する場合と、運送人が荷送人の指定する場所に物品を引き取りに行く場合とがある。

*23　平成30年改正前においては運送状と呼ばれていた（平成30年改正前商法570条1項）。

り状は法定の記載事項を記載した書面である。送り状は、運送契約の内容についての証拠証券である[*25]が、送り状は唯一の証拠方法ではない[*26]。送り状は、荷受人や相次運送における後続の運送人などにとって、運送品の同一性を判断するために、また、当該運送品にかかる運送契約の内容を確認するために有益であり便利なものである[*27]。なお、送り状の交付を請求するかしないかは運送人の自由である。

(イ)　商法は送り状の記載事項を定めている。すなわち、①運送品の種類、②運送品の容積もしくは重量または包もしくは個品の数および運送品の記号、③荷造りの種類、④荷送人および荷受人の氏名または名称、⑤発送地および到達地である（571条１項）。送り状に作成者の署名は求められていない[*28]。

送り状はいかなる権利も表章していないから有価証券ではない[*29]。送り状は有価証券ではないから、特にその要式性を厳しく求める必要はないことになる。したがって、前述した法定記載事項のいくつかが欠如しても送り状であることは否定されない[*30]。また、運送賃、送り状の作成日や作成地などを記載することも許される[*31]。

(ウ)　荷送人が故意または過失によって送り状に虚偽記載または不実記載をし、そのことによって運送品が滅失または損傷したときは、運送人に損害賠償責任は生じない[*32]。送り状の虚偽記載または不実記載によって運送人に損害が生じたときは、運送人は荷送人に対し損害賠償を請求できる[*33]。

(エ)　荷送人は、運送人の承諾を得れば、送り状に記載すべき事項を電磁的方

---

*24　最判昭30・1・27民集9-1-42〔前掲注16〕。
*25　大隅131頁、西原310頁、田中誠222頁、鈴木45頁、石井＝鴻157頁、平出486頁、近藤206頁。
*26　大隅131頁、石井＝鴻157頁、平出486頁、近藤206頁。
*27　田中誠222頁、西原310頁、石井＝鴻157頁、鈴木45頁、平出487頁。
*28　近藤207頁。なお、平成30年改正前商法570条２項は、運送状（＝送り状）に荷送人の署名を必要としていた（大隅132頁）。
*29　田中誠222頁、西原310頁、石井＝鴻157頁、平出486頁、近藤206頁。
*30　西原310頁、近藤207頁。最判昭32・2・8判時134-29。
*31　西原310頁、近藤207頁。
*32　平出487頁、近藤207頁。
*33　大隅132頁、田中誠222頁、西原310頁、石井＝鴻157頁、平出487頁、近藤207頁。

法によって提供することができる（571条2項前段）。この提供により、荷送人は送り状を交付したものとみなされる（571条2項後段）。

3. 危険物通知義務

商法は、運送および運送人の安全を確保するために、運送品が危険物の場合に、荷送人に危険物通知義務を課している。すなわち、荷送人は、運送品が引火性、爆発性その他の危険性を有するものであるときは、その引渡しの前[*34]に、運送人に対し、その旨および当該運送品の品名、性質その他の当該運送品の安全な運送に必要な情報を通知しなければならない（572条）。その他の危険性を有するものとしては、放射性物質、有毒（害）性物質、猛獣、有毒生物、有害微生物など、人体や環境に対する破壊性、有害性を有するものが考えられる。

荷送人が危険物通知義務に違反し、その結果、運送人に損害が生じた場合、商法に特別の定めはないので、債務不履行についての一般法理（民415条）が適用される[*35]。したがって、運送人は、運送品が危険物であること、荷送人から危険物である旨の通知がなかったこと、運送品が危険物であったことにより損害が発生したことを主張立証すれば、荷送人に対し損害賠償を請求できる[*36]。

第4節　運送人

第1款　総説

物品運送における運送人とは、陸上・海上・航空において物品の運送をすることを業とする者をいう（569条1号）。

---

*34　商法572条は、「引渡しの前に」と規定するが、運送品が危険物であれば、運送品を収納する箱や格納する容器、運送を行う車両などについて、運送人は最初から特別なものを用意する必要が生じるのであるから、立法論としては、「契約締結時に」と規定すべきであろう。

*35　近藤208頁。

*36　近藤208頁。

第2款　運送人の権利

1. 運送品引渡請求権

運送人は物品運送契約に基づき荷送人に対し運送品の引渡請求権を有する[*37]。物品運送契約に運送品の目的地到着の日時が定められている場合には、一定の日時までに運送品の引渡しを受けなければ、運送人は契約を履行できないことになるからである。

荷送人が契約所定の時期までに運送品を引き渡さないときは、荷送人の債務不履行となり、運送人は荷送人に対し履行遅滞の責任ないしは契約の解除ならびに損害賠償を求めることができる[*38]。

2. 送り状交付請求権

運送人は、運送契約の締結後に、荷送人に「送り状」の交付を請求することができる（571条1項）。送り状については前述した（第3節第2款2.）。

3. 運送賃請求権

通常、運送賃は運送契約で定められる。なお、運送人は商人であるから、契約で定められなくても報酬として運送賃を請求できる（512条）。運送契約は請負契約の一種と解されるから、特段の定めがないときは、運送債務を履行した後でなければ、運送人は運送賃を請求できない（民633条）。しかし、運送人としては、運送債務を履行した後に荷送人から運送賃を受け取ること、および、運送契約の当事者でない荷受人[*39]から運送賃を受け取ることには不安を覚えるはずである。このような事情から、商法は、運送賃は、到達地における運送品の引渡しと同時に支払わなければならないと定める（573条1項）。このとき、条文には支払う者が誰かは明記されていないが、運送賃支払債務を負う者、は、荷送人および荷受人であり、両者は不真正連帯債務者となる[*40]。

運送品がその性質または瑕疵により滅失または損傷した場合、運送人は荷送

*37　大隅131頁、田中誠241頁、西原309頁、石井＝鴻156頁、鈴木44頁、平出485頁。
*38　大隅131頁、西原310頁、平出485頁。
*39　運送品が到達地に到着し荷受人が受け取ると、荷受人には運送賃支払債務が生じる。

人に対して運送賃支払いを請求できる（573条2項）[*41]。

4. 費用償還請求権

運送人は、運送品に関して支出した立替金およびその他の諸費用[*42]を荷送人および要件を充たした荷受人に対し請求できる[*43]。商法574条は、「運送品に関して受け取るべき運送賃、付随の費用及び立替金（これらを運送賃等という〔574条括弧書〕）」と規定し、その趣旨を示している。

5. 運送人の留置権・先取特権

運送人は、民法の定める一般の留置権（民295条）、および、商人間の留置権（521条）のほかに[*44]、運送人としての特別の留置権が認められている。すなわち、運送人は、運送賃、付随の費用および立替金（これらを運送賃等という（574条括弧書））について、かつ、これらについてのみ、その弁済を受けるまで運送品を留置する権利が認められている（574条）。運送品の保管料は「付随の費用」に含まれる[*45]。この留置権は、商人間の留置権（521条）と異なり、留置の目的物と債権との間に牽連関係が要求されるが、他方、留置する目的物が債務者の所有物であることを要件としない[*46]。

なお、運送人は、運送賃および付随の費用に関し、運送人の占有する運送品

---

*40　田中誠242頁、石井＝鴻158頁、近藤206頁。物品運送契約において荷受人が運送賃を支払うと定められたときは、運送品の引渡しと同時に荷受人が支払うことになり、無理はない。これに対し、運送品引渡時に荷送人が運送賃を支払うと定められたときは、運送品の運送と並行して約束手形や為替手形が利用されることになろう。

*41　大隅133頁、西原310頁、石井＝鴻158頁、鈴木44頁、平出489頁。ここでは、荷送人についてのみ規定されている。

*42　「その他の諸費用」としては、倉敷料・保険料・梱包費・通関費用などが考えられる。

*43　田中誠241頁は「〔立替金その他の費用の償還〕は、運送賃と異なり、運送品の不可抗力による滅失の場合にも請求できる。」と述べる。西原310頁、石井＝鴻158頁、平出489頁。

*44　西原310頁。これに対し、平出は、運送人に民法の留置権（民295条）、および、商人間の留置権（521条）を認めることに反対する（平出490頁）。

*45　近藤210頁。

*46　田中誠242頁（田中誠は所有権に触れていない）、鈴木45頁（鈴木は所有権に触れていない）、平出490頁、近藤210頁。

に先取特権が認められる（民318条）。

6. 運送人の供託権・競売権

(ア)　荷受人を発見できないとか、荷受人が受取りを拒絶するとか、なんらかの理由により荷受人が運送品を受け取ることができないといった場合[*47]であっても、運送人はひとたび受け取った運送品をかってに廃棄することはできず、しかるべき者に引き渡すまでは保管義務を負う。しかし、いつまでも運送人が保管義務を負うのは不合理なので、商法は、以下のように、運送人のために供託権および競売権を認めている。

(イ)　運送人が荷受人を確知できないときは、運送人は運送品を供託することができる（582条１項）。運送人は、供託をしたときは、遅滞なく、荷送人にその旨の通知をしなければならない（582条５項）。さらに、運送人は荷送人に対し相当の期間を定めて運送品の処分について指図を行うように催告することができ、催告をしたにもかかわらず、荷送人が指図を行わないときは運送品を競売に付することができる（582条２項）。ただし、損傷その他の事由による価格の低落のおそれがある運送品については、催告をしないで直ちに競売に付することができる（582条３項）。運送品を競売に付したときは、運送人はその代価を供託しなければならない（582条４項）。なお、その代価の全部または一部を運送賃等（運送費、付随の費用または立替金）に充当することが認められている（582条４項但書）。運送人は、運送品を競売に付したときは、遅滞なく、荷送人に対しその旨の通知をしなければならない（582条５項）。

(ウ)　荷受人を確知できるにもかかわらず、荷受人が運送品の受取りを拒む場合[*48]や運送品を受け取ることができない場合についても、商法は、運送人に運送品の供託権および競売権を認めている（583条前段）。すなわち、運送人は運

---

*47　運送品の引渡しに関して争いがある場合とは、運送品の数量の不足・性質の相違・荷送人の資格に関する疑いなどの理由により、荷受人が運送品の受領を拒んだような場合をいう。

*48　運送品の受取りを拒む場合としては、確知された荷送人が運送品の数量の不足・物品の相違・荷送人の資格等に関する疑いなどの理由を挙げて運送品の受領を拒む場合、および、理由を述べずに拒む場合が含まれる（大隅134頁、鈴木45頁）。

送品を供託することができる（583条前段・582条1項）。運送人は、供託をしたときは、遅滞なく、荷送人にその旨の通知をしなければならない（583条前段・582条5項）。さらに、運送人が、荷受人に対し相当の期間を定めて運送品の受取りを催告し、かつ、その期間の経過後に、荷送人に対し相当の期間を定めて運送品の処分につき指図を行うよう催告したにもかかわらず、荷送人が指図をしないときは、運送人は運送品を競売に付することができる（583条前段・582条2項）。ただし、損傷その他の事由による価格の低落のおそれがある運送品については、催告をしないで直ちに競売に付することができる（583条前段・582条3項）。運送品を競売に付したときは、運送人はその代価を供託しなければならない（583条前段・582条4項本文）。なお、その代価の全部または一部を運送賃等（運送費、付随の費用または立替金）に充当することが認められている（583条前段・582条4項但書）。運送人は、運送品を競売に付したときは、遅滞なく、荷送人および荷受人に対しその旨の通知をしなければならない（583条・582条5項）。

7. 運送人の権利の短期消滅時効

運送人が荷送人または荷受人に対して有する債権（たとえば運送賃債権）は、行使できる時から1年間行使しないときは時効によって消滅する（586条）[*49]。

第3款　運送人の義務

1. 運送人の負う一般的義務

運送人は、運送契約で定められた運送品を受け取り、善良な管理者の注意をもって運送品を保管し、運送品を目的地に移動し、運送品を荷受人に引き渡すべき義務を負う[*50]。以上は、運送人の一般的な義務であり、違反すれば基本的には債務不履行による損害賠償責任が生じる[*51]。なお、損害賠償の特則については第4款で説明する。

---

*49　平成30年改正前商法589条・同法567条を継承した規定である。

*50　大隅136頁、田中誠223頁、西原300頁、石井＝鴻144頁・145頁、鈴木40頁、平出449頁。

*51　平出449頁。

2. 荷送人の運送品処分権に従う義務

荷送人は、運送人に対し、運送の中止、運送経路の変更、運送品の返還[*52]、荷受人の変更その他の処分を請求する権利（これを運送品処分権という[*53]）を有するので、運送人はこの権利に基づく指図に従う義務がある[*54]（580条前段）。

なお、運送品処分権については一定の制限があると考えられる[*55]。目的地を変えることなく、荷受人のみを変更するのであれば、原則として、運送人に過度の負担は生じないといえる。しかし、荷受人の変更に伴い目的地の変更も要するときは、運送人が次に予定している運送契約の履行に差し障りが生じることが考えられるから、運送品処分権の権限外と解すべきことになろう。したがって、荷送人の運送品処分権は、運送人の義務が不当に加重されない範囲内で認められると解すべきである[*56]。

運送人が荷送人の運送品処分権に従った場合、運送人は荷送人に対し、運送を途中まで履行したことに対する割合運送賃[*57]、付随の費用、立替金、運送品の処分に要した費用の弁済を請求できる（580条後段）[*58]。運送品が目的地に到達して荷受人がその引渡しを請求すると、荷送人は運送品処分権を行使できなくなる（581条2項）[*59]。

3. 運送品引渡義務

原則として、運送人は到達地において荷受人に運送品を引き渡すべき義務を負う[*60]。

---

*52　学説は、運送品の返送を含まないとする（大隅135頁、田中誠224頁。西原301頁「荷送人の『運送品の返還』の請求も、運送品の現在地における引渡を意味し、発送地への返送のためには新たな契約が必要である。」、石井＝鴻147頁、平出452頁）。

*53　大隅135頁、西原301頁、石井＝鴻145頁、鈴木41頁。

*54　大隅135頁、田中誠224頁、西原300頁、石井＝鴻145頁、鈴木41頁、平出450頁、近藤219頁。

*55　西原301頁、石井＝鴻147頁、鈴木42頁、平出452頁。

*56　西原301頁、石井＝鴻147頁、鈴木42頁、平出452頁、近藤219頁。

*57　大隅136頁、田中誠242頁、西原301頁、平出453頁、近藤219頁。

*58　田中誠242頁、西原301頁、大隅136頁、鈴木41頁、平出453頁、近藤219頁。

*59　権利を行使できなくなるということの意味は、荷送人の運送品処分権の効力が荷受人の運送品処分権の効力に劣後するということである（平出450頁）。

*60　西原300頁、石井＝鴻147頁、鈴木41頁。

4. 運送品保管義務

運送人は、運送品の受取りの時から実際の引渡しの時まで、善良な管理者が行うべき注意をもって運送品を保管する義務を負う。

第４款　運送人の損害賠償責任

1. 損害賠償責任

(ア)　本来、運送人は運送契約の本旨に従い善良な管理者の注意をもって運送を行うべき義務を負う。すなわち、運送人は、受け取った運送品を滅失・損傷することなく到達地まで運送し、運送契約で定められた時期に引き渡すべき義務を負う。運送人がこの義務に違反したときは民法上の債務不履行にもとづく損害賠償責任（民法415条）が生じる[*61]。したがって、受取りから引渡しまでの間に、運送品が滅失（物理的な滅失、盗難、紛失、および、無権限者への引渡しによる引渡不能を含む）・損傷し、もしくは、運送品に滅失・損傷の原因が生じた場合、または、運送品が延着した場合、運送人は原則として損害賠償責任を負う（575条本文）。なお、商法は、運送人が運送品の受取、運送、保管、および、引渡しについて注意を怠らなかったことを証明したときは、上記の責任を負わないと規定する（575条但書）。商法575条但書は、運送人の責任が過失責任であること、および、故意または過失がなかったことの立証責任が運送人側に課されていることを明示している[*62]。

(イ)　平成30年改正前商法577条は、過失の有無が問われる者として、運送人

---

*61　大隅137頁、西原302頁、石井＝鴻150頁、鈴木41頁、平出455頁。

*62　近藤211頁。昭和13年改正前商法337条についても同旨、松本・商行為246頁。平成30年改正前商法577条についても同旨、大隅137頁、西原302頁。大判明37・3・11民録10-258「商法322条337条〔＝現行商法560条575条〕によれば運送取扱人又は運送人は自己又はその使用人が運送品の受取り引渡し保管その他運送に関する注意もしくは運送に関し注意を怠らざりしことを証明するにあらざれば運送品の滅失毀損等につき損害賠償の責めを免るることを得ざるものなり。ゆえに運送取扱人又は運送人が荷主より荷物の運送を委託せらるるやその受取りはもちろん到達地において指定の荷受人にこれを引渡すまでは保管その他運送に関して十分の注意を加え、運送品に滅失毀損等を生ぜざらしむべき責任を有することはもちろんにして、したがって運送品に滅失毀損等をきたしたる場合においては運送取扱人又は運送人において注意を怠らざりしことを証明したるときに限り荷主に対して損害賠償の責めを免るるものとす。」。

のほかに、運送取扱人、運送人もしくは運送取扱人の使用人その他運送のため使用したる者という文言を条文中に明記しており、運送人は、運送人自身が無過失であったとしても、運送人の使用人や使用人ではないが運送のために使用した者などに過失がなかったことを証明しない限り、運送人に責任が生じると定めていた[*63]。平成30年の商法改正によりこの点が改められたとは考えられていないので、現行商法575条の解釈としても、運送人自身が無過失であったとしても、運送取扱人または運送人もしくは運送取扱人の使用人や使用人ではないが運送のために使用した者に過失があったときは、運送人の責任になると解される。立証責任についても、平成30年の商法改正により改められたとは考えられていないので、現行商法575条但書の解釈は、(ア)で述べたのと同一の理解となる。

(ウ)　損害賠償責任を負う場合として、575条は、滅失、損傷、延着を挙げているが、受け取る権限のない者に運送品を引き渡したというような場合も損害賠償責任が生じると考えられている[*64]。

運送契約の当事者は荷送人であるから、荷送人は、当然、運送人の責任を追及することができるが、運送品が到達地に到着した後、または、運送品が全部滅失したときは、荷受人も同一の責任を追及することができる（581条1項）[*65]。

2. 損害賠償の定額化

(ア)　商法576条は運送人の損害賠償額について規定する。これは民法416条の特則を定めた規定と解されている[*66]。

商法は、運送品の滅失または損傷の場合における損害賠償の額は、その引渡しがなされるべき地および時における運送品の市場価格によって定めると規定する（576条1項本文）。取引所の相場がある物品については、その相場によって定める（576条1項括弧書）。さらに、運送品に市場価格がないときは、上記損害賠償の額は、引渡しがなされるべき地および時における同種類で同一品質の物品の正常な価格によって定めると規定する（576条1項但書）。

---

*63　大隅137頁、田中誠225頁、西原302頁、石井＝鴻151頁、平出456頁。
*64　平出456頁、近藤211頁。
*65　田中誠227頁、石井＝鴻150頁、平出456頁。

平成30年改正前商法580条は、運送品の全部滅失と延着の場合、および、一部滅失と毀損の場合とを分けて規定し、「〔運送品の〕引渡あるべかりし日」と「〔運送品の〕引渡ありたる日」というように文言を使い分けていた。平成30年商法改正は、条文（576条）中の文言を「滅失」と「損傷」に限った。他方、「〔運送品の〕引渡しがされるべき地及び時」という文言に統一した。したがって、改正前商法580条における全部滅失と一部滅失は「滅失」に含まれることになる。同改正により延着の文言がなくなった。現行商法576条の文言に照らすと、運送品が一部滅失または損傷したうえで延着したときについては同条１項が適用され、引渡予定日における価格が損害賠償額の基準となる[*67]。これに対し、運送品が単純に延着したときは民法416条の一般原則に従うと解すべきことになる[*68]。なお、運送品が滅失または損傷したために、支払うことを要しなくなった運送賃その他の費用は、右の損害賠償の額から控除される（576条２項）。

(イ)　古くはローマ法において運送人が厳格なレセプツム責任[*69]を負うことと

---

*66　大隅139頁、田中誠230頁、西原303頁、石井＝鴻153頁、鈴木41頁、平出461頁、近藤212頁。大判大９・11・25民録26‐1755「契約上の債務不履行による損害賠償の範囲に関する一般原則は民法416条の定むる所なれども、運送契約に基づく運送人の債務不履行に関する責任については商法340条〔＝現行商法576条１項〕をもってこれが特別の規定を設け、運送品が全部滅失したる場合においてはその運送品の引渡あるべかりし日における到達地の価格によりてこれを賠償すべきものとなし、ただ運送人に悪意または重大なる過失ありたるときに限り、同法341条〔＝現行商法576条３項〕をもってその一切の損害を賠償する責任ありとなしたり。ゆえに運送契約に基づく債務の不履行にありてはこの特別なる場合を除くのほか、同法340条に定むる標準によりて賠償額を算定せざるべからざるものにして民法の一般原則に従わざるものとす。」。

*67　大隅139頁、西原303頁、近藤212頁。

*68　平成30年改正前商法580条２項但書については解釈が分かれていた。第１説は、運送品が一部滅失または毀損したうえで延着したときについて「前項の規定を準用す」と解する立場であり、運送品が単純に延着したときは、民法416条の一般原則に従うと解する立場である（大隅141頁、石井＝鴻153頁、鈴木43頁、平出464頁、近藤212頁）。第２説は、運送品が単純に延着したときについても「前項の規定を準用す」と解する立場である（田中誠231頁。大判大９・11・25民録26‐1755〔前掲注66〕）。

*69　レセプツム責任とは、ローマ法において、運送人や旅店主が受け取った（預かった）運送品等や客の携行品が滅失・損傷した場合に、運送人や旅店主は、それが不可抗力によることを証明しない限り、無過失で損害賠償責任を負うとする法理である（廣瀬久和「レセプトゥム責任の現代的展開を求めて(1)～(4)」上智法学論集21巻１号75頁、２＝３号23頁、23巻３号17頁、26巻１号83頁（1977年～1983年）、大隅137頁、田中誠225頁、西原412頁、鈴木43頁、平出459頁）。

のバランスから損害賠償額が限定されたのであるが、わが国の商法は運送人の責任について過失責任主義を採るから、ローマ法とは異なり、損害賠償額が限定される理由は以下のような運送業の性質に求められることになる[*70]。すなわち、商法は、運送人の損害賠償額を一定限度にとどめることにより、大量かつ画一的な物品運送にあたる運送人を保護し[*71]、同時に、賠償すべき損害額の範囲を簡明に定型化して、法律関係の処理の画一化を図り、これに関する紛争を防止するところにあると解される[*72]。商法576条は損害賠償額の定型化を図っており、実際に生じた損害額がこれ以上であるときもこれ以下であるときも、運送人は法定額を支払うべきことになる[*73]。ただし、荷送人および荷受人にまったく損害が生じなかった場合には、損害賠償責任は生じない[*74]。

(ウ)　商法576条は運送人の保護を意図する規定であるから、運送人が故意または重過失によって運送品を滅失または損傷させた場合については、商法576条1項および2項は適用されない（576条3項）。なお、運送人ではなくその履行補助者等に故意または重過失があるときも、商法576条1項および2項は適用されないと解される[*75]。商法576条1項および2項が適用されないので、この場合の運送人の責任は民法の一般原則（民416条）に従うことになり、特別の事情によって生じた損害にいては運送人側がその事情を予見すべきであったときは、その損害を賠償する責任を負う[*76]。

---

*70　平出461頁。

*71　大隅140頁、田中誠230頁、西原303頁、石井＝鴻152頁、平出465頁。

*72　最判昭53・4・20民集32-3-670〈百選74〉「〔商法〕580条1項〔＝現行商法576条1項〕が運送品の価格による損害賠償責任を定めている趣旨は、運送品の全部滅失により荷送人又は荷受人に損害が生じた場合、これによる運送人の損害賠償責任を一定限度にとどめて大量の物品の運送にあたる運送人を保護し、あわせて賠償すべき損害の範囲を画一化してこれに関する紛争を防止するところにあるものと解される。」。

*73　実際に生じた損害額が商法576条所定の額以下であっても法定の額を支払うべきであると解される（大隅139頁、西原303頁、石井＝鴻153頁、鈴木43頁、平出465頁、近藤213頁）。

*74　最判昭53・4・20民集32-3-670〔前掲注72〕〈百選74〉「〔商法〕580条1項〔＝現行商法576条1項〕は、運送品が全部滅失したにもかかわらず荷送人又は荷受人に全く損害が生じない場合についてまで運送人に損害賠償責任を負わせるものではなく、このような場合には、運送人はなんら損害賠償責任を負わないものと解するのが相当である。」。

3. 高価品特則

(ア) 商法は、滅失、損傷または延着した物品が高価品である場合、運送契約締結時に高価品である旨の通知がなされていなければ、運送人は損害賠償責任を一切負わないと規定する（577条1項）。運送品が貨幣、有価証券その他の高価品であるときは、盗難等を招く可能性が高くなり、また、精巧な美術品等であれば損傷の生じる可能性が高くなる。運送契約締結時に、荷送人が高価品である旨を知らせてあれば、運送人はさまざまな対策や特別の措置を講じることができ、当該物品に対応した保険契約を締結することも可能になる[*77]。物品が高価品であることを知らされずに運送を行い、上記のような盗難や損傷が生じた場合について、本条は、高価品の価格に基づいて算出される高額の損害賠償責任から運送人を免れさせる趣旨の規定である。

ただし、①物品運送契約締結の当時、運送品が高価品であることを運送人が知っていたとき、または、②運送人の故意または重大な過失によって高価品の滅失、損傷または延着が生じたときには、運送人に商法577条1項の適用はなく（577条2項）、損害賠償額の算定にあたっては民法の一般原則（民416条）が適用される。

(イ) 高価品とは、容積、重量に比して著しく高価な物品のことである[*78]。宝

---

*75 大判大8・3・21民録25-486「〔鉄道営業法〕13条において悪意又は重大なる過失によらざる手荷物の滅失毀損については鉄道は鉄道運輸規定に定むる最高額までに限り損害賠償の責に任ずと規定し、鉄道運輸規程48条は鉄道は悪意又は重大なる過失によらざる手荷物の滅失又は毀損については旅客1人に対し価格100円以内に限り損害賠償の責に任ずべきものとすと規定せり。ゆえに鉄道は手荷物の滅失毀損による損害額すなわち商法340条〔＝現行商法576条1項〕により定むべき損害額が100円以内なるときはその額を、これを超過するときは100円を最高限度として賠償すべきを通則とし、ただ例外としてその滅失毀損が鉄道の悪意又は重大なる過失による場合においてのみ商法341条〔＝現行商法576条3項〕に従い一切の損害を賠償すべき責に任ずべきものなれば、100円を超える損害額を請求する旅客は手荷物の滅失毀損が鉄道の悪意又は重大なる過失によることを証明せざるべからず。」。大隅140頁、田中誠231頁、西原303頁、石井＝鴻153頁、平出465頁、近藤213頁。

*76 大隅140頁、西原303頁、石井＝鴻153頁、平出465頁。

*77 田中誠228頁、石井＝鴻154頁、鈴木43頁、平出469頁。

*78 最判昭45・4・21判時593-87〈百選75〉「商法578条〔＝現行商法577条〕所定の高価品とは、容積または重量の割に著しく高価な物品をいうものと解すべき〔ものなり〕」。大隅140頁、田中誠228頁、石井＝鴻154頁、鈴木42頁、平出469頁、近藤214頁。

石、貴金属、高級毛皮、美術品、骨董品はこれにあたることが多い[*79][*80]。

㈦　通知は物品の種類および価額を示すことを内容とし、運送人が必要な対応を講じられるようなものでなければならない。通知は、契約成立時までに行われなければならない[*81]。

損害が発生した場合、通知された価額がそのまま物品の賠償額となるのではなく、運送人は実際の損害額を立証して、その価額が通知された価額より低額のときは、その低額を賠償をすればよく、これに対し、荷送人は、運送品の損害額が通知した価額より高額であることを立証しても、その高額の賠償を求めることはできないと解される[*82][*83]。

なお、上記の通知がなかったとしても、運送人が高価品であることを知っていた場合、普通の運送品としての注意を怠ったときは、高価品としての損害賠償責任は免れない[*84]。

㈣　平成30年改正前商法578条は、「延着」という文言を含んでいなかったため、高価品特則の定めが延着の場合に適用されるか否かについて議論があった。平成30年の商法改正により、現行商法577条は「延着」を明記している。

4. 履行補助者の過失等

平成30年改正前商法577条は、運送人もしくは運送取扱人[*85]またはそれらの

---

*79　大隅140頁、石井＝鴻154頁、平出469頁、近藤214頁。

*80　研磨機は高価品にあたらない。最判昭45・4・21判時593-87〔前掲注78〕〈百選75〉「商法578条〔＝現行商法577条〕所定の高価品とは、容積または重量の割に著しく高価な物品をいうものと解すべきところ……、本件研磨機は容積重量ともに相当巨大であって、その高価なことも一見明瞭な品種であるというのであるから、本件研磨機は同条所定の高価品にはあたらない。」。

*81　大隅140頁、西原304頁、平出471頁、近藤213頁。

*82　大隅141頁、西原304頁、平出472頁、近藤215頁。

*83　石井＝鴻は、本条は、運送人に運送品が高価品であることを知らせることが主たる目的であるから、通知に記載された物品の価額は損害賠償の限度額を画するものではなく、高価品である旨の通知が行われたときは、滅失、損傷または延着が生じたときの損害賠償額は民法の一般原則（民416条）によって算定するという（石井＝鴻154頁）。

*84　大隅141頁、平出472頁。

*85　本文の運送取扱人は、運送人が契約した中間運送取扱人や到着地運送取扱人を意味する（西原302頁、石井＝鴻150頁、平出456頁）。

使用人その他運送のため使用した者[*86][*87]の故意・過失によって運送品につき滅失、毀損または延着が生じた場合、運送人自身が無過失であったとしても、運送人はその損害賠償責任を負うと規定していた[*88]。このとき、運送人が履行補助者の選任・監督について無過失であっても、運送人はその損害賠償責任を負うと解されていた[*89]。運送人は、運送人もしくは運送取扱人またはそれらの使用人その他運送のため使用した者について故意・過失がなかったことを立証する責任を負うとされた（平成30年改正前商法577条）[*90]。

平成30年の商法改正によりこの点が改められたとは考えられていないので、同条を継承した現行商法575条は、運送人の使用人や運送取扱人等の文言を欠くが、運送人および運送取扱人、その使用人の行為、さらに、雇用関係がなくても運送に使用された者などの履行補助者の行為によって運送品が滅失、損傷または延着したときは、運送人は、それらの者の無過失を立証しない限り、損害賠償責任を負うと解される[*91][*92]。

---

*86　「運送のため使用した者」とは、雇傭関係なくして運送に関与した者（平出457頁。西原302頁、大隅138頁）、または、下請運送人をいう（石井＝鴻150頁）。

*87　「運送取扱人またはそれらの使用人その他運送のため使用した者」とは、運送人の履行補助者である（大隅138頁、西原302頁、鈴木41頁、平出457頁）。

*88　田中誠225頁。鈴木41頁、平出457頁。

*89　平出457頁。大判昭5・9・13法律新聞3182-14「商法337条〔＝現行商法575条〕には運送人は自己もしくは運送取扱人又はその使用人その他運送のため使用したる者が運送品の受取り引渡し保管及び運送に関し注意を怠らざりしことを証明するにあらざれば、運送品の滅失毀損又は延着につき損害賠償の責めを免るることを得ずとありて、これらの者に全然過失なかりしことを運送人において立証し得ざる限りは損害賠償の責任あるものと解すべく、上告人所論のごとく、ただこれらの者に対する選任監督につき注意を怠らざりしことを証明し得ば、ただちに損害賠償の責めを免るるものなりと解すべからず。」。

*90　大判昭5・9・13法律新聞3182-14〔前掲注89〕。

*91　平成30年改正前商法577条は「運送人ハ自己若クハ運送取扱人又ハ其使用人其他運送ノ為メ使用シタル者カ運送品ノ受取、引渡、保管及ヒ運送ニ関シ注意ヲ怠ラサリシコトヲ証明スルニ非サレハ運送品ノ滅失、毀損又ハ延着ニ付キ損害賠償ノ責ヲ免ルルコトヲ得ス。」と規定していた。平成30年の改正において運送取扱人以下の文言を意図的に削除したものではないから、従来の解釈論を維持すべきであると考える（同旨、近藤211頁）。

5. 運送人の不法行為責任

(ア)　運送中に運送品の滅失・損傷等が生じた場合、運送人について運送契約上の債務不履行責任が生じうるが、同時に、運送人の不法行為責任[*93]はどのように考えるべきかという問題が議論され、請求権競合説[*94]と法条競合説[*95]とが対立した。この問題については、昭和38年および昭和44年に最高裁が両責任を認めるとする判断を示した[*96]。学説はこの結論で落ち着いていると思われる[*97]。

現行商法は、上記最高裁の立場を前提として、運送品の滅失等についての運送人の契約責任を減免する規定（576条、577条、584条、585条）が、運送人の不

***92**　昭和13年改正前商法337条について松本・商行為200頁・245頁～246頁、平成30年改正前商法577条について、大隅138頁「運送人がその責任を免れるためには、滅失・毀損又は延着がこれらの者の過失によって生じたのでないことを立証することを要し、単にその選任および監督につき過失がなかったことを証明するのみでは足りない（大判昭5・9・13法律新聞3182-14〔前掲注89〕）。田中誠225頁、西原302頁、西原302頁、石井＝鴻150頁、鈴木41頁、平出457頁、近藤211頁。

***93**　運送人が自己または使用人等の故意過失により運送品を滅失損傷したときは、通常、運送品の所有者に対して不法行為の成立要件を充たすことになる（ 西原305頁）。

***94**　請求権競合説は、不法行為責任も契約上の債務不履行責任も認められ、荷送人または荷受人はいずれで責任追及してもよいと考える（田中誠227頁、石井＝鴻151頁、鈴木43頁、大判大15・2・23民集5-104「商法338条〔＝現行商法577条〕は高価品の運送なるにおいては運送人は特別の注意をほどこすべかりしに荷送人よりこの点の明告なかりしにつき普通品と同一の取扱をなしたる結果、滅失毀損を生じたるものとせば、この場合になお運送人に損害賠償の責めを負わしむるは過酷なりとし運送契約上の責任を免れしむるにとどまれり。しかしておよそ荷送人が同時に貨物の所有者なる場合おいてその貨物が運送人の過失により滅失したるときは運送人は荷送人に対し債務不履行となると同時に所有者に対し不法行為となり契約上の請求権と不法行為上の請求権とが相競合するものなれば、如上高価品の運送において運送人が債務不履行の責任を免るるも一般普通人のなすべき注意を怠りたるがために所有者に生ぜしめたる不法行為上の責任を免れ得べきものにあらず。」)。

***95**　法条競合説は、不法行為責任は認められず、契約上の債務不履行責任のみが考えられるという（川島武宜「請求権の競合について」法学協会雑誌74巻5・6号569頁～604頁（1958年）、加藤一郎『不法行為〔増補版〕』52頁（有斐閣、1974年）、大隅142頁、西原306頁。西原は企業保護に傾いた立場である（西原305頁「前者〔＝債務不履行〕の責任は厳重で、被害者たる債権者の保護に厚いのが原則であり、ある点でその責任を緩和するのは、企業の特殊性に基づく特別の必要からである。不法行為責任の方に厳格な部分があるからとて、漫然その選択行使を認めては、損害賠償法の体系を崩し、運送企業の適切な運営を妨げるであろう。この意味で第2説〔＝法条競合説〕を正当と考える。」))。

法行為に基づく損害賠償責任についても準用されると規定する（587条本文）。

(イ) たしかに、運送契約に債務不履行責任を減免する規定が存在しても、それが過失による不法行為責任を減免するものでなければ、多くの場合、運送人にとって減免規定の存在が意味のないことになろう。

しかし、荷受人は自ら運送人を選択して運送契約を締結したわけではないから、荷受人に対する運送人の不法行為責任が軽減されることは、別に検討しなければならない。商法は、荷受人があらかじめ荷送人の委託による運送を拒んでいたにもかかわらず、荷送人が契約した運送人が不法行為を行った場合、運送人の荷受人に対する不法行為責任については、右規定の準用を否定する（587条但書）。

運送品の滅失等についての運送人の損害賠償責任が免除または軽減される場合には、運送人の責任が免除・軽減される限度において、その運送品の滅失等についての運送人の被用者の荷送人または荷受人に対する不法行為に基づく損害賠償責任も免除・軽減される（588条1項）。ただし、この規定は、運送人の被用者が故意または重大な過失によって運送品の滅失等を生じさせたときは、適用されない（588条2項）。

6. 免責約款[*98]

実務において運送人は運送契約中に免責約款という特約条項を設けて、責任の軽減免除を図ることが多い。一般に、過失約款（使用人の故意・過失によって生じた損害についての責任を排除する約款）、賠償額制限約款（運送人の負担すべき

---

*96　最判昭38・11・5民集17-11-1510「運送取扱人ないし運送人の責任に関し、運送取扱契約ないし運送契約上の債務不履行に基づく賠償請求権と不法行為に基づく賠償請求権との競合を認めうることは、大審院判例（大正15年2月23日判決民集5巻108頁）の趣旨とするとおりであつて、当裁判所もこれを認容するものである。」。最判昭44・10・17判時575-71「当裁判所昭和38年11月5日第三小法廷判決は、『運送取扱人ないし運送人の責任に関し、運送契約ないし運送契約上の債務不履行に基づく賠償請求権との競合を認めることは、大審院判例（大正15年2月23日判決民集5巻108頁）の趣旨とするとおりであつて、当裁判所もこれを認容するものである。』と判示し、右両請求権が当然競合することを肯定している」。

*97　鈴木43頁以下、近藤226頁。

*98　大隅143頁、田中誠232頁～237頁、平出458頁～459頁。

損害賠償額を一定金額に制限する約款)、不知約款（運送品の種類・品質・重量・容積・個数・価格などの内容が不明である旨を記載して責任を免れる約款）などがよく用いられている。

免責約款は、運送人側の責任の発生を排除するものや、発生した責任を軽減免除させるものであるから、免責約款を無制限に肯認するならば、著しく不公正な結果が生じることになる。とりわけ、運送人が大企業である場合や、荷送人・荷受人が一般人である場合、運送人側が作成した物品運送契約書が事実上ほとんど強制的に使われることを想起すれば、容易に理解できよう。物品運送契約における免責約款の効力は、公序良俗（民90条）・信義誠実（民１条２項）・権利濫用（民１条３項）などの一般原則によって匡正されることになる[*99]。なお、運送契約中の特定の免責約款が無効であっても、運送契約自体または他の免責約款の効力には影響がない[*100]。

第５款　運送人の責任の消滅

⑴　**損害賠償責任の特別消滅事由**　　商法は、運送品の損傷または一部滅失についての運送人の損害賠償責任は、荷受人が異議をとどめずに運送品を受け取ったときに消滅すると規定する（584条１項本文）[*101]。運送賃等の支払いがなされることは責任消滅の要件ではない[*102][*103]。

ただし、運送品に直ちに発見することができない損傷または一部滅失があったときは、荷受人が運送人に対し引渡しの日から２週間以内にその旨の通知を発すれば、運送人の損害賠償責任は消滅しない（584条１項但書)。運送品の引渡しの当時、運送人がその運送品に損傷または一部滅失があることを知っていた

---

*99　大隅143頁、田中誠234頁、西原306頁、平出458頁。

*100　平出459頁。

*101　一般消費者が利用する通常の宅配サービスを考えるとき、荷受人が受け取ったときに、梱包を解いて直ちに中身の確認をしなければならないことになり、立法として何らかの補正が必要になると考える。

*102　近藤223頁。

*103　平成30年改正前商法588条１項は、「運送人ノ責任ハ荷送人カ留保ヲ為サスシテ運送品ヲ受取リ且運送賃其他ノ費用ヲ支払ヒタルトハキ消滅ス」と規定していたので、運送賃の支払われたことが責任消滅の要件となっていた。

とき[*104]は、運送人の損害賠償責任について商法584条1項本文の規定も同項但書の規定も適用されない（584条2項）。

なお、商法584条2項は「損傷又は一部滅失があることを知っていたとき」と規定するので議論の余地はないが、改正前においては、改正前商法588条2項が「前項ノ規定ハ運送人ニ悪意アリタル場合ニハ之ヲ適用セス」と規定しており、「悪意アリタル」の意味について議論があった。すなわち、第1説は、悪意を通常の「知っている」と理解する立場であり[*105][*106]、第2説は、この悪意は、損傷または一部滅失を故意に生じさせたとか、損傷または一部滅失を故意に隠蔽するというように理解する立場であった[*107]。現行商法584条2項は第1説の立場であることを明確にした。

商法584条1項所定の消滅は、運送品の全部滅失および延着の場合の損害賠償責任については適用されない[*108]。全部滅失のときは、荷受人による運送品の受取りがないからである[*109]。

なお、商法は、運送人が下請運送人のような第三者に運送を委託した場合、荷受人が584条1項但書の期間内に運送人に対して同項但書の通知を発したときは、運送人に対する第三者の責任に係る同項但書の期間は、運送人が当該通知を受けた日から2週間を経過する日まで延長されたものとみなしている（584条3項）。

⑵ **損害賠償請求権の短期消滅時効**　運送品の一部滅失、損傷または延着

---

*104 鈴木44頁。

*105 川又良也「商法566条3項・588条2項にいう『悪意アリタル場合』の意義」民商法雑誌57巻1号76頁〜86頁（1967年）。田中誠239頁、平出476頁、近藤223頁。

*106 最判昭41・12・20民集20-10-2106「商法588条2項および589条の準用する566条3項にいう『運送人ニ悪意アリタル場合』とは、運送人が運送品に毀損又は一部滅失のあることを知つて引き渡した場合をいうものと解するのを相当とする」。

*107 大隅は、「ここにいわゆる悪意とは、毀損又は一部滅失が運送人の故意によって生じた場合、運送人が毀損又は一部滅失を隠蔽した場合のごときであ〔る〕」とする（大隅144頁）。西原は、「〔ここでの悪意〕は、毀損または一部滅失を知って引き渡したという意味ではなく、故意に滅失毀損を生ぜしめ、または特に滅失毀損を隠蔽する意味」という（西原305頁）。石井＝鴻155頁。

*108 大隅144頁、西原304頁、平出475頁・477頁。

*109 西原304頁、近藤223頁。

についての運送人の損害賠償責任は、運送品の引渡しがなされた日から１年以内に裁判上の請求がされないときは、消滅する（585条１項）。また、運送品の全部滅失の場合についての運送人の損害賠償責任は、その引渡しがなされるべき日から１年以内に裁判上の請求がされないときは、消滅する（585条１項括弧書）。ただし、この期間は、運送品の滅失等による損害の発生後に限り、当事者の合意により延長することができる（585条２項）。

第５節　荷受人[*110]

⑴　**総論**　　荷受人とは、到達地において自己の名をもって運送人から運送品の引渡しを受けるべき者のことである[*111]。荷受人は、運送契約において荷送人によって指定される（571条１項４号）。荷受人は荷送人と同一人でもよい[*112]。なお、荷送人の運送品処分権行使によって荷受人は運送途中で変更されることがある（580条前段）[*113]。

運送が開始した当初においては、荷受人は運送人および運送品に対しいかなる権利も有さず義務も負わないが、運送品が発送地から到達地に移動するにつれて、荷受人が権利を有し義務を負うようになる。このことから複雑な問題が生じることになる。

⑵　**運送品が滅失しない場合**

第１　運送品が到達地に到着していない場合　　この場合、荷送人だけが運送契約上の権利を有し義務を負い、運送品についての運送品処分権を有する（580条）。荷受人は権利を有さず義務も負わない。

第２　運送品が到達地に到着した場合　　運送品が到達地に到着すると、荷

*110　荷受人の法的地位の理解に関連して、物品運送契約が、第三者のためにする契約か、それとも、法の定める特殊な契約かという議論がある。物品運送契約を第三者のためにする契約と考えるのは、竹田182頁、大隅146頁、田中誠223頁、西原312頁などである。物品運送契約を法の定める特殊な契約と考えるのは、石井148頁・149頁、鈴木46頁、平出499頁、近藤221頁などである。

*111　鈴木45頁、平出494頁、近藤219頁。

*112　大隅130頁、石井＝鴻143頁、平出494頁。

*113　平出494頁、近藤220頁。

受人は運送契約上の荷送人の権利と同一の権利を取得する（581条1項）ので、荷受人は運送品の引渡請求権を含む運送品処分権を有することになる。しかし、荷送人の有していた運送品処分権は消滅せず、荷送人の運送品処分権と荷受人の運送品処分権とが併存するが、荷受人が引渡請求権を行使するまでは、荷送人の処分権が優先する[*114]。したがって、荷送人が運送品について荷受人への引渡しを禁止する旨の指図を行えば、荷受人は運送人から運送品の引渡しを受けられなくなる[*115]。

第3　運送品が到達地に到着し、荷送人のなんらかの指図がないままに荷受人が引渡請求を行った場合　この場合、荷受人の権利が荷送人の権利に優先することになる（581条2項）。ただし、商法上、その後も荷送人の指図が求められる場合があり（583条・582条2項）、荷送人の権利が完全に消滅するわけではない。荷受人が運送品を受け取った時点で、荷受人は運送人に対して運送賃等を支払う義務を負うことになる（581条3項）[*116]。このとき、荷送人も運送賃等の支払義務を負っているので、この義務と荷受人の義務は不真正連帯の関係に立つ[*117]。

(3)　運送品が全部滅失した場合

第1　運送品が全部滅失した場合　運送品が全部滅失した時点で、荷受人は運送契約上の荷送人の権利と同一の権利を取得することになり（581条1項）、荷送人の権利と荷受人の権利が併存する。

第2　運送品が全部滅失し、荷受人が損害賠償の請求をした場合　荷受人が運送人に対し損害賠償請求をすると、商法581条2項により荷受人の権利が荷送人の権利に優先することになる。全部滅失した場合には、荷受人が、荷送人と協議する必要なく、また、荷送人から損害賠償請求権の譲渡を受けることなく、独断で損害賠償を請求できると規定しているところに上記規定の意義がある[*118]。

---

*114　大隅145頁、石井＝鴻148頁、鈴木46頁、平出495頁、近藤220頁。

*115　平出495頁、近藤220頁。

*116　平出496頁。

*117　田中誠242頁、平出496頁、近藤220頁。本文に対し、大隅は、連帯債務にならないという（大隅147頁）。

第6節　複合運送

複合運送契約とは、単一の運送人が自己の責任で、陸上運送、海上運送または航空運送のうち2種類以上の運送を1つの契約で引き受けた契約をいう[*119]。

複合運送において、運送品の滅失、損傷、延着が生じたとき、商法は、運送品の滅失等の原因が生じた運送区間を担当した運送人が、当該運送ごとに適用されることになるわが国の法令またはわが国が締結した条約の規定に従って損害賠償責任を負うと定める（578条1項）。

陸上運送において、区間ごとに異なる2つ以上の法令が適用されるもの（たとえば、トラック運送と鉄道運送）を1つの契約で引き受けた場合の責任については商法578条1項が準用される（578条2項）。

第7節　相次運送

(ア)　相次《そうじ》運送とは、同一の運送品について数人の運送人が相次いで陸上運送を行うことをいう。物品を運送する距離が長くなり、1人の運送人が発送地から到達地までの全区間を運送することが困難になるような場合、区間を適当に区切り、運送品を数人の運送人が順次運送することが考えられる。このとき、複数の運送人が1通の送り状を利用して、相次いで同一の運送品の運送を引き受けるのが、相次運送である。

(イ)　相次運送には、いくつかの形態がある。第1に、部分運送という形態がある[*120]。1人の荷送人の運送品について、数人の運送人がそれぞれ独立して特定の区間につき運送を引き受ける形態である。部分運送の場合、同一の運送品について運送区間ごとに別個の運送契約が締結され、各運送人はそれぞれ自己が引き受けた区間の運送についてのみ責任を負う。運送契約相互間にはなんらの関係もない[*121]。

---

*118　近藤221頁。

*119　石井＝鴻162頁、鈴木40頁、近藤215頁。

*120　大隅147頁、西原314頁、鈴木47頁、平出500頁、近藤216頁。

第2に、下請運送という形態がある[*122]。1人の運送人（元請運送人という）が全区間の運送を引き受けるが、その全部または一部の区間の運送について、他の運送人（下請運送人という）に運送をさせる形態である。この場合、最初の運送人（＝元請運送人）のみが、荷送人との運送契約の当事者であり、他の運送人（＝下請運送人）はその履行補助者となる[*123]。他の運送人（下請運送人）は荷送人と直接の法律関係を有しない[*124]。

第3に、連帯運送（共同運送ともいう）という形態がある[*125]。数人の運送人が順次にそれぞれの特定区間の運送を行うが、荷送人との関係では1つの運送契約が存在する。第1の運送人が全区間についての運送を引き受けた後に、第2以下の運送人が第1の運送人から運送を引き継ぐにあたり、第1の運送人の引き受けた全区間の運送契約関係に加入することにより、第2以下の運送人も同じく全区間の運送を引き受けたと認められる形態をいう[*126]。その要件として、学説では、運送が通し運送状（送り状）によって引き継がれることが必要になると解する立場が多い[*127]。なお、大審院は、ある運送人が荷送人から引き受けた運送につき、他の運送人が荷送人のためにする意思をもって相次いで運送を引き受ける場合が連帯運送であるとしている[*128]。

---

*121　西原314頁「運送品が第1の運送人から第2の運送人に引き継がれるためには、荷送人が自ら第2の運送人と運送契約を締結するか、第1の運送人その他の者が荷送人の代理人又は運送取扱人として、第2の運送人と運送契約を締結しなければならない。」、大隅148頁、鈴木48頁、平出500頁、近藤216頁。

*122　大隅147頁、西原314頁、鈴木47頁、平出500頁、近藤216頁。

*123　大隅147頁、西原315頁、石井＝鴻160頁、鈴木48頁、平出500頁、近藤216頁。

*124　大隅147頁、西原315頁、鈴木48頁、平出500頁、近藤216頁。大判昭5・4・28法律新聞3125-9「第1の運送人〔の〕受託者又は下請負人は自己と第1運送人との間における事項をもって荷送人又は荷受人に対抗することを得ざるものと言わざるべからず。」、大判大8・12・20民録25-2338「貨物引換証の譲受人は当初の運送人より運送の下請負をなしたる運送人に対してはその権利を主張することを得ず。なんとなれば、下請負をなしたる運送人は貨物引換証発行の原因たる運送契約の当事者にあらざれば、これに対して貨物引換証に基づく義務を負担せしむるには特別の法規を必要とするに、かくのごとき法規存在せざるをもってなり。」。

*125　大隅148頁、西原315頁、石井＝鴻160頁、鈴木47頁、平出501頁、近藤216頁。

*126　平出502頁。

*127　西原315頁、石井＝鴻160頁、平出502頁、近藤217頁。大隅は疑問とする（大隅148頁）。

(ウ)　連帯運送についての商法579条3項　　商法は、ある運送人が引き受けた陸上運送について、荷送人のために他の運送人が相次いで当該陸上運送の一部を引き受けたときは、各運送人は、荷送人または荷受人に対し、運送品の滅失等につき連帯して損害賠償の責任を負うと規定する（579条3項）。商法579条は、連帯運送についての規定と解されている[*129]。

商法579条3項所定の責任は、運送人の荷送人や荷受人に対する責任のことである。この規定により、荷送人または荷受人は、運送品の滅失、損傷または延着がいずれの区間において生じたかを主張立証することなく、運送人全員に対して連帯して損害賠償の支払いを請求することが可能となる[*130]。このとき、運送人間の内部負担の問題としては、各運送人は自己の担当した区間についてのみ責任を負う[*131]。損害発生の区間がわからないときは、運送人相互間では運送賃の割合に応じて分担することになる[*132]。損害発生の区間がわかれば、その

***128**　大判明45・2・8民録18-93「商法339条〔＝現行商法579条〕に所謂数人相次でなす運送すなわち相次運送はある運送人が荷送人より引き受けたる運送につき他の運送人が荷送人のためにするの意思をもって相次で運送を引き受くる場合をいうものにして、当初の運送人が運送の全部を引き受け、後の運送人が荷送人のためにするの意思なく当初の運送人の受託者もしくは下請負人としてなす運送を包含せず。けだしかかる運送にありては後の運送人は当初の運送人がその運送のため使用する者にして荷送人のためにするの意思あるものにあらざればなり。」。大判昭2・6・14法律新聞2734-12「商法339条〔＝現行商法579条〕に所謂相次運送はある運送人が荷送人より引き受けたる運送につき他の運送人が荷送人のためにする意思をもって運送を引き受けたる場合をいうものにして、当初の運送人が運送の全部を引き受け、後の運送人が当初の運送人の受託者もしくは下請人としてなす運送を包含せざるものな〔り〕。」。大判昭7・6・18法律新報297-12「商法339条〔＝現行商法579条〕に所謂数人相次で運送をなす場合とは、ある運送人が荷送人より引き受けたる運送につき他の運送人が荷送人のためにする意思をもって相次で運送を引き受くる場合をいうものにして、当初の運送人が運送の全部を引き受け、後の運送人は右運送人の受託者もしくは下請負人として運送をなすがごとき場合はこれを包含せざることはつとに当院判例の示す所な〔り〕。」。以上のように、大審院は、相次運送であるためには、各運送人が荷送人のためにする意思が必要であるという。

***129**　鈴木48頁、石井＝鴻160頁（なお、石井説は、本書でいう連帯運送のみを相次運送と呼ぶ）、平出503頁。

***130**　大隅149頁、鈴木48頁、平出503頁。

***131**　大隅149頁、田中誠230頁、西原316頁、平出505頁。

***132**　鈴木48頁。

区間を担当した運送人が損害の全額を負担すべきことになる[*133]。内部負担において責任を負わない運送人が損害賠償を履行したときは、この運送人は、内部負担において責任を負うべき運送人に求償することができる[*134][*135]。

(エ)　商法は、数人の運送人が相次いで陸上運送をするときは、後の運送人は前の運送人に代わってその権利を行使する義務を負うと規定する（579条1項）。たとえば、後の運送人は前の運送人が有する運送賃請求権・留置権などを行使する義務を負う（579条1項）。したがって、後の運送人は前の運送人に代わってこれらの権利を行使する法定代理権を有するものと解される[*136]。この趣旨は、前の運送人が運送品を次の区間の運送人（＝後の運送人）に引き渡してしまうと、前の運送人は法定および契約上の種々の権利を行使できなくなるので、前の運送人に代わって後の運送人に権利行使を行う義務を課したのである[*137]。また、後の運送人が前の運送人に対し運送賃・立替金その他の費用などを弁済したときは、後の運送人は前の運送人の法定および契約上の種々の権利を取得する（579条2項）。

(オ)　**海上運送および航空運送**　　上に述べた陸上運送における相次運送人の権利・義務および責任の規定は、海上運送および航空運送について準用される（579条4項）。

すなわち、陸上運送に限らず、海上運送でも航空運送でも、いずれか1つの運送手段に関するものであれば、複数の運送人が相次いで運送を引き受けた場合には、商法579条1項ないし3項の定めが適用される。なお、これに対し、異なる運送手段についての相次運送人の責任については、複合運送の定めが適用

---

*133　鈴木49頁。

*134　大隅149頁、石井＝鴻164頁、鈴木49頁、平出505頁、近藤218頁。

*135　大判明36・1・28民録9-91「数人相継ぎて運送をなすにあたり荷物がその到達地に達せずして荷送人に損害を生じ、運送人中の1人がこれを賠償したる場合の求償において、求償者に対しこの者より後に運送に従事したる運送人等に連帯責任ありとのことは旧商法〔＝明治23年法律32号〕及び新商法〔＝明治32年法律48号〕ともにこれを認めざるとひとしく商法施行以前の慣例においてもまた認められざるところなり。このごとき場合において損害を賠償したる運送人中の1人は不法行為をなしたる運送人に対し求償権あるのほかその行為者たらざる他の運送人に対して全部の請求権なし。」

*136　大隅149頁、石井＝鴻164頁、平出506頁。

*137　西原316頁、平出506頁、近藤217頁。

される（578条参照）。

第８節　旅客運送

第１款　旅客運送と旅客運送契約

旅客運送は、運送人が自然人をある場所から別の場所へ移動させることである[*138]。旅客運送契約は、運送人が旅客を目的地まで運送することを債務の内容として承諾し、旅客はその結果に対して運送人に運送賃を支払うことを約する双務・諾成契約である（589条）[*139]。旅客運送契約は特別の方式を必要としない[*140]。旅客運送契約は請負契約の一種であるが、物品運送契約と異なり、運送人が運送目的物を保管するということはない[*141]。通常、旅客はその本人が旅客運送契約の当事者として旅客運送契約を締結するが、場合によっては、他の者が契約当事者となり、旅客は契約当事者とならない場合[*142]もある。

旅客運送においては、多くの場合、乗車券が発行されるが、乗車券の発行は旅客運送契約の成立要件ではない[*143]。

第２款　旅客運送人の義務・責任

1. 旅客を目的地に運送する義務

旅客運送人は、旅客運送契約に基づき、旅客たる自然人をある特定の場所から目的地たる場所へ、定められた日時までに、善良な管理者の注意をもって運送する債務を負う[*144]。

*138　大隅163頁、西原332頁、石井＝鴻183頁。
*139　田中誠259頁、平出545頁、近藤228頁。
*140　大隅163頁、田中誠259頁、石井＝鴻184頁。
*141　大隅163頁、西原333頁、鈴木54頁、平出545頁、近藤228頁。
*142　親が、旅客本人である子供を旅客運送に託す場合を想定されたい。大隅163頁、田中誠261頁、西原332頁、石井＝鴻184頁、鈴木53頁、平出545頁。
*143　大隅163頁、石井＝鴻184頁、平出546頁。
*144　西原335頁、石井＝鴻186頁、平出549頁。

2. 旅客の生命・身体・財産に関する損害賠償責任

(ア)　旅客運送人は、定められた日時までに、旅客運送契約上の目的地へ旅客を安全に運送する義務を負う。運送人またはその使用人（履行補助者）の過失により旅客の生命・身体・財産に損害が生じた場合、および、目的地到達に遅延が生じた場合、運送人に債務不履行責任が生じる（590条）[*145][*146]。この場合、運送人が責任を免れるためには、運送人は自己またはその使用人（履行補助者）が運送に関して注意を怠らなかったことを証明しなければならない（590条1項但書）[*147]。

(イ)　旅客が運送のために受けた損害とは、旅客の生命身体について生じた損害、被服の損害、旅行の遅延による損害などをいう[*148]。運送人は生じた損害を賠償しなければならない[*149]。以上の損害賠償請求権は、旅客が死亡したときはその相続人に相続される[*150]。慰謝料請求権も相続人に相続されると解される[*151]。

---

*145　不法行為責任ではなく、契約責任である（大判明38・5・8民録11-629「本件が契約関係、すなわち、旅客運送契約の不履行を原因となせる訴えなるにおいては本件に商法350条〔＝現行商法590条〕を適用すべく、従いて旅客が運送に関して損害を受けたる事実に対し運送人において自己又はその使用人が注意を怠らざりしことを証明すべき責任あり〔と言えり。〕」、大判大5・1・20民録22-4「運送人が旅客運送中自己又は使用人の過失により旅客に創傷を与えたるときは完全にその契約上の義務を履行したるものということを得ざるがゆえに、これがために生ずる損害を賠償するの責任を負うべきことは商法350条〔＝現行商法590条〕の規定に徴して毫（ごう）も疑いを容れず。」、）。大隅165頁。

*146　大隅165頁、田中誠261頁、西原335頁、平出550頁、近藤228頁。

*147　大隅165頁、西原335頁、石井＝鴻186頁、鈴木53頁、平出550頁、近藤228頁。

*148　大隅165頁、西原335頁、石井＝鴻186頁。

*149　大隅165頁、石井＝鴻186頁。大判大2・10・20民録19-910「旅客運送契約の債務不履行による損害の賠償は被害者をしてその現に被りたる損失の賠償はもちろん、なお将来得べかりし利益喪失の賠償をも得せしむるをもって目的とするものとす。」。

*150　大判大2・10・20民録19-910〔前掲注149〕「旅客運送契約における債務の不履行によりて生じたる損害賠償請求権は……被害者の一身に専属せるものにあらざるをもって民法986条により相続人の承継の目的たることを得るものとす。……身体に関する権利といえども損害を被りたる結果、損害賠償請求権となりたる以上は相続人はこれを承継することを得」。大隅165頁、田中誠263頁、西原335頁、石井＝鴻187頁、平出551頁。

*151　大隅165頁、西原335頁、平出551頁。田中誠二、石井＝鴻は本文に反対する（田中誠263頁、石井＝鴻187頁）。

3. 責任軽減免除特約の禁止

旅客運送契約においては、旅客の生命または身体に侵害を加えたことにより旅客に生じた損害について、運送人の損害賠償責任（運送の遅延を主たる原因とするものを除く（591条1項括弧書））を免除する特約や軽減する特約は無効とされる（591条1項）。旅客運送の場合、運送人が大企業であることが多く、実際の旅客運送契約は、そのような大企業が入念に作成した附合契約であるため、運送人側に不当に有利な特約条項が定められているおそれがある。そこで、商法は旅客保護のために591条を規定している。なお、①大規模な火災、震災その他の災害が発生しまたは発生するおそれがある場合において運送を行うとき、または、②運送に伴い通常生ずる振動その他の事情により生命または身体に重大な危険が及ぶおそれがある者の運送を行うときには、運送人の責任を軽減免除する特約も有効となる（591条2項）。とはいえ、①または②に該当する場合であっても、当然に損害賠償責任が100パーセント免除となるものではなく、当該状況を勘案考慮したうえで、公序良俗[*152]や信義則の判断基準に照らして、相当と考えられる程度の軽減ないし免除が認められると解すべきである。

第3款　旅客運送人の権利

1. 運送賃請求権

運送人は、旅客運送契約上の債務を履行した報酬として、原則として、旅客に対し運送賃請求権を有する。旅客運送契約は請負契約の一種であるから、運送賃の請求は運送債務の履行後でなければならない（民633条）[*153]。しかし、実際には、旅客が車両に乗車する前に、または、乗車後であって目的地到着以前に、運送人は旅客に運送賃の支払いを求めることが多く、これまで、問題とすることなく支払いがなされている[*154]。

なお、旅客運送契約の当事者と旅客が同一人でないときは、運送人は、その両者に対して運送賃請求権を有すると考えられる。

---

*152　近藤は、「本条を潜脱するような特約は民法90条によって無効となる可能性がある」という（近藤230頁）。

*153　田中誠265頁、西原336頁。

*154　田中誠266頁。

2. 留置権

運送人が旅客から手荷物の運送を引き受け、その引渡しを受けたときは、旅客の運送賃もしくは手荷物の運送賃につき、その弁済を受けるまで、当該手荷物を留置することができる（民295条）[*155]。

3. 先取特権

運送人は、旅客に対する運送賃または手荷物の運送賃およびこれらの付随の費用に関し、運送人が占有する旅客の手荷物について、運輸の先取特権を有する（民318条）[*156]。

4．短期消滅時効

運送人の旅客または旅客運送契約の当事者に対する債権は、これを行使することができる時から1年間行使しないときは、時効によって消滅する（594条・586条）。

第4款　引渡しを受けた手荷物（託送手荷物）

1. 手荷物の損壊・紛失等に関する運送人の責任

運送人が旅客から引渡しを受けてその保管の下に手荷物を運送する場合（託送手荷物の場合）、旅客運送契約に附随して手荷物につき物品運送契約が成立するが、それは旅客運送人が物品運送人として契約した物品運送契約ではないから、物品運送に関する規定が直接に適用されることはない[*157]。しかし、両者をとくに別異に取り扱うべき理由はないから、法はその規定を準用している。すなわち、有償無償を問わず、物品運送契約における運送人と同一の責任を負うことになる（592条1項）。旅客運送人の被用者は、上記の手荷物について、物品運送契約における運送人の被用者と同一の責任を負う（592条2項）[*158]。同一

---

*155　田中誠266頁、石井＝鴻188頁、平出556頁。西原は留置権の根拠として商法589条・562条の類推適用をいう（西原337頁）。

*156　田中誠266頁、西原337頁、平出556頁。

*157　大隅166頁、鈴木54頁、平出545頁。

*158　田中誠264頁、平出545頁。

の責任と規定されているので、運送人は自己および被用者（履行補助者）が注意を怠たらなかったことを立証しなければ責任を免れえない（575条但書）。また、手荷物が滅失・損傷した場合における損害賠償額は定型化される（592条1項・576条）。手荷物が高価品の場合にはその旨の通知がなければ、運送人は債務不履行による損害賠償責任を免責されることになる（592条1項・577条）[*159]。旅客の手荷物を旅客運送用の自動車の後部トランクに収蔵して運送する場合は託送手荷物と解される[*160]。

2. 手荷物に関する運送人の権利

旅客運送において、運送人に引き渡された手荷物が目的地に到達した日から1週間以内に旅客がその引渡しを請求しないときは、運送人はその手荷物を供託することができ、または、相当の期間を定めて催告した後に競売に付することができる（592条3項前段）。運送人が上記の手荷物を供託し、または、競売に付したときは、遅滞なく、旅客に対してその旨の通知を発しなければならない（592条3項後段）。ただし、旅客の住所または居所が知れないときは、上記の催告および通知を行う必要はない（592条6項）。なお、当該手荷物が損傷その他の事由による価格の低落のおそれがある場合は、催告をしないで、直ちに競売に付することができる（592条4項）。以上の規定により手荷物を競売に付したときは、運送人は、その代価を供託しなければならない（592条5項本文）。ただし、運送人は、その代価の全部または一部を運送賃に充当することができる（592条5項但書）。

第5款　引渡しを受けていない手荷物（携帯手荷物・持込手荷物）

運送人が旅客から引渡しを受けていない手荷物（携帯手荷物・持込手荷物。身の回り品を含む）については、とくに運送契約は成立していない。当該手荷物は旅客自身が保管しており、その運送は旅客運送の一部としてなされている。運送人は当該手荷物の滅失または毀損について、運送人またはその使用人（履行

*159　平出553頁。
*160　田中誠264頁、平出553頁。

補助者）に旅客運送契約上の債務履行に関し過失がある場合に限り、損害賠償の責任を負う（593条1項）[*161]。運送人またはその使用人に過失があることは、旅客側が立証しなければならない[*162]。この場合、損害賠償額については、商法576条が適用される（593条2項・576条1項）。

第6款　乗車券

1. 総説

旅客運送においては、しばしば乗車券が利用される。乗車券の法的性質をめぐっては古くから多くの議論がなされているが、さまざまな態様の乗車券を理解するためには、以下のように議論を整理しなければならない。

第1に、旅客運送者が発行し、旅客が電車・列車・バス（自動車）等に乗車する前に対価（原則として運送賃）を支払って取得する「乗車券」がある。このような乗車券は、必ずしも購入者本人が利用するとは想定されておらず、旅客運送者も乗車券を所持する者であれば旅客が誰であるかを問題としない。このような乗車券は、運送債権を表章する無記名式有価証券と理解されている[*163]。

第2に、旅客運送者が発行し、旅客が電車・列車・バス（自動車）等に乗車する前に対価（原則として運送賃）を支払って取得する「乗車券」であるが、乗車直前に改札された後の乗車券、または、乗車券を所持する旅客の運送が開始された後の乗車券は、運送債権を表章する無記名式有価証券であるが、譲渡性を失うと理解される[*164][*165]。

第3に、旅客運送者が発行するが、旅客が電車・列車・バス（自動車）等に乗車した後であって降車前に、対価（原則として運送賃）を支払って取得する「乗車券」がある。このような乗車券は運送債権を表章する無記名式有価証券で

*161　大隅166頁、田中誠265頁、西原336頁、石井＝鴻188頁、鈴木54頁、平出554頁。
*162　大隅166頁、田中誠265頁、石井＝鴻188頁、鈴木54頁、平出554頁、近藤231頁。
*163　大隅164頁、西原333頁、田中誠259頁、近藤232頁。反対するのは鈴木53頁。石井は金銭代用証券という（石井＝鴻184頁）。しかし、金銭代用証券説は紙幣類似証券取締法（明治39年法律51号）の趣旨に反するおそれがある（大隅164頁、西原334頁）。
*164　西原334頁。
*165　改札または運送開始により、有価証券が証拠証券に変わると解する立場もある（大隅164頁、田中誠259頁、石井＝鴻186頁、近藤232頁）。

はなく、証拠証券と理解されている[*166]。

第4に、特定の旅客に対し、一定の期間、一定の経路について、使用回数無制限の旅客運送を認める「定期乗車券」がある。これは、原則として、譲渡が禁止されており、運送債権を表章する記名式有価証券と理解されている[*167]。

第5に、乗車以前に旅客運送者が回数を定めて、旅客運送で使用できる「回数乗車券」を旅客に発行することがある。このような回数乗車券の法的性質については議論が激しく展開され、多くの学説が対立しているので、以下に　少し詳しく説明する。

2. 回数乗車券[*168]

(ア)　回数乗車券の法的性質が問題となった契機は、1916年（大正5年）に、東京市が発行した東京市電用の回数乗車券について訴訟[*169]が起きたことである。訴訟の争点は、回数乗車券を所持する者が運送賃の値上げ後に乗車するとき、購入時の運送賃と値上げ後の運送賃との差額を支払う必要があるかという問題であった。初期の学説は、この裁判で問題となった具体的な事件を考慮しながら、議論を展開した。ところが、時代を経るにしたがって、学説は、単純におよそ現代において使われている一般的な「回数乗車券」の法的性質を論じ始めた。このような事情から議論が混乱している。以下、整理して説明する。

(イ)　現代において一般的に発行されている回数乗車券は、発行した旅客運送会社の商号・名称、一定金額の運送賃（○○○円）および同券の有効期間が、1枚ごとに記載されており、そのような乗車券が、たとえば11回分をまとめて10回分の金額で販売されるものである。たいていのものは、購入者でない者が使用してもよいし、数人の間で分けて使用してもよいものである。このような回数乗車券の法的性質は、旅客運送契約に基づく一定運賃額が記載された通用期

---

*166　大隅164頁、田中誠240頁、西原333頁、近藤232頁。

*167　西原333頁、近藤232頁。本文に対し、定期乗車券を証拠証券と解する立場もある（大隅164頁、田中誠259頁、鈴木54頁、平出547頁）。

*168　詳細は、柴田和史「回数乗車券の性質」『商法（総則商行為）判例百選（第5版）』206頁（有斐閣、2008年）を参照されたい。

*169　大判大6・2・3民録23-35（東京市営電車における回数乗車券について）。

間の定めのある旅客運送債権を表章する有価証券、または、通用区間および通用期間の指定された旅客運送契約に基づく旅客運送債権を表章する有価証券と理解されている[*170]。

(ウ)　議論が混乱した原因は、前記裁判で問題となった回数乗車券には、各1枚ずつに発行した旅客運送会社の商号・名称は記載されていたが、一定金額の運送賃（○○○円）も、同券の有効期間も記載されていなかったことにある。しかも、当時の東京市電（＝旅客運送者）の電車の乗車賃は、全区間においてどこからどこまで乗車しても同一料金であり、現代と異なり、インフレーションによって日時が経過すると運送賃が値上げされるのは当然という意識のない時代であった。

(エ)　(イ)で述べたような現代の回数乗車券であれば、発行後に運送賃の値上げが行われた場合、回数乗車券の所持人は、回数乗車券の1枚に記載された金額と値上げ後の運送賃との差額を支払う必要があり、また、差額を支払えば乗車できるとする結論に異論はないであろう。

ところが、事件で問題となった回数乗車券は(ウ)で述べたようなものであった。それにもかかわらず、現代の回数乗車券を想定してなされた主張により、議論が混乱したのである。そのうえ、裁判の訴訟当事者が当時の東京市であったため、東京市の財政事情などへの配慮から、商法上の旅客運送の理論以外の問題を配慮して結論を導いたのではないかと思われる[*171]ような判断[*172]や主張[*173]がなされ[*174]、混乱を深めたのである。

著者は、回数乗車券の内容および当時の東京市電の乗車賃体系が、(ウ)で述べ

---

*170　大隅164頁、田中誠260頁、西原333頁。

*171　西原334頁、田中誠260頁。

*172　大判大6・2・3民録23-35〔前掲注169〕。

*173　石井は大審院の立場に沿った立場であって金銭代用証券たる有価証券とする（石井＝鴻184頁）。石井は、乗車券が旅客運送債権を表章していると解する有価証券説を批判して、「運送人が故意または過失により運送を一時中止したような場合に、少なくとも、理論的には、乗車券または回数乗車券の所持人等に対し運送債務の不履行による損害賠償責任が生ずるとする結果となり妥当ではない。」と述べる。しかし、台風や地震といった災害などで安全に旅客運送を履行できない場合には、債務不履行の責任は生じないと考えることができるし、他方、旅客運送人の故意過失によって運送債務を履行できないときは、旅客運送人に損害賠償責任が生ずるのは当然と思われる。

た内容であるという前提に立つときには、裁判で問題となった回数乗車券は、「東京市電の運行する電車にどの停留所からどの停留所までであっても1回だけ乗車できる旅客運送債権」を表章する有価証券と理解する[*175][*176]。

これに対し、(イ)で述べたような現代の回数乗車券は、旅客運送契約に基づく一定運賃額が記載された通用期間の定めのある旅客運送債権を表章する有価証券、または、通用区間および通用期間の指定された旅客運送契約に基づく旅客運送債権を表章する有価証券と理解する[*177][*178]。

***174** 票券または金銭代用証券と解する立場に対しては、紙幣類似証券取締法（明治39年法律51号）の趣旨に反するおそれがあるとする批判が厳しい（西原334頁）。同様に、大隅も、私人が自由に金額券を発行できるとすることに疑問があると述べる（大隅164頁）。

***175** 松本烝治「電車舊乗車券ノ効力ニ付テ」『私法論文集（第三巻）』1頁（嚴松堂書店、1919年）、大隅健一郎「自動車回数乗車券の発行と運送契約の成否」法学論叢40巻6号131頁（1939年）、小町谷操三『商行為法論』408頁（1948年）。

***176** 当時の東京市が、値上げ前に発行した回数乗車券の1枚ずつに、運送料金の何銭相当分、または、有効期限何年何月何日という記載をしておけば問題は生じなかったのである。商法における本質的な理論をゆがめてまで、このような極めて簡単なことを怠った運送人（＝東京市）を保護する必要はなかったと考える。同旨、大隅前掲論文〔前掲注175〕132頁。さらに付言するに、値上げ前に発行されていた回数券の所持人に対して、東京市が値上げされた料金との差額を得られないとしても、驚くほど巨額の損失が発生したとは考えられない。一部の主張の背景には、東京市の定めた事は絶対に維持されなければならないとするような、権威主義的・国家主義的な意識も感じられる。

***177** 松本・前掲論文〔前掲注175〕5頁、大隅164頁、西原333頁、田中誠260頁、平出548頁。

***178** 一定運賃額の記載された回数乗車券は有価証券でないとする立場もある（近藤233頁）。

第10章　商事寄託・場屋営業

第1節　商事寄託　総則

民法は寄託の節において、一般人が有償または無償で物品を預かるときの法律関係を規定する（民657条～666条）。これに対し、商法は寄託の章において、一定の要件を充たす商人が有償または無償で物品を預かるときの特別な法律関係を規定する（595条～617条）。

商法は、商法595条ないし617条が適用される場合を、以下のように、3つに分類する。

第1が、商人がその営業の範囲内において寄託を受けた場合に適用される商法595条である。

第2が、商人が場屋営業者の場合に適用される商法595条ないし598条である。

第3が、商人が倉庫営業者の場合に適用される商法595条、および、599条ないし617条である。倉庫営業者については次の章で説明する。

第2節　一般商人の受寄物保管義務（595条）

民法では、報酬を受けずに寄託を受けた受寄者は、自己の財産に対するのと同一の注意をもって寄託物を保管する義務を負い（民659条）、報酬を受けて寄託を受けた受寄者は、善良な管理者の注意をもって寄託物を保管する義務を負う（民400条）。これに対し、商法は、一般の商人がその営業の範囲内において寄託を受けたときは、その寄託について報酬を受けるとき[*1]も受けないときも、商人は善良な管理者の注意をもって寄託物を保管しなければならないと規定する（595条）。この規定は、商人が場屋営業者や倉庫営業者でなくても適用される。たとえば、百貨店や航空機内での一時預かり、会議場・レストラン・劇場などでの携帯品預かりなどが該当する。

第3節　場屋営業

第1款　総論

商法は、商人が場屋営業者である場合について、いくつかの規定を設けている。場屋営業とは、客の来集を目的とする場屋における取引（502条7号）を営業とする商行為であり、場屋営業者は商人である（4条1項）[*2]。商法は、場屋営業として、旅館、飲食店、浴場を例示する（596条）が、「客の来集を目的とする場屋における取引」についての一般的な定義規定は設けていない。

客の来集を目的とする場屋における取引とは、一般に、商人が一定の物的施設等を用意し、多くの場合、客が飲食や音楽鑑賞やスポーツ観戦などさまざまな目的のために用意された施設に来集することが想定され、その施設において売買や請負や労務提供・サービス提供などのさまざまな契約形態の取引が行われるものをいう。当該施設に入るときに入場料を支払うか否かは考慮されない。たとえば、ホテル、旅館、飲食店、喫茶店、遊園地、インターネットカフェ、競技場、映画館、博物館、会議場、演奏会場、講演会場、結婚式場、浴場、理髪業[*3]、美容業、などがあるが、ほかにもさまざまなものが考えられる。

不特定多数の客が来集し、いずれにおいてもある程度の時間そこに滞在するので、客の所持品の安全を図るために、商法は場屋営業者に特別の責任を課し

---

*1　田中誠は、寄託物の保管につき報酬を受けるときは民法400条により当然に善管注意義務を負うことになるから、商法595条は報酬を受け取らないときの規定であると述べる（田中誠102頁）。

*2　田中誠267頁、石井＝鴻189頁～190頁。

*3　理髪業について大審院は場屋営業にあたらないとした（大判昭12・11・26民集16-1681）が、多くの学説は理髪業を場屋営業にあたるとする（第3編第1章第3節第8款参照）。

ている[*4]。

第2款　場屋営業者の義務

1. 善管注意義務

商法は客が持ち込んだ物品についての特別規定を設けるが、場屋営業者は、不特定多数の客に対し、営業として場屋を提供している（502条7号）から、善良な管理者の注意をもって、提供している場屋の安全管理、衛生管理、防犯管理等を行う義務を負う。

2. 寄託を受けた物品についての責任（寄託物についての責任）

場屋営業者が客から寄託を受けて物品を預かるとき、民法によれば、無報酬の寄託の場合、受寄者は自己の財産に対するのと同一の注意をもって寄託物を保管する義務を負う（民659条）。しかし、商人が、その営業の範囲内において寄託を受けた場合は、報酬の有無にかかわらず、善良な管理者の注意をもって寄託物を保管する義務を負うことになる（595条）。

場屋営業者には一般の商人よりも重い責任が課されている。すなわち、場屋営業者が客から寄託を受けた物品が滅失または損傷した場合、それが不可抗力によって生じたことを証明しない限り、場屋営業者は損害賠償責任を免れないと規定される（596条1項）。すなわち、場屋営業者は自己およびその使用人の無過失を立証するだけでは責任を免れない[*5]。ここに使用人とは、法律上の契約関係のある者および事実上使用されている者のすべてが含まれ、また、場屋営業を行っている者の家族も含まれる[*6]。「不可抗力」の意義は、「事業の外部から発生した出来事で、通常必要と認められる予防方法を尽くしても防止することができない危害」と解されている[*7][*8]。これは、ローマ法において旅館店主等の責任を強化していたレセプツム責任[*9]を継受したものといわれている[*10]。

*4　大隅167頁、田中誠268頁、西原412頁、鈴木63頁、平出601頁。
*5　大隅168頁、石井＝鴻191頁、鈴木63頁、平出602頁、近藤245頁。
*6　大隅169頁、西原413頁、石井＝鴻192頁。
*7　大隅168頁、西原414頁、石井＝鴻191頁、鈴木64頁、平出603頁。以上の多数説は折衷説と呼ばれる。なお、田中誠は客観説に与する（田中誠270頁）。

3. 寄託を受けない物品についての責任（携行品についての責任）

客が場屋営業者に寄託しなかった物品であって、客が携行して持ち込んだ物品については、場屋営業者が注意を怠ったことにより滅失または損傷した場合に、場屋営業者は損害賠償の責任を負う（596条2項）[*11]。商法596条1項所定の責任と異なり、過失責任である[*12]。場屋営業者は自己またはその使用人の過失による損害賠償責任を負う[*13]。ここに使用人とは、法律上の契約関係のある者および事実上使用されている者のすべてが含まれ、また、場屋営業を行っている者の家族も含まれる[*14]。客側が過失の立証責任を負う[*15]。

客が携帯した物品であれば、ホテル等の客室内に存置しても自ら携帯していても同一に扱う[*16]。場屋施設を利用する客が附属施設の駐車場に車を駐車することや、スポーツ施設などで鍵付きのロッカーに私物を保管することは、場屋営業者への寄託とは解されないと思われる[*17]。ただし、場屋営業者に車の鍵を預けるときは寄託にあたると思われる[*18]。

4. 客および掲示の問題

「客」は、通常、当該場屋の利用者を意味するが、必ずしも当該場屋についての利用契約が成立している必要はなく、当該場屋施設を利用する意思をもって

---

*8　大判大2・12・20民録19-1036「不可抗力に属する危険とは……、その危険の生ずる場合における事物の状況に応じ相当と認むべき人力をもってその発生及び有害なる結果を回避防止することあたわざるものを指称し、その自然力に出ずるとはたまた人為に出ずるとを問わざるものとす。」。

*9　レセプツム責任については、第9章注69を参照されたい。

*10　大隅167頁、田中誠269頁、西原412頁、石井＝鴻191頁、鈴木63頁、平出602頁、近藤245頁。

*11　大隅168頁「法が認めた特別の責任〔である〕」、田中誠270頁、西原413頁、石井＝鴻192頁、鈴木63頁、平出605頁、近藤246頁。

*12　大隅168頁、田中誠270頁、西原413頁、石井＝鴻192頁、平出604頁。

*13　大隅168頁、田中誠270頁、西原412頁、石井＝鴻192頁、鈴木63頁。

*14　大隅169頁、西原413頁、石井＝鴻192頁、平出605頁。

*15　大隅168頁、西原413頁、石井＝鴻192頁、平出605頁。

*16　大隅169頁、西原413頁、平出605頁。

*17　近藤246頁。

*18　同旨、近藤246頁。高知地判昭51・4・12判時831-96。

場屋に立ち入ったと認められる者も含まれる[*19]。

なお、場屋営業者が、客が場屋内に携帯した物品についてその滅失損傷に責任を負わない旨を表示したとしても、場屋営業者は以上に述べた責任を免れることはできない（596条3項）。

5. 高価品特則

⑴　**契約責任における高価品特則**　寄託物が高価品の場合について特則が定められている。

商法は、客が場屋営業者に貨幣・有価証券その他の高価品を寄託するときは、高価品であることを特に通知しなければならず、通知がなかったときは、場屋営業者は当該高価品の滅失または損傷によって生じた損害を賠償する責任を負わないと規定する（597条）。物品運送や運送取扱営業における高価品特則（577条、564条）と同じ趣旨の規定である。

通知は、場屋営業者が寄託を引き受けるか否か、また、保管方法としてどのような保管をすべきか、さらには特に損害保険を付すか否かを判断するために必要な内容の通知でなければならないと解される[*20]。

客が寄託しない高価品については、客が通知しなければ商法596条2項の場屋営業者の責任は生じないものと解される[*21]。しかし、客が通知をしない場合でも、場屋営業者が故意または重過失により高価品である寄託品を滅失・損傷させたときは、商法597条による免責はない[*22][*23]。なお、衡平の観点から、客が高価品について通知をしていない場合であっても、場屋営業者が高価品であることを知っていた（悪意）ときには、免責されないと考えられる[*24]。

⑵　**不法行為責任についての高価品特則**　客が場屋営業者に高価品であることを通知しなかった場合に、場屋営業者は当該高価品の不法行為による滅失または損傷を賠償する責任があるかという問題が議論されている。大審院は、高価品であることを通知しなかった場合であっても、寄託者は、場屋営業者およ

---

*19　大隅168頁、西原413頁、石井＝鴻191頁、平出603頁、近藤247頁。
*20　近藤248頁。
*21　近藤248頁。
*22　平出606頁（平出は重過失に言及しない）、近藤248頁。

びその使用人の不法行為責任を追及できるとし、不法行為責任については商法597条の適用を認めない[*25]。学説の多くは判例の立場に反対する[*26]。

---

*23　最判平15・2・28判時1829-151〈百選98〉は、ホテルの宿泊約款に、宿泊客がフロントに預けなかった物品について、当該ホテルの故意または過失により滅失、毀損等の損害が生じたときは、宿泊客からあらかじめ種類および価額の明告のなかったものについては、15万円を限度として損害賠償をする旨の特則があったところ、宿泊客がフロントに預けなかった物品についてホテル側にその種類および価額の明告をしなかった場合について、最高裁は、「本件特則の趣旨にかんがみても、ホテル側に故意又は重大な過失がある場合に、本件特則により、〔原告・〕被上告人の損害賠償義務の範囲が制限されるとすることは、著しく衡平を害するものであって、当事者の通常の意思に合致しないというべきである。したがって、本件特則は、ホテル側に故意又は重大な過失がある場合には適用されないと解するのが相当である。」と判示した。

*24　平出606頁、近藤248頁。

*25　浴場における盗難と浴場主の損害賠償責任についてつぎの大審院判決がある。大判昭3・6・13法律新聞2864-6「商法355条〔＝現行商法597条〕は同条所定の場合には湯屋の主人の債務不履行による損害賠償の責任を負担せざる旨規定せるものにすぎざれば、民法不法行為の法律とはその規定の対象を異にし、所論のごとき普通法と特別法との関係なく、互いにその適用を妨げざるものなるがゆえに、たとい場屋の主人が右商法の規定により債務不履行による損害賠償の責任を免れたりとするも、もしその損害にして場屋に使用せる者が普通人のなすべき注意をも懈りたるがために生じたるものにしてその者に不法行為成立すとせば、場屋の主人は民法715条1項但書の事実を立証するにあらざれば同条によりこれが賠償の責任を負担するものといわざるべからず。」。

大判昭17・6・29法律新聞4787-13「債務不履行による損害賠償の責任を有するや否やの問題と不法行為による損害賠償の責任を有するや否やの問題とはおのずから別個の問題をなすものなるがゆえに、債務不履行による損害賠償の責任なしとて、ただちに不法行為による損害賠償の責任もまた存在せずと断ずるをえず。両者を原因として請求権競合する場合もあり得べし。商法595条〔＝現行商法597条〕は単に同条所定の場合には場屋の主人は債務不履行による損害賠償の責任を負担せざる旨規定せるものにすぎざれば、民法不法行為に関する法律とはその規定の対象を異にし互いにその適用を妨げざるものな〔り〕。」。

*26　大審院の立場に反対するのは、大隅169頁、田中誠271頁、西原413頁、石井＝鴻192頁、近藤248頁。平出は、商法597条によって過失の不法行為責任を免責するという（平出607頁）。しかし、仮に、社会における企業活動の特殊性に基づく特別の必要（西原413頁・305頁）といったところで、戦時経済下の異常事態でもなく、高度経済成長に狂奔していた時代でもないから、不法行為責任についてまで商法597条の適用を認めて場屋営業者の責任の免責を認めるというのは無理であろう。大審院の立場が正当である。

6. 場屋営業者の責任についての短期消滅時効

場屋営業者が寄託物を客に返還し、または、客が携帯物品を持ち去った時から１年間、客が商法596条所定の請求権を行使しないときは、同請求権は時効により消滅する（598条１項）。また、物品が全部滅失した場合の責任は、客が場屋を去った時から１年間、損害賠償請求権を行使しないときは時効により消滅する（598条１項括弧書）。ただし、物品の滅失または損傷につき場屋営業者に悪意があった場合には、上記の消滅時効の規定は適用されない（598条２項）。なお、ここでの悪意とは、故意に滅失・損傷させる行為をいうものと解されている[*27]。また、使用人による悪意の場合も含まれる[*28]。

場屋営業者の責任には、運送人の責任に関する584条のような即時の消滅事由は規定されていない[*29]。

第３款　場屋営業者の権利

商人は営業の範囲内で行った行為について報酬請求権を有する（512条）から、場屋営業者は、場屋営業設備を利用する客に対しその対価を請求できることになりそうである。しかし、場屋営業には多種多様なものがあり、報酬請求権が認められるか否かは一概にいえない[*30]。たとえば、デパート内で商品を見ている客に、いきなり営業設備利用についての対価を請求しても認められない。現状においては、デパート内に立ち寄ることは無償であるという社会通念が認められるからである[*31][*32]。

---

*27　大隅169頁、田中誠271頁、西原414頁、石井＝鴻192頁、平出608頁、近藤249頁。

*28　大隅169頁、田中誠271頁、石井＝鴻192頁、平出608頁。

*29　近藤249頁。

*30　田中誠272頁「場屋営業者は、場屋営業設備を利用する客に対し、その対価を請求しうるが、その内容は、場屋営業の種類により著しく異なる。」

*31　場屋営業主が黙示に報酬請求権を放棄していると考えることもできる。

*32　昔の遊園地は入場無料であって個々の遊具施設を利用する都度、対価を支払っていたが、その後、遊園地に入場するときに入場料および遊具施設利用料を一括して支払い、個々の遊具施設利用時は無料というタイプが多くなった。後者の場合でも、飲食や商品購入の際には個別の対価を支払っている。

第11章　倉庫営業

第1節　総　論

1. 倉庫営業の存在意義

製造業を営む企業や企業間取引の仲介を行う企業などでは、短期間の場合もあれば長期間の場合もあるが、一時的に原材料や半製品・完成品等を保管する場所が必要になる。このような企業にとっては、その時その時のさまざまな需要に応じ、必要な地理的条件、必要な機能、必要な容積・面積、必要な期間等の条件を充たす倉庫が必要となり、このような倉庫を提供する倉庫営業者が求められることになる。さらに、倉庫営業者が発行する倉荷証券を利用することによって、物品を倉庫に保管した状態のままで円滑迅速に処分することができ、また、倉荷証券を担保にして金融を得ることも可能になる。倉庫営業は、このような経済的な要請から必然的に発生したものである。

倉庫営業者とは、他人のために物品を倉庫に保管することを業とする者をいう（599条）。

2. 保管する物品

保管する物品は、貨幣、有価証券、動物、微生物などを含む[*1]動産に限られる[*2]。物品は不動産を含まない。保管する物品は、寄託者の所有物である必要

*1　松本・商行為288頁、石井＝鴻195頁、平出558頁。これに対し、竹田213頁、大隅172頁は動物を含めることに反対

はない[*3]。

3. 混合寄託

保管する物品は必ずしも特定物や非代替物である必要はない。寄託者が代替可能な物品を倉庫に保管し、倉庫営業者は同種同質のものを返還するという契約を締結するときは、混合寄託（民665条の2）になる場合がある。この場合も倉庫営業といえる[*4]。混合寄託の場合、倉庫営業者が寄託物の所有権を取得することはなく、寄託物は複数の共有者の共有に属する（民245条）[*5]。

4. 消費寄託

混合寄託と類似するが異なるものとして消費寄託がある（民666条）。この場合、受寄者は寄託物の所有権を取得し、受寄者は契約に基づき寄託者に対し、同種・同質・同量の物品を返還する義務を負う。受寄者が所有権を取得する点において、「他人のために物品を保管する」ことにならないから、倉庫営業ではないことになる[*6]。

5. 倉庫

倉庫としては、通常、壁および屋根によって囲われた建造物を想起するが、必ずしもこのような形状に限る必要はない[*7]。湖沼河川や水槽、材木置き場や建設資材置き場なども倉庫にあたる。

第2節　倉庫営業者

倉庫営業者とは、他人のために物品を倉庫に保管することを業とする者をい

---

*2　松本・商行為288頁、大隅172頁、田中誠275頁、石井＝鴻195頁、鈴木59頁、平出558頁。

*3　大隅172頁、平出558頁。

*4　大隅171頁、田中誠274頁、石井＝鴻195頁、鈴木59頁、平出559頁、近藤252頁。

*5　大隅171頁、田中誠274頁、石井＝鴻195頁、鈴木59頁、平出559頁、近藤252頁。

*6　大隅171頁、田中誠274頁、石井＝鴻195頁、鈴木59頁、平出559頁、近藤252頁。

*7　大隅172頁、石井＝鴻194頁、平出558頁、近藤252頁。

う（599条）。保管するとは、物品を蔵置しかつ保管することである[*8]。保管の上位概念が寄託であり、保管すなわち寄託を行うことを債務の内容として承諾することは営業的商行為であり（502条10号）、これを自己の名で、業として行う倉庫営業者は商人である（4条1項）[*9]。

商法599条所定の「他人のために」は文字どおり他人の便宜のためという意味であり、「他人の計算において」という意味はない。倉庫営業者は、他人の物品の所有権を取得することなく、当該他人または別の他人の便宜のために、物品の保管を行う。

第3節　倉庫寄託契約

第1款　総論

倉庫寄託契約は不要式の諾成契約である[*10]。寄託者にとって、寄託物を倉庫に入れる前から当該倉庫が利用できるように契約して確保する必要があることを考えれば、要物契約ではなく諾成契約と解すべきである[*11]。倉庫寄託契約の当事者は、寄託者と倉庫営業者である。

第2款　倉庫営業者の義務

1. 保管義務

⑴　**保管**　㋐　倉庫営業者は、商人であるから、その営業の範囲内において寄託を引き受けたときは、報酬の有無にかかわらず、善良な管理者の注意を

---

*8　大隅171頁、石井＝鴻194頁、鈴木59頁。

*9　大隅172頁、田中誠274頁、石井＝鴻195頁、鈴木59頁、平出560頁、江頭382頁、近藤251頁。

*10　大隅173頁、田中誠275頁、西原354頁、石井＝鴻196頁、平出561頁、江頭386頁、近藤253頁。

*11　かつては、民法の寄託契約の成立要件として要物性が求められていた（平成29年改正前民法657条）ため、倉庫寄託契約も要物性が必要ではないかという議論があったが、平成29年の民法改正により、民法の寄託契約が諾成契約に変更された（民657条）ため、現在では要物性にこだわる理由が失われた。

もって寄託物を保管しなければならない（595条）[*12][*13]。

寄託者は、倉庫の設備・性能、倉庫の立地、倉庫営業者の資力・信用等を考慮し厳選したうえで、特定の倉庫営業者と倉庫寄託契約を締結するのであるから、原則として、倉庫営業者は自ら寄託物を保管しなければならない（民658条2項）[*14]。ただし、寄託者の承諾を得たとき、または、やむをえない事由があるときは、倉庫営業者は他の倉庫営業者や下請業者等の第三者に寄託物を保管させることができる（民658条2項）。

保管の方法としては、受寄物の滅失・損傷を防止するために、盗難・火災・風害・水害・震災・虫害・黴害等の予防を行い、温度管理・湿度管理・空気管理・微生物管理・放射線管理・衛生管理等の措置を講じなければならない[*15]。

(イ) 倉庫の全部または一部を他人に賃貸して自由に利用させることは、倉庫営業者が保管をするという要件を充たさないから倉庫営業とはいえない[*16]。これに対し、倉庫の全部または一部を特定人のために貸し切るが、倉庫営業者が寄託物の保管を行うことを債務の内容として承諾するときは倉庫営業といえる[*17]。

(2) **保管期間**　保管期間は、原則として、倉庫寄託契約で定められる。

(ア) 保管期間を定めている場合、倉庫営業者（＝受寄者）は保管期間経過前に寄託物を返還することはできない（民663条2項）。

保管期間を定めていない場合、民法では、倉庫営業者（＝受寄者）はいつでも寄託物を寄託者に返還できると規定される（民663条1項）が、商法では、倉庫営業者は寄託物を倉庫に入れた日から6か月を経過した後でなければ、寄託物を返還できないと規定される（612条本文）。ただし、保管期間を定めていても、やむをえない事由があるときは、倉庫営業者（＝受寄者）はいつでも返還するこ

---

*12 大隅173頁、田中誠276頁、西原356頁、石井＝鴻197頁、鈴木59頁、平出564頁、江頭388頁、近藤254頁。

*13 民法659条は、「無報酬の受寄者は、自己の財産に対するのと同一の注意をもって、寄託物を保管する義務を負う。」と規定しており、民法上の受寄者は、無報酬のときは、善管注意義務を負わない。

*14 大隅173頁、西原357頁、石井＝鴻197頁、平出565頁、近藤251頁。

*15 平出564頁、江頭388頁。

*16 大隅171頁、田中誠274頁、石井＝鴻194頁、平出559頁、近藤251頁。

*17 大隅171頁、田中誠274頁、石井＝鴻195頁、平出559頁、近藤251頁。

とが可能とされる（612条但書）。やむをえない事由とは、倉庫が滅失した場合とか、寄託物が腐敗した場合のように寄託物が保管に適さない状態になったことをいう[*18]。もっとも、倉荷証券が発行されている場合、倉庫営業者（＝受寄者）は寄託物を返還すべき倉荷証券所持人を必ずしも確知することができないことになる。

(イ)　保管期間を定めている場合でも、また、保管期間を定めていない場合でも、寄託者は倉庫営業者（＝受寄者）に対し、いつでも寄託物の返還を請求することができる（民662条1項）。倉荷証券が発行されている場合、倉荷証券所持人は倉庫営業者に対しいつでも寄託物の返還を請求することができる。なお、倉庫営業者は、寄託物の返還に際し、倉荷証券との引換えを求めることができる（613条。ただし、その例外は614条）。

保管期間の途中で寄託者が寄託物の返還を受ける場合、寄託者は出庫のときまでの保管料を支払うことになる[*19]。この場合、倉庫営業者（＝受寄者）が損害を受けたときは、倉庫営業者（＝受寄者）は寄託者または倉荷証券所持人に対し損害賠償を請求することができる（民662条2項）。

(3)　**通知義務**　寄託物につき権利を主張する第三者が倉庫営業者（＝受寄者）に対し訴えを提起しまたは差押えをしたとき（仮差押え・仮処分を含む）は、倉庫営業者（＝受寄者）は、遅滞なく、その事実を寄託者に通知しなければならない（民660条1項）[*20]。

2. 倉荷証券交付義務

倉庫営業者は、寄託者からの請求があれば、寄託物についての倉荷証券を交付しなければならない（600条）。

倉庫営業者が倉荷証券を寄託者に交付したとき、倉庫営業者は、当該倉荷証券の番号および作成年月日などの法定事項を、帳簿に記載しなければならない

*18　大隅174頁、田中誠276頁、平出566頁～567頁、近藤254頁。そのほかの例としては、受寄物が禁製品であることが明らかになった場合、倉庫の修繕が必要な場合、未払保管料が受寄物の価額を超えるような場合などがある（西原359頁）。

*19　近藤254頁。

*20　石井＝鴻198頁、平出564頁、江頭389頁、近藤254頁。

(602条)[*21]。倉荷証券については第4節で詳しく述べる。

3. 点検・見本提供・保存行為に応じる義務

寄託者または倉荷証券所持人は、倉庫営業者の営業時間内であればいつでも、寄託物の点検を求めること、寄託物の見本の提供を求めること、または、寄託物の保存に必要な処分ないし措置を行うことができる(609条)。したがって、寄託者または倉荷証券所持人から以上の請求があれば、倉庫営業者はこれに応じる義務があることになる。消極的な受忍義務ではなく、寄託者等の請求に対し積極的に協力する義務があると解されている[*22]。この義務に違反した場合、倉庫営業者には債務不履行責任が生じる[*23]。

4. 帳簿備置義務・帳簿記入義務

倉庫営業者は、寄託物の入庫・出庫を含め寄託物に関するさまざまな情報を記録するため、帳簿を作成し諸事項を記載する義務が定められている(602条、608条、614条)[*24]。商法は、倉荷証券を発行した場合について倉庫(倉荷)証券控帳に言及するが、倉荷証券を発行しない場合であっても、倉庫営業者がこのような帳簿を作成し記録する義務は、善管注意義務から当然に導かれる。上記の帳簿は商法19条2項所定の商業帳簿にあたらない。

5. 損害賠償責任

(1)　**商法610条の存在意義**　　商法は、倉庫営業者が寄託物の保管に関し注意を怠らなかったことを証明しない限り、倉庫営業者は寄託物の滅失または損傷について損害賠償責任を負うと規定する(610条)。しかし、そもそも倉庫営業者は善良な管理者の注意をもって寄託物の保管を行うべき義務を負っており(595条)、寄託物の滅失または損傷が自己の過失に起因するとき、または、履行補助者の選任・監督に過失があるとき、もしくは、選任・監督に過失がなくて

---

*21　平出569頁。
*22　大隅176頁、西原358頁、石井＝鴻200頁、平出570頁、江頭391頁、近藤256頁。
*23　大隅176頁。
*24　石井＝鴻は、本文の帳簿を倉庫(倉荷)証券控帳という(石井＝鴻201頁)。

も履行補助者自身の過失に起因するとき、倉庫営業者には債務不履行による損害賠償責任が生じる（610条）。この責任を免れるためには、倉庫営業者が自己および履行補助者に過失がないことを証明しなければならない[*25]。以上は民法の債務不履行の一般原則から導かれる内容であるから、商法610条の定めは民法に対する特則ではなく、注意的な定めにすぎないことになる[*26]。

倉庫営業者は、寄託物の滅失または損傷について、寄託者または倉荷証券所持人に対し損害賠償責任を負うのが原則である[*27]。なお、寄託物が紛失した場合であっても寄託者が所有者でなく、かつ、寄託物が真の所有者の手中に戻ったなどの特段の事実があるときは、寄託者は倉庫営業者に対し損害賠償を請求する権利はないとされる[*28]。

物品運送においては損害賠償額として定額賠償を定める規定がある（576条）が、倉庫営業についてそのような規定は存在しない[*29]。

⑵　**免責約款**　運送営業のところでも述べたように、営業者はその契約のなかにさまざまな免責約款を設定することが通常である。倉庫営業者も、倉庫寄託契約の中に、過失責任免責約款、暴風雨・虫害等の特定の原因による損害についての賠償責任免責約款、損害額限定約款、主張立証責任転換約款[*30]などを設定する。その中でも、倉庫寄託契約における「内容不知約款」が議論されている。倉庫営業者がコンテナや梱包された箱の寄託を受けたときに、コンテナや梱包された箱の中の物品が当該寄託契約で示された物品と一致していることを倉庫営業者が確認できない場合がある。このようなとき、後に、寄託物を引き取った者から、物品が異なるとかその質や量において異なるなどといった問題の責任追及から倉庫営業者を保護するために設定されるものである[*31]。

当然のことであるが、内容不知約款を含めて免責約款は合理的な内容の限度で有効となる。合理性を欠くほど不必要で広範な免責は認められるべきではな

---

*25　大隅174頁、鈴木60頁、平出571頁。
*26　平出571頁、近藤256頁。
*27　平出572頁、近藤256頁。
*28　最判昭42・11・17判時509-63〈百選94〉。
*29　鈴木60頁、平出573頁、近藤258頁。
*30　江頭391頁、近藤256頁。

い[*32]。内容不知約款を含む免責約款の有効性は、公序良俗、信義誠実などの一般原則に従って判断されることになる[33]。

6. 責任の消滅

⑴　**責任の短期消滅事由**　寄託物の損傷または一部滅失についての倉庫営業者の責任は、寄託者または倉荷証券所持人が異議をとどめずに寄託物を受け取り、かつ、保管料等（611条に定義する）を支払ったときは、その時点で直ちに責任が消滅する（616条1項本文）[*34]。ただし、寄託物に直ちに発見することができない損傷または一部滅失があった場合には、引渡しの日から2週間以内に、寄託者または倉荷証券所持人が倉庫営業者に対してその旨の通知を発したときは倉庫営業者の責任は消滅しない（616条1項但書）。なお、倉庫営業者が寄託物の損傷または一部滅失について悪意であった（知っていた[*35]）ときは、上述した責任の短期消滅の規定は適用されない（616条2項）。

⑵　**短期消滅時効**　寄託物の滅失または損傷によって生じた倉庫営業者の責任に係る債権は、寄託物の出庫の日から1年間行使しないときは、消滅時効によって消滅する（617条1項）。寄託物の全部滅失によって生じた倉庫営業者の責任に係る債権は、倉荷証券所持人に対して、または、倉荷証券を作成していないときもしくは倉荷証券所持人が知れないときは寄託者に対して、倉庫営業者が全部滅失した旨の通知を発した日から1年間行使しないときは、消滅時効によって消滅する（617条2項）。ただし、倉庫営業者が寄託物の滅失または損傷について悪意であったときは、以上の規定（617条1項・2項）は適用され

---

*31　最判昭44・4・15民集23-4-755〈百選95〉「倉庫営業者は、〔倉荷〕証券に表示された荷造りの方法、受寄物の種類からみて、その内容を検査することが容易でなく、または荷造りを解いて内容を検査することによりその品質または価格に影響を及ぼすことが、一般取引の通念に照らして、明らかな場合にかぎり、〔倉荷証券に記載された『受寄物の内容を検査することが不適当なものについては、その種類、品質および数量を記載しても当会社はその責に任じない』旨の〕免責条項を援用して証券の所持人に対する文言上の責任を免れうる。」。

*32　西原358頁、平出572頁。

*33　大隅175頁、田中誠281頁、西原358頁、平出572頁、江頭400頁。

*34　平出574頁、近藤257頁。

*35　平出574頁、近藤258頁。

ない（617条3項）。なお、ここでの悪意の意味は、倉庫営業者が故意に滅失・損傷を生じさせたり、故意に滅失・損傷を隠蔽した場合を指すものと考えられる[*36]。

第3款　倉庫営業者の権利

1. 保管を目的とする寄託物引渡請求権

倉庫寄託契約は諾成契約であるから、倉庫営業者は寄託者に対し、倉庫寄託契約所定の入庫日に寄託物の引渡しを請求する権利を有する[*37]。寄託者がその日に引渡しをしないときは債務不履行となる[*38]。

2. 保管料等請求権

（1）**保管料およびその他の費用**　倉庫営業者は商人であるから、倉庫寄託契約に報酬の定めがなくても、商法512条により寄託者または倉荷証券所持人に報酬を請求できる[*39][*40][*41]。この報酬を「保管料」、「倉敷《くらしき》料」などという[*42]。

保管料以外に、倉庫営業者が必要に応じて支払った立替金や寄託物に関する費用が生じることがある[*43]。商法は、これらを「立替金その他寄託物に関する費用」といい（611条）、保管料と立替金その他寄託物に関する費用を合わせて「保管料等」という（611条括弧書）。倉庫営業者は、寄託物について「立替金そ

---

*36　平出574頁、近藤258頁。

*37　田中誠282頁、西原355頁・360頁、平出576頁。

*38　ただし、倉庫営業者にとっては倉庫寄託契約所定の入庫日から倉庫を空けておくだけのことであり、保管料が減額しない限り、損害が生じないから、通常、損害賠償請求権は成立しないことになる。

*39　大隅177頁、西原360頁、石井＝鴻201頁、平出577頁、江頭394頁、近藤259頁。

*40　最判昭32・2・19民集11-2-295〈百選96〉「倉荷証券に寄託物の記載のほか、なお保管料等寄託物に関する費用は証券所持人が負担するものとする趣旨の文言の記載がある場合、第三者が裏書譲渡によりその倉荷証券を取得したときは、特段の事情のないかぎり、各当事者間に、その所持人が記載の文言の趣旨に従い右費用支払の債務を引受けるという意思の合致あるものと解するを相当とする。」。

*41　倉荷証券所持人が倉庫営業者の報酬支払義務を負うことについての問題点は、第4節第10款で述べる。平出578頁～580頁。近藤260頁～261頁。

*42　大隅177頁、田中誠282頁、西原360頁、石井＝鴻201頁、平出577頁。

*43　費用の例としては、輸入税・運送賃・保険料・荷役料・検査見本の摘出費用・荷造修理費用・防疫費用・競売等に関する費用などがある（西原360頁、平出577頁）。

の他寄託物に関する費用」を支出したときは、その償還を請求することができる（民665条・650条）。

⑵　**保管料等の支払請求の行使時期**　倉庫営業者は、寄託物の出庫の時以後でなければ保管料等を請求できない（611条本文）[*44]。しかし、保管期間を経過したときは、出庫しなくても、倉庫営業者は保管料等を請求できると解されている[*45]。保管期間経過前に、寄託物の一部だけを出庫するときは、その割合等に応じて倉庫営業者は保管料を請求できる（611条但書）と解されている[*46]。

⑶　**保管期間が途中で終了する場合**　寄託者が保管期間の経過前に寄託物の全部の返還を求めた場合、または、その他の事由によって保管期間の経過前に寄託契約が終了した場合、倉庫営業者はその保管を行った期間に対応して保管料を請求することができる（民665条・648条）。倉庫寄託契約が寄託者の責めに帰すべき事由によって終了した場合も、同様である[*47]。

3. 留置権・先取特権

倉庫営業者の保管料請求権および費用償還請求権のために、倉庫寄託物についての留置権（民295条）、および、先取特権（民320条）が認められる。また、寄託者が商人であって、かつ、寄託物が寄託者の所有物であるときは、商法521条所定の商人間の留置権が認められる。これ以外には、倉庫営業者のための特別な留置権・先取特権は定められていない[*48]。

4. 供託権・競売権

保管期間が経過したにもかかわらず、寄託者または倉荷証券所持人が寄託物の受取りを拒絶したとき、または受け取ることができないときは、倉庫営業者は寄託物を供託することができる（615条・524条1項）。また、相当の期間を定めて催告した後に寄託物を競売し、その代価を供託することができる（615条・

---

*44　大隅177頁、田中誠282頁、西原360頁、石井＝鴻202頁、鈴木60頁、近藤259頁。
*45　大隅177頁、田中誠282頁、西原360頁、石井＝鴻202頁、平出577頁、近藤259頁。
*46　大隅177頁、田中誠282頁、西原360頁、石井＝鴻202頁、鈴木60頁、平出577頁、近藤251頁。
*47　大隅177頁、近藤259頁。
*48　平出581頁、江頭394頁。

524条1項)。損傷その他の事由による価格の低落のおそれがある物は、催告しないで競売することができる（615条・524条2項)。ただし、商法615条は、524条3項の規定を準用していないことから、倉庫営業者は、競売代金を供託しなくてよいことになる。その場合、倉庫営業者は寄託者または倉荷証券所持人のために競売代金を保管することになる[*49]。

5. 損害賠償請求権

寄託物の変質・損傷もしくは寄託物自体の性質または寄託者が持ち込んだ容器・梱包が原因となって倉庫営業者に損害が生じた場合、倉庫営業者は寄託者[*50 *51]に対し損害賠償を請求することができる（民661条)[*52 *53]。なお、民法は上記責任について過失責任主義を採る（民661条但書）が、倉庫営業については疑問である。倉庫営業者（＝受寄者）が悪意のときは、倉庫営業者は寄託者に損害賠償を請求できない（民661条但書)。

第4節　倉荷証券

第1款　倉荷証券の意義

倉庫営業者は、寄託者から請求があれば、寄託物に係る倉荷証券を作成し交付しなければならない（600条)。倉荷証券は、寄託者と倉庫営業者とが締結した倉庫寄託契約所定の寄託物返還請求権を表章する有価証券である[*54 *55]。倉庫営業者によって倉荷証券が作成・交付されると、それ以後、寄託物の返還に関しては倉荷証券が表章する寄託物返還請求権が最優先的権利となるので、寄託者から売買契約等により寄託物の所有権を譲り受ける第三者は、倉荷証券の譲渡を受けることによって、その後は倉荷証券を呈示するだけで倉庫営業者から

---

*49　石井＝鴻203頁、平出582頁、近藤262頁。
*50　大隅177頁。
*51　西原は、倉荷証券所持人も損害賠償責任を負うとする（大隅178頁、西原360頁)。
*52　最判昭32・2・19民集11-2-295〔前掲注40〕〈百選96〉。
*53　平出578頁。

寄託物の返還を請求することができ、また、寄託物を当初の倉庫に寄託したまま寄託物を売買することができ、大変に便利である。さらに、倉庫に寄託した寄託物に質権を設定するときも、当該寄託物を移動させる必要なく、倉荷証券のみで質権の設定が可能となり、大変に便利である。

なお、倉庫業法は、倉荷証券を発行するには、国土交通大臣の許可を受けた倉庫営業者であることが必要と規定する（倉庫業法13条1項）が、許可を受けていない倉庫営業者が発行した倉荷証券も私法上の効力は有効である。

第2款　倉荷証券の有価証券としての性質

1. 要式証券性

倉荷証券は、倉庫寄託契約所定の寄託物返還請求権を表章する有価証券である。倉荷証券は記載事項が法定された要式証券である（601条）[*56]。すなわち、倉荷証券には、①寄託物の種類、品質および数量ならびにその荷造りの種類、個数および記号、②寄託者の氏名または名称、③保管場所、④保管料、⑤保管期間を定めたときはその期間、⑥寄託物を保険に付したときは、保険金額、保険

*54　平成30年改正前商法においては、倉庫営業者は預証券と質入証券（これを複券主義という）、および、倉荷証券（これを単券主義という）を発行することが認められていた。倉荷証券については、預証券の規定が包括的に準用されると規定されていた（平成30年改正前商法627条2項）ため、多くの体系書は、倉荷証券についての説明を預証券の説明に委ねていた。たとえば、大隅は、「その形式・流通方法・効力などはすべて預証券と同様であり、これまで預証券について述べたところは、倉荷証券にもそのまま妥当する。」と述べる（大隅189頁）。同旨、田中誠293頁。そのうえ、空券や品違い、物権的効力などの理論的な問題についての説明は、運送営業で認められていた貨物引換証の説明に委ねられていた。このような事情から、学説を示すとき、それは必ずしも倉荷証券の説明箇所ではなく、ときには預証券の説明箇所であり、ときには貨《か》物《ぶつ》引換証の説明箇所となるが、煩雑になるのでいちいちその点を断らないことにする。

*55　大隅183頁～184頁、鈴木61頁、平出583頁。西原は、貨物引換証について、「貨物引換証は、運送品返還請求権を表彰する債権的有価証券である。」という（西原320頁）。平出は、「倉庫証券は倉庫営業者対する寄託物返還請求権を表章する有価証券である。」といい（平出587頁）、また、「貨物引換証は、運送品引渡請求権またはこれに代わる損害賠償請求権を表章する債権証券であ〔る〕。」という（平出538頁）。なお、田中誠は、倉荷証券は寄託物の所有権を代表するという（田中誠293頁）。もっとも、貨物引換証については、貨物引換証は物品の引渡し目的とする債権を表章するという（田中誠244頁）。

*56　大隅181頁、西原362頁、鈴木61頁、平出585頁、江頭396頁、近藤263頁。

期間および保険者の氏名または名称、⑦作成地および作成の年月日、さらに、倉荷証券の番号を記載し、倉庫営業者が署名・記名押印をしなければならない（601条）。要式証券ではあるが、上記の法定記載事項の一部に欠けるところがあっても、倉荷証券と認めうるものであって、証券記載の寄託物の内容と実際の寄託物との同一性が確認でき、倉荷証券の義務者である倉庫営業者の署名・記名押印があれば、倉荷証券としての効力が認められる[*57]。

2. 当然の指図証券性[*58]

倉荷証券は、記名式、無記名式、選択無記名式、または、指図式で発行できる[*59]。倉荷証券は、当然の指図証券性が認められている（606条本文）。すなわち、倉荷証券に指図文句が記載されていなくても、当然に裏書によって譲渡することができる。

なお、倉荷証券の作成者が倉荷証券に裏書を禁止する旨の文言を記載することにより、裏書禁止証券（すなわち記名証券）にすることが認められる（606条但書）。

3. 受戻証券性

倉荷証券が作成され交付されると、倉荷証券所持人が倉庫営業者に倉荷証券を呈示して、倉荷証券と引換えでなければ寄託物の返還を請求することができなくなる（613条）。したがって、倉荷証券は受戻証券性が認められる[*60]。

かつて、倉荷証券についての質入れの方法に疑問が生じていた[*61]。しかし、現在、商法606条は、「倉荷証券は、記名式であるときであっても、裏書によって、譲渡し、又は質権の目的とすることができる。」と規定するので、質入裏書が認められることになる。質入裏書については、手形法19条およびその解釈を参照することになる。

なお、実務では、仮渡し・空渡し（倉荷証券と引換えなしに寄託物を引き渡すこ

---

*57　大隅182頁、平出585頁、近藤263頁。

*58　大隅181頁、西原362頁、鈴木61頁、江頭396頁、近藤263頁。

*59　平出586頁。無記名式の場合、商法601条2号所定の寄託者の氏名または名称は記載されないことになる。

*60　大隅184頁、田中誠284頁、西原363頁、鈴木61頁、平出587頁、近藤264頁。

*61　平出594頁以下参照。

と)、保証渡し[*62]といった慣行があり、倉庫営業者が倉荷証券との引換えをせずに、寄託物を引き渡すことがある[*63]。この場合、その後、善意の倉荷証券所持人が、寄託物の引渡しを求めてきたときは、倉庫営業者は損害賠償義務を負うことになる[*64]。

第3款　倉荷証券の帳簿記載義務

倉庫営業者が倉荷証券を寄託者に交付したときは、倉庫営業者は帳簿を作成して、その帳簿に一定の事項を記載する義務が規定されている（602条)。帳簿は、倉庫（倉荷）証券控帳と呼ばれる[*65]。記載すべき事項は、①寄託物の種類、品質および数量ならびにその荷造りの種類、個数および記号、②寄託者の氏名または名称、③保管料、④保管期間を定めたきはその期間、⑤寄託物を保険に付したときは、保険金額、保険期間および保険者の氏名または名称、および、⑥倉荷証券の番号および作成の年月日である（602条)。倉庫（倉荷）証券控帳は商業帳簿ではない[*66]。

第4款　寄託物の分割請求

倉荷証券所持人は、倉庫営業者に対し、寄託物の分割を請求することができる（603条1項前段)。同時に、分割された各部分に対する倉荷証券の交付を請求することができる（603条1項前段)。このとき、倉荷証券所持人は、その所持している倉荷証券を倉庫営業者に返還しなければならない（603条1項後段)。なお、

---

*62　倉荷証券が発行されている場合、寄託物返還請求を行う者は倉荷証券を呈示しなければならないはずであるが、実務において、同人の便宜をはかるために、倉庫営業者が寄託物返還請求を行う者から保証状を受け取り、倉荷証券と引換えでなく寄託物を引き渡すことが行われる。これを保証渡しという（大隅159頁)。

*63　近藤264頁。

*64　大判昭8・2・23民集12-449「もし倉庫営業者にして証券と引換にあらずして受寄物を返還するがごときことあらんが当時証券を所持する者又はその後善意に証券を譲り受くべき者が不測の損害を被ることあるべきことは倉庫営業者において容易にこれを知り得べきものにして証券所持人がこれにより受けたる損害は倉庫営業者の過失により通常生ずべき損害と認むべきをもって、特別の事情なき限り、倉庫営業者はこれを賠償すべき義務あるものとす。」

*65　大隅182頁、石井＝鴻201頁、平出595頁、近藤265頁。

*66　大隅182頁。

倉荷証券所持人は、寄託物の分割、および、これに伴う倉荷証券の交付に関する費用を支払わなければならない（603条2項）

第5款　倉荷証券の再発行

倉荷証券の所持人が証券を喪失したときは、他の有価証券の場合と同様、有価証券公示催告手続きを経て除権決定を求め、当該倉荷証券の有価証券性を喪失させることが可能である（民520条の11）。しかし、除権決定を得るためには長時間がかかることから、商法は、倉荷証券所持人が相当の担保を供することにより、倉荷証券の再交付を請求できる旨を規定する（608条前段）。倉荷証券の再交付がなされたときは、倉庫営業者はその旨を倉庫（倉荷）証券控帳に記載しなければならない（608条後段）。

第6款　倉荷証券と寄託物の一部返還請求権

倉荷証券を利用して質入れがなされている場合、寄託者または倉荷証券所持人は倉荷証券を所持していないから、倉荷証券を受け戻さない限り、寄託物の返還請求ができないことになりそうである。そこで、商法は、倉荷証券を質権の目的とした場合において質権者の承諾があるときは、寄託者または倉荷証券所持人[*67]は、当該質権の被担保債権の弁済期前であっても、寄託物の一部の返還を請求することができると規定する（614条前段）。証券を所持しない寄託者または倉荷証券所持人の便宜を図ったものである。この場合、倉庫営業者は、返還した寄託物の種類、品質および数量を倉荷証券に記載し、かつ、その旨を倉庫（倉荷）証券控帳に記載しなければならない（614条後段）。

第7款　倉荷証券の債権的効力

1.　倉荷証券所持人と倉庫営業者の関係

倉荷証券所持人が倉庫営業者に対しどのような内容の債務の履行を請求でき

---

*67　商法614条は、「寄託者」と規定するが、倉庫寄託契約締結の当事者である寄託者が当該寄託物を売却して第三者に譲渡し、倉荷証券も引き渡している場合に、その第三者が質権を設定することを想定すれば、このときは、「寄託者」の文言に倉荷証券所持人を含むと解する必要が生じる。

るかという問題、また、寄託物が存在しないとか寄託物が異なる物品であるなどの理由により債務の履行がなされないときにどのような請求ができるかという問題は、倉荷証券の債権的効力の問題となる。

2. 要因証券性（有因証券性）

倉荷証券には、要因証券性（有因証券性）が認められる[*68]。要因証券性（有因証券性）とは、有価証券が作成される以前から、たとえば倉庫寄託契約などに基づいて当該有価証券が表章する請求権がすでに生成され存在しており、有価証券上に義務者となる者の署名（または記名捺印）がなされることによって、上記請求権が有価証券に表章されることになる、という性質をいう。

要因証券（有因証券）の例としては株券がある。すなわち、株式が先に成立し、その後に、当該株式を表章する株券が作成される。このように、要因証券性（有因証券性）の認められる有価証券については、有価証券の作成以前またはそれと同時に、表章されるべき請求権が存在する必要がある。仮に表章されるべき請求権が存在しないときに、それを表章する有価証券らしきものを作成しても、表章されるべき請求権が存在しないから、結局、何も表章していないことになり有価証券として認められない。倉荷証券でいえば、そのような倉荷証券らしき書面は、倉荷証券としては無効である。

3. 文言証券性

倉荷証券には、一応の文言証券性が認められる[*69]。文言証券性とは、有価証券を発行するための原因関係となった法律関係と有価証券に記載されている記載内容とが異なるときに、その有価証券が表章している請求権の内容が記載された文言によって定まるという性質をいう。商法604条が文言証券性の根拠である。厳格な文言証券性が認められる有価証券として約束手形がある。そこでは、原因関係となった売買契約の代金債務が100万円であり、その代金債務の支払いのために振り出された約束手形の手形金額が150万円と記載されている

---

*68　大隅181頁、田中誠284頁、西原363頁、江頭398頁、近藤263頁。

*69　大隅181頁、田中誠284頁、西原363頁、鈴木61頁、平出587頁、江頭398頁、近藤263頁。

場合、当該約束手形が表章している手形金額支払請求権は、記載された手形金額の文言によって確定され、150万円になる。

商法は、倉荷証券が表章している寄託物返還請求権が事実と異なる場合であっても、倉庫営業者は善意の倉荷証券所持人に事実をもって対抗できないと規定する（604条）。つまり、善意の倉荷証券所持人は倉庫営業者に対し倉荷証券に記載されている内容の物品の返還（引渡し）を請求できることになる。倉荷証券は、手形ほど厳格な文言証券性は認められないが、それでも一定の限度での文言証券性が認められており、倉荷証券を取得する者は記載された内容を一定の限度で信頼することができる。

倉荷証券については要因証券性（有因証券性）と文言証券性が認められるが、これらの性質が、ある場面で衝突することがある。具体的には、空券の場面と品違いの場面においてである。

4. 空券の場合

⑴　**倉庫寄託契約と要物契約性**　かつて、空券《くうけん》である倉荷証券が有価証券として有効か無効かが議論された。この議論には、倉庫寄託契約は寄託物の引渡しを受けた時から効力が生じるという寄託契約の要物契約性を重視した考えが影響している。倉庫寄託契約を要物契約と考えるのであれば、寄託物の引渡しがなければ倉庫寄託契約が有効に成立していないから、倉荷証券を無効と解することは整合性がとれている。しかし、前述したように、現在では、倉庫寄託契約は諾成契約と解される[*70][*71]から、倉荷証券は有効に成立している倉庫寄託契約上の権利を表章する証券となり、問題点はかなり整理される。

⑵　**空券の定義**　空券とは、倉庫営業者が倉荷証券を作成したが、実は、倉庫寄託契約で定められている寄託物を受け取っていない場合の倉荷証券をいう。この場合、倉荷証券所持人が倉荷証券を呈示して証券に記載されている寄託物

---

*70　平出は、「貨物引換証は有効に成立している運送契約上の権利を表章する証券」であると述べる（平出528頁）。

*71　空券であっても、倉庫営業者は倉荷証券に記載された文言所定の寄託物返還義務を負うと解するのが多数説である（竹田197頁、大隅157頁、田中誠252頁、鈴木52頁、平出530頁。

の引渡しを求めても、倉庫営業者はそのような寄託物を現実に占有していないから、引渡しができないことになる。

⑶　**空券の問題**　空券の問題は、諾成契約である倉庫寄託契約が有効に成立している[*72]ときに、倉庫営業者が寄託物を受け取っていないにもかかわらず、倉庫営業者が寄託物返還請求権（これは、通常、倉庫寄託契約所定の寄託物返還請求権と一致している）を表章する倉荷証券を作成し交付した場合[*73][*74]を前提として、検討しなければならない。

第1に、当該倉荷証券は、証券に記載された寄託物返還請求権（これは、通常、倉庫寄託契約所定の寄託物返還請求権と一致している）を表章している。倉庫営業

*72　諾成契約である倉庫寄託契約が有効に成立している必要がある。なぜなら、同契約に基づいて初めて寄託物返還請求権が生成されるからである。約束手形と異なり、倉荷証券は無因証券ではないから、倉庫寄託契約の存在しないところで倉庫営業者が単独で倉荷証券らしき書面を作成しても寄託物返還請求権は生成されない。この場合、倉荷証券らしき書面は寄託物返還請求権を表章することができず、有価証券にならない。

*73　大隅は、有効な運送契約が存する場合には、貨物引換証は空券であっても有効であるが、有効な運送契約が存しない場合には、貨物引換証の作成行為自体が有効であっても、証券上の権利は存在しえないとする。すなわち、大隅157頁「全然運送品を受け取らないで証券〔＝貨物引換証〕を発行した場合（いわゆる空券の場合）にも、運送人は常に証券記載どおりの運送品を返還する義務を負う」、大隅159頁「貨物引換証上の権利は証券の記載上特定の運送契約にもとづく運送品返還請求権であって……、運送契約（貨物引換証の作成行為自体ではない）が無効であるか又は取消された場合には、証券上の権利も存在せず……、かような意味において貨物引換証はなお有因証券〔＝要因証券〕なのである。」。平出は、「貨物引換証は有効に成立している運送契約上の権利を表章する証券であって、実質的に要因証券であるが、商法572条は、かかる権利と証券上の記載とが相違する限度で、善意で取得した証券所持人を保護するために、かかる所持人は証券上の権利の内容が記載文言によって決定されることを主張しうるものとして、要因証券たる貨物引換証に補充的に文言証券性をも認めた規定であると解すべきであろう。」と述べる（平出528頁）。

*74　このほか、倉荷証券や貨物引換証のような物品引渡請求権を表章する有価証券は、有効な倉庫寄託契約・物品運送契約の存在を前提とし、その契約上の物品引渡請求権を表章するものであると述べながら、続けて、実質的に要因証券であるから、空券の場合には倉荷証券・貨物引換証は無効と解するという立場もある（鴻常夫「倉庫証券の債権的効力」『商法演習Ⅱ』80頁8行目～82頁10行目（有斐閣、1960年）、石井＝鴻173頁～175頁）。しかしながらこの立場は、要因証券という問題と、倉庫寄託契約が要物契約かという問題との理解が混濁しているのではないかと思われる。いずれにせよ、現在では、倉庫寄託契約に要物契約の考え方を持ち込む必要はなくなっているから、要物契約的な考え方の影響を強く受けている上記の立場は正当とはいえない。

者は当該物品を占有していないから、倉荷証券所持人が寄託物の引渡しを求めて倉荷証券を呈示しても、倉庫営業者は応じられない。

第２に、倉庫寄託契約所定の物品（寄託物）が物理的にまたは客観的に入手不能のときは、倉荷証券に表章されている寄託物返還請求権は、履行不能により損害賠償請求権に変化する[*75][*76][*77]。

第３に、倉庫寄託契約所定の物品が物理的にまたは客観的に入手可能のとき、有価証券に表章されている寄託物引渡請求権は当然には損害賠償請求権に変化しない。

倉荷証券所持人が倉庫営業者に倉荷証券を呈示して寄託物返還を請求したと

---

*75　現在、要物契約という考え方の呪縛から脱しているので、理論的には、寄託物の引渡しを受けた後、倉庫営業者の占有下にあった物品が全部滅失した場合に、寄託物返還請求権が損害賠償請求権に変化するのと同様に考えることができる。空券の場合は、倉庫寄託契約は有効に成立しているが、予定されていた物品の引渡しが現在に至るまで履行されていないと考えることができる。したがって、空券である倉荷証券の発行後も、倉庫営業者は、倉庫寄託契約に基づいて寄託者に対し寄託物の引き渡しを請求できる。

*76　大判大８・12・20民録25-2338「貨物引換証を譲り受けたるもの〔＝者〕は、他に特別の事情なき限り、譲受けの効力として運送人に対し運送品の引渡請求権を取得するをもって譲受人は運送人に対してその権利を行使し、すでに運送人が不法にその運送品を滅失せしめたる場合にもっては履行不能による損害賠償の請求をなすことを得」、大判昭６・11・13民集10-1013〈百選81〉「貨物引換証は運送人において証券記載の運送品を受け取りたることを承認しこれを返還すべきことを約したる証券にほかならずといえども、なお一個の有価証券として運送品返還請求権従って運送品が運送人の故意又は過失により滅失したる場合における損害賠償の請求権は、その証券に化体し、証券を離れてこれを行使することを得ざる性質を具有するものなることは商法の規定に徴して明なりとす。ゆえに貨物引換証を適法に譲り受け、これが所持人となりたる者は、該証券譲り受け当時、その運送品が運送人の故意又は過失により滅失し従って運送品返還請求権が変じて損害賠償請求権となりたるときといえども、該権利を有効に取得することを得るものとす。」。

*77　平出は、「運送人の責に帰すべき事由によって運送品が滅失した場合には、運送契約上の運送品引渡請求権にかわって損害賠償請求権が証券上に表章され、証券の譲受人はこの損害賠償請求権を取得する〔大判昭６・11・13民集10-1013〔前掲注76〕〈百選81〉〕のと同様に、運送人が文言的債務を履行しえない以上は、善意の証券取得者は証券上の文言的権利たる運送品引渡請求権に代わる損害賠償請求権を取得〔する〕」という（平出530頁）。さらに、倉庫証券が空券の場合、倉庫営業者が空券であることにつき、仮に無過失を立証したとしても、損害賠償責任を免れる余地はない、という（平出531頁）。

き、倉庫営業者が当該寄託物を現実に占有していないときは、履行することができない。したがって、この時点で債務不履行が成立するから、この時から、倉荷証券所持人は、倉庫営業者に対し、①倉荷証券記載の物品の引渡請求、または、②それに代わる塡補賠償請求、すなわち、損害賠償請求（民415条）が可能になる。なお、債権者代位権行使の要件（民423条）が充たされれば、倉荷証券所持人は倉庫寄託契約の寄託者に対して倉荷証券記載の物品（ここでの議論では倉庫寄託契約所定の物品と同一である）の引渡しを請求することができる。

なお、従来の学説においては、当該有価証券は、倉荷証券に記載された寄託物返還請求権（これは、倉庫寄託契約所定の運送品引渡請求権と一致している）を表章しているが、倉庫営業者は当該物品を占有していないから、倉荷証券所持人が証券の呈示によって寄託物返還を請求するときは、当然に、損害賠償の請求に変化すると解されていた[*78]。

5. 品違いの場合

⑴　**品違い**　品違《しなちが》いとは、倉荷証券に記載されている寄託物の内容と、入庫している寄託物とに差異がある場合をいう。差異とは、寄託物の品質・大きさ・重さ・数量・形状等が異なることをいう。

なぜ、このようなことが生じるかというと、倉庫営業者が寄託者から受け取っている寄託物が品質または数もしくは量において倉庫寄託契約所定の寄託物と同一でないにもかかわらず、寄託者の求めに応じて、倉庫寄託契約所定の寄託物を記載した倉荷証券を発行することがあるからである。

倉庫営業者の受け取った寄託物が、その名称において倉庫寄託契約所定の物品とおよそ同一とはいえないときは、前述した空券の問題となる。したがって、名称においていちおう同一と考えることができる場合に、品質または数もしくは量の違いが問題になる。

品違いの場合、倉荷証券所持人が倉荷証券に記載されている内容の寄託物の

---

*78　大隅157頁、田中誠253頁、鈴木52頁、平出521頁「運送人は……、証券に記載したために責任を負うことを要し、空券の場合には全部滅失の場合に準じて、全部につき、運送品の引渡しに代る損害賠償をなすべき債務不履行責任を負うべきものと解されている。」。

引渡しを求めても、倉庫営業者はそのような寄託物を現実に占有していないから、引き渡すことができない。このとき、倉荷証券には倉庫寄託契約所定の寄託物の返還請求権が表章されており、倉荷証券は有価証券として有効であるから、残るのは返還請求権の義務者である倉庫営業者がどのような責任を負うかという問題となる。

⑵　品違いの問題は、以下のように分析して検討しなければならない。

㋐　倉庫営業者が寄託者から寄託物を受け取っているが、その寄託物が品質または数もしくは量において倉庫寄託契約所定の寄託物と同一でないときに、前述したように倉庫営業者が倉荷証券を発行する場合が考えられる。このとき、倉荷証券に記載されている寄託物返還請求権の目的物の内容が、受け取った寄託物と同一の場合を考える[*79]。

この場合、倉荷証券所持人は、寄託物の品質ならびに数および量において、倉荷証券に記載されているのと同一の物品を受け取ることができるから、特に倉荷証券所持人を保護する必要は生じない。

なお、倉庫寄託契約を締結した寄託者が倉荷証券を所持している場合が考えられる。この場合、寄託者が倉荷証券を呈示して寄託物返還を請求するときは、倉庫営業者は保管してある寄託物を引き渡せばよく、ここに問題は生じない[*80]。

㋑　倉庫営業者が寄託者から寄託物を受け取り、寄託者の求めに応じて倉荷証券を発行したが、このとき、寄託物の品質または数もしくは量において、倉荷証券の記載内容と受け取った寄託物とに差異のある場合が考えられる。この

---

*79　つまり、倉庫営業者は倉庫寄託契約所定の寄託物と差異のある寄託物を保管（占有）しており、倉庫営業者は、倉庫寄託契約所定の寄託物返還請求権ではなく、現実に保管（占有）している寄託物についての返還請求権を表章した倉荷証券を作成し交付したことになる。

*80　なお、寄託者が倉荷証券を呈示せず、倉庫寄託契約に基づいて同契約所定の寄託物の引渡しを請求するときは、倉庫営業者は保管してある寄託物を引き渡せばすむ。この点の法律構成は、寄託者が、当初、倉庫寄託契約所定の寄託物と品質または数もしくは量において異なる物品を引き渡したときには、倉庫営業者はその旨の抗弁を主張すれば足りる。あるいは、寄託者が倉庫営業者に対し寄託物の差異がある点について損害賠償を請求するのであれば、倉庫業者は寄託者に対し、同一の差異の点について、そもそも寄託者から倉庫営業者に引き渡しがなされていなかったという債務不履行に基づいて上記と同額の損害賠償を請求することも考えられる。

場合、倉荷証券所持人は、寄託物の品質ならびに数および量において倉荷証券に記載されている寄託物と同一の物品を受け取ることができないから、倉荷証券所持人の保護の問題を考えなければならない。

第1に、当該倉荷証券は、証券に記載された寄託物返還請求権（これは、倉庫寄託契約所定の寄託物返還請求権と一致している場合もあるし一致していない場合もある）を表章している。

証券に記載された寄託物返還請求権の寄託物と倉庫営業者が現実に占有する寄託物との差異に相当する物品が物理的にまたは客観的に入手可能のときは、有価証券に表章されている寄託物返還請求権は、当然には、損害賠償請求権に変化しない。

倉荷証券所持人が倉庫営業者に倉荷証券を呈示して寄託物返還を請求したときに、倉庫営業者が上記差異を追完する物品を現実に占有していないときは、履行することができないので、この時点で債務不履行が成立する。したがって、この時から、倉荷証券所持人は、倉庫営業者に対し、①倉荷証券の品違いにおける上記差異を追完する物品の引渡請求、または、②それに代わる塡補賠償請求、すなわち、損害賠償請求（民415条）が可能になる。このとき、債権者代位権行使の要件（民423条）が充たされれば、倉荷証券商人は倉庫寄託契約の寄託者に対し倉荷証券記載の寄託物の引渡請求も可能となる。

第2に、倉庫寄託契約所定の寄託物と現実の寄託物との差異を追完する物品が、物理的にまたは客観的に入手不能のときは、倉荷証券に表章されている寄託物返還請求権は、当該差異分についての損害賠償請求権に変化する[*81][*82]。

第3に、倉庫寄託契約所定の寄託物と現実の寄託物との差異を追完する物品

*81　理論的には、寄託物の引渡しを受け、倉庫営業者の占有下にあった物品が全部滅失した場合に、寄託物返還請求権が損害賠償請求権に変化するのと同様に考えることができる。空券の場合は、有効に成立している倉庫寄託契約において予定されていた物品の引渡しが現在に至るまで履行されていないと考えることができる。したがって、倉庫営業者は、空券である倉荷証券の発行後も、倉庫寄託契約に基づいて、寄託者に対し寄託物の引渡しを請求できる。

*82　西原は、貨物引換証について、空券の場合に無効であることを肯定しながら、「証券作成者が善意の第三者に対して完全な証券記載の外観に従って責任を負い、自らその無効を主張できない。」と述べる（西原321頁）。

が、物理的にまたは客観的に入手不能のときであって、倉荷証券所持人にとって現在の寄託物のみでは契約の目的を達成できないときは、倉荷証券に表章されている寄託物返還請求権は、寄託物がまったく引き渡されない場合と同様に解し、その損害賠償請求権に変化すると考えられる。

なお、従来の学説においては、倉荷証券は、証券に記載された寄託物返還請求権（これは、倉庫寄託契約所定の寄託物引渡請求権と一致している場合もあるし一致していない場合もある）を表章しているが、倉庫営業者は証券に記載されているのと同一の寄託物を占有していないから、倉荷証券所持人が証券の呈示によって寄託物返還を請求するときは、当然に、損害賠償の請求に変化すると解されている[*83]。

6. 判例の立場

当初、大審院は、貨物引換証の空券の場合について、運送品を受け取らずに作成された貨物引換証は無効と判示した[*84]。要因証券性（有因証券性）を重視したことなる。その後、大審院は、質入証券の品違いの場合について有価証券として有効であり、当該有価証券の義務者は損害賠償責任を負うと判示した[*85]。大審院は、要因証券性（有因証券性）より文言証券性を重視したことになる。さ

*83　大隅157頁、田中誠253頁、鈴木52頁、平出521頁「運送人は……、証券に記載したために責任を負うことを要し、品違い・数量不足の場合には一部滅失または毀損の場合に準じて、一部につき、運送品の引渡しに代る損害賠償をなすべき債務不履行責任を負うべきものと解されている。」。

*84　大判大2・7・28民録19-668「貨物引換証は運送人が運送契約を締結するのみならず該契約により荷送人より運送品を受取りこれが引渡をなすべき債務の発生せる場合において作成せられざるべからざるものなること疑いを容れるべからざれば、運送品を受け取らざる場合に作成せられたる引換証は原因を具備せざると同時に目的物の欠缺せるものにしてその効なきものなることまことに明白なり。」。

*85　大判昭11・2・12民集15-357「商法362条には預証券及び質入証券を作りたるときは寄託に関する事項は倉庫営業者と所持人との間においてはその証券の定むる所による旨規定しありて、この規定はこれら証券の信用を助長しその流通を円滑ならしめんがために設けられたる強行規定に属するがゆえに反対の慣習ありとてこれを容れるべきものにあらず。しかれば、倉庫営業者にして質入証券の善意の所持人が質権を実行するため競売を委任したる執達吏に証券面の物件を引き渡すことあたわざるときは、前記慣習の如何に関係なく不可抗力による場合のほかこれによりて被りたる所持人の損害を賠償する責めに任ずべきこともちろん〔なり〕。」。

らにその後、大審院は、貨物引換証の空券の場合について、大正２年の判決を引用し、要因証券性（有因証券性）を重視して、有価証券として無効と解した[*86]。ところが、さらにその後、大審院は、倉荷証券の品違いの場合について有価証券として有効であり、当該有価証券の義務者は記載通りの責任を負うと判示した[*87]。すなわち、文言証券性を重視したのである。

以上のように、この問題について、大審院の立場は一貫していないように見える。あるいは、倉荷証券や貨物引換証のような物品の引渡請求権を表章する有価証券一般については、空券の場合は有価証券として無効と解し、品違いの場合は有価証券として有効と解するという立場と理解すべきともいえる[*88]。あるいは、貨物引換証についてのみ、空券の場合は有価証券として無効と解する立場ともいえる。

第８款　倉荷証券の物権的効力

倉荷証券の物権的効力とは、倉荷証券が寄託物の上における物権関係を定める効力をいう[*89]。

1. 占有移転的効力

㈠　倉荷証券にはいわゆる物権的効力が認められる。倉荷証券所持人が第三者に倉荷証券を引き渡したとき、その引渡しは、寄託物について行使する権利の取得に関して、寄託物そのものを引き渡したのと同一効力を有するとされる

---

*86　大判昭13・12・27民集17-2848〈百選80〉「貨物引換証は運送人が荷送人とたんに運送契約を締結したるのみならず該契約に基づき荷送人より運送品を受取り、よって運送人において運送品引渡しの債務を負担したる場合に作成せらるべきものにして、未だ運送品を受け取らざる場合に作成せられたる貨物引換証は原因を具備せざると同時に目的物の欠缺せるものにして無効なることはつとに当院の判例とするところなり。」

*87　大判昭14・6・30民集18-729「倉庫営業者が倉荷証券を発行したるときは寄託に関する事項は倉庫営業者と所持人との間においてはその証券の定むるところによるべきことは商法383条ノ２、362条の規定上明白なるをもって倉庫営業者にして倉荷証券の善意の所持人に対し証券上に記載せられたる物件を引き渡すこと能わざるときはこれによりて被りたる所持人の損害を賠償する責めに任ずべきものといわざるべからず。」。

*88　平出526頁。

*89　平出538頁。

(607条)。これは、動産たる寄託物の占有が移転することを意味する[*90]。なお、倉荷証券は、寄託物の所有権を表章するものではないから、倉荷証券所持人が第三者に倉荷証券を引き渡したところで、寄託物の所有権は移転しないことに注意しなければならない。倉荷証券は、寄託物引渡請求権を表章する有価証券である[*91]。

(イ)　倉庫営業者が寄託物を保管（占有）しているときに、寄託者と第三者たる買主と間での寄託物についての売買契約が成立すれば、その合意により、寄託物の所有権は買主に移転する（民176条)。このとき、寄託者が倉荷証券を所持していて、寄託者が買主に倉荷証券を引き渡すならば、第三者たる買主は倉荷証券を所持することにより、倉庫営業者に対する寄託物返還請求権を得ることになり[*92]、同時に、寄託物の占有を得ることになる。

(ウ)　上記の場合、第三者たる買主が所有権を得た寄託物はなお倉庫営業者の占有下にあるので、なんらかの事情により、寄託されていた物品について民法192条所定の動産即時取得の要件を充たす者が現れる場合が考えられる。倉荷証券所持人は、動産即時取得により寄託物の所有権を得た者に対し当該寄託物の引渡しを請求することはできない[*93]。したがって、この場合、倉荷証券所持人は、倉庫営業者から寄託物の引渡しを受けることができないから、倉庫営業者に対し証券上の損害賠償請求権を行使するか、倉荷証券の譲渡人に対して損害賠償を請求するよりほかはない。

(エ)　なお、倉荷証券が作成され寄託者以外の者がその正当な所持人になっている場合に、倉庫営業者が、売買契約等により寄託者から所有権の移転を受け

---

*90　大隅185頁、近藤266頁。

*91　平出530頁・538頁。

*92　著者は、寄託者の求めに応じて倉庫営業者が倉荷証券を作成すると、寄託物返還請求権が有価証券たる倉荷証券に表章されることになるので、倉荷証券が表章する寄託物返還請求権が原則として最優位の寄託物返還請求権になると考える。

*93　平出539頁、近藤270頁。大判昭7・2・23民集11-148〈百選82〉「貨物引換証の発行ありたる運送品につき運送人又は運送人の指定したる到達地の運送取扱人が右の事実を知りながらこれと引換にあらずして運送品を貨物引換証の所持人以外の者に引渡したるときといえども、引渡を受けたる者が自己の所有物としてこれに質権を設定し質権者が平穏且公然にこれが占有をなし善意にして且つ過失なきときは、民法192条の規定に基づき該運送品に対し有効に質権を取得するものな〔り〕」。

た第三者からの返還請求に応じて動産である寄託物を返還した場合の法律関係がどうなるかを問題とする学説がある。しかし、倉荷証券が作成され交付されている場合、寄託物についての返還請求権は倉荷証券所持人のそれが最優先権を有するのであり、倉荷証券を作成・交付したのは当該倉庫営業者であるから、倉庫営業者が倉荷証券の存在について善意であることはありえない[*94]。したがって、倉庫営業者が善意で上記のような第三者に寄託物の返還を行ったということは考えられない。また、上記のような第三者が寄託物について倉荷証券が作成交付されたことを知らないという場合も考えられるが、商法が倉荷証券が作成交付されたときは寄託物の処分権の最優先権は倉荷証券所持人にあると規定している以上、動産即時取得の規定をみたすとき以外に、第三者は保護されないことになる。

2. 物権的効力の法律構成

倉荷証券の物権的効力を理論的に説明するために、3つの学説が提唱されている。

第1は、絶対説である。絶対説は、倉荷証券の引渡は、商法によって認められた特別な占有移転の1つであり、倉庫営業者が寄託物を占有しているか否かを問わず、倉荷証券の引渡が動産たる寄託物の占有を移転するものと考える[*95]。

第2は、代表説である。代表説は、倉庫営業者は寄託物を直接に占有しており、倉荷証券所持人は倉庫営業者に対して寄託物引渡請求権を有するから、寄託物を間接占有していると考え[*96]、倉荷証券の引渡しはこの寄託物の間接占有を移転するものと考える。代表説は、証券が倉庫営業者の占有下にある寄託物を代表し、民法の原則に従う必要なく、証券の引渡しのみによって寄託物の占有移転の効力が生ずるとする[*97]。この立場は、なんらかの事情によって倉庫営業者が一時的に寄託物の占有をなくした場合、その間において、倉荷証券の引渡しに寄託物の占有移転の効力が認められなくなる点が難点とされる[*98]。

---

*94　倉庫営業者は倉庫（倉荷）証券控帳を作成しているはずである。

*95　我妻栄『近代法における債権の優越的地位』124頁〜129頁（有斐閣、1953年）、我妻栄『物権法（民法講義Ⅱ）改版』108頁（岩波書店、1952年）、田中誠288頁、鈴木53頁。

第3は、厳正相対説である。厳正相対説は、代表説と同様に、倉荷証券所持人は寄託物を直接に占有者している倉庫営業者に対して寄託物引渡請求権を有することにより寄託物を間接占有していると考えるのであり、倉荷証券の引渡しはこの寄託物の間接占有を移転するものと考える。ただし、厳正相対説は、証券による占有移転も厳格に民法の原則に従うべきであって、民法184条所定の「指図による占有移転」の要件を具備しなければならないとする[*99]。

第9款　倉荷証券の処分証券性

(ア)　倉荷証券には、処分証券性が認められている[*100]。倉荷証券が作成されたときは、寄託物に関する処分は、その倉荷証券によってしなければならないと規定される（605条）。寄託物に関する処分とは、債権的処分および物権的処分（寄託物の譲渡、質入れなど）を含むと解されている[*101]。倉荷証券が発行されると、倉荷証券所持人の寄託物についての処分権限は、寄託者やその他の者の処分権限より優先する。したがって、寄託物の処分を行いうる者は、原則として、

---

*96　大判明41・6・4民録14-658「運送業者の保管に属する動産はその直接占有に属し、荷主は間接にこれを占有するにとどまり……。」、大判明42・3・18民録15-245「一物の所持が自己占有たると同時に代理占有たることはもとより法理の容れざる観念にあらざれば、原院が、被上告人は一面松太郎のために係争物を占有するとするも、他面においては自己のためにこれを占有するものなりと判示したるは不当にあらず。」、大判大4・5・14民録21-764、大判大8・12・20民録25-2338〔前掲注76〕「貨物引換証を譲り受けたるもの〔＝者〕は、他に特別の事情なき限り、譲受けの効力として運送人に対し運送品の引渡請求権を取得するをもって譲受人は運送人に対してその権利を行使し、すでに運送人が不法にその運送品を滅失せしめたる場合にもっては履行不能による損害賠償の請求をなすことを得」、大判大9・10・14民録26-1485「運送人が貨物引換証を発行したるときは運送貨物に対し貨物引換証の所持人のために代理占有をなすと同時に自己のためにする自主占有権を有するものにして、この占有権は到達地において貨物引換証と引換に運送品の引渡をなすにいたるまで継続するものとす。」。

*97　松本・商行為法239頁、竹田203頁、大隅162頁、西原325頁、石井＝鴻182頁。

*98　平出541頁。

*99　谷川の立場（谷川久「貨物引換証の物件的効力」『商法演習Ⅱ』89頁～91頁（有斐閣、1960年））が厳正相対説と解されている（平出542頁）。厳正相対説に対しては、民法184条の要件を具備することを要求するのであれば、寄託物の占有移転について、倉荷証券を無意味なものとし、商法607条の規定を空文化することになると批判される。

*100　大隅185頁、西原363頁、鈴木61頁、平出587頁、近藤264頁。

*101　平出544頁。

適法な倉荷証券所持人に限られることになる[*102]。

(イ)　倉荷証券が作成され寄託者以外の者が正当な倉荷証券所持人になるときに、なんらかの事情により、倉庫営業者が寄託物を倉荷証券を所持していない寄託者へ返還することが考えられる。この場合の法律関係は以下のようになる。

倉荷証券が作成され交付される場合、寄託物の返還請求権は倉荷証券所持人が最優先権を有するのであり、寄託者による倉庫営業者への寄託物返還請求は劣後するはずである。したがって、倉荷証券所持人は倉庫営業者に対し寄託物返還請求権を有しており、寄託物を寄託者に返還しその義務を履行できない倉庫営業者は損害賠償責任を負うことになる[*103]。

(ウ)　倉荷証券が発行されているにもかかわらず、なんらかの事情により、倉荷証券を所持していないのに寄託物の現実の引渡しを受けた者は、倉荷証券が発行されていることおよびそのために寄託物についての寄託者の処分権が制限されていることにつき善意・無過失で、かつ、平穏・公然に寄託物を取得すれば、即時取得が認められる（民192条）。

この場合、寄託物返還請求権を表章する倉荷証券の適法な所持人がいたとしても、即時取得した者は倉荷証券所持人に優先する[*104]。倉荷証券による観念的な占有の取得者よりも、即時取得により現実の占有をし所有権を得た者の保護が優先すべきだと考えられるからである[*105]。当然、倉荷証券所持人は倉庫営業者に対し損害賠償を請求できる[*106]。

---

*102　大判大13・7・18民集3-399「貨物引換証によりその記載の貨物を自由に処分し得る者は貨物引換証の適法なる所持人に限る……。」。

*103　大判昭8・2・23民集12-449〔前掲注64〕。

*104　大隅162頁、西原325頁、石井＝鴻179頁、鈴木51頁。大判昭7・2・23民集11-148〈百選82〉「貨物引換証の発行ありたる運送品につき運送人又は運送人の指定したる到達地の運送取扱人が右の事実を知りながらこれと引換にあらずして運送品を貨物引換証の所持人以外の者に引渡したるときといえども、引渡を受けたる者が自己の所有物としてこれに質権を設定し質権者が平穏且公然にこれが占有をなし善意にして且つ過失なきときは、民法192条の規定に基づき該運送品に対し有効に質権を取得するものな〔り〕。」。

*105　平出544頁。

*106　大判昭8・2・23民集12-449〔前掲注64〕。

第10款　倉荷証券所持人に対する保管料等の支払請求権

倉荷証券所持人が寄託物の返還を請求するとき、倉庫営業者は、倉荷証券所持人に対して保管料等の支払いを当然に請求できるかという問題がある。換言すると、倉荷証券は、倉荷証券所持人に対する保管料等支払請求権を表章していると解することができるか、という問題がある。

有価証券法理においては、「署名なければ責任なし」という大原則が存在する。これによれば、倉荷証券所持人は倉荷証券に署名していないので、倉荷証券所持人を義務者とする保管料等支払請求権が倉荷証券に表章されていると解することはできない。すなわち、倉荷証券に保管料等支払請求権は表章されていない。したがって、保管料等支払請求権については、寄託者と倉荷証券所持人（または倉荷証券の譲渡人と譲受人）との間で免責的債務引受が行われたと解すべきことになる（民472条3頁。場合によっては、同条2項）[*107]。なお、倉庫営業者は、倉荷証券が呈示されることに加えて、保管料等の支払いがなされるまでは、寄託物について留置権を行使することができると解される（民295条、商521条）。

---

*107　平成29年の民法改正により免責的債務引受の規定が新設される以前において、次の最高裁判決がある。最判昭32・2・19民集11-2-295〔前掲注40〕〈百選96〉「倉荷証券に寄託物の記載のほか、なお保管料等寄託物に関する費用は証券所持人が負担するものとする趣旨の文言の記載がある場合、第三者が裏書譲渡によりその倉荷証券を取得したときは、特段の事情のないかぎり、各当事者間に、その所持人が記載の文言の趣旨に従い右費用支払の債務を引受けるという意思の合致あるものと解するを相当とする。」。

判例索引

●明治

●大正

●昭和1～20年代

●昭和30～40年代

●昭和50～60年代

●平成

事項索引

●あ

●か

●さ

著者紹介

柴田　和史（しばた・かずふみ）

法政大学大学院法務研究科教授

法学博士（東京大学）

1978年　東京大学法学部卒業
1986年　東京大学大学院法学政治学研究科修了
同　年　法政大学法学部助教授
1992年　法政大学法学部教授
2004年　法政大学大学院法務研究科教授
2008年　法政大学大学院法務研究科研究科長（～2010年）
2010年　法政大学大学院法務研究科教授（～現在）
中央労働委員会公益委員（2004年～2013年、2019年～2023年）
司法試験出題採点委員（2002年～2012年）
私法学会元理事
海法学会元理事
信託法学会元理事

〈主な著作〉

- 会社法詳解〔第3版〕（商事法務、2021年）
- 教養としての会社法入門（日本実業出版社、2022年）
- ビジュアル図でわかる会社法（第2版）（日本経済新聞社、2021年）
- 中小企業のための会社法（第2版）（三省堂、2015年）
- ビジュアル株式会社の基本（第3版）（日経文庫）（日本経済新聞出版社、2006年）
- 現代会社法入門（第4版）（共著、有斐閣、2015年）
- ポイントレクチャー会社法（第2版）（共著、有斐閣、2015年）
- 現代商法入門（第11版）（共著、有斐閣、2021年）
- 一般社団（財団）法人法逐条解説（上）（共著、法政大学出版局、2020年）
- 会社法の実践的課題（共著、法政大学出版局、2011年）
- 会社法の現代的課題（共著、法政大学出版局、2004年）
- 「デイリー六法2024年版（令和6年版）」（共編、三省堂、2023年）

三省堂 テミス
商法総則・商行為法

2024年1月10日　第1刷発行

著　者　柴　田　和　史
発行者　株式会社　三　省　堂
代表者　瀧本多加志
印刷者　三省堂印刷株式会社
発行所　株式会社　三　省　堂
〒102-8371　東京都千代田区麴町五丁目7番地2
電話　(03)3230-9411
https://www.sanseido.co.jp/

落丁本・乱丁本はお取替えいたします。　〈テミス商法総則・320pp.〉

ISBN978-4-385-32095-3

本書の内容に関するお問い合わせは、弊社ホームページの「お問い合わせ」フォーム（https://www.sanseido.co.jp/support/）にて承ります。